アメリカ合衆国デラウェア川流域，スウェーデン人による丸太小屋建築（1章）（2011年11月，矢ケ﨑典隆撮影）

カナダ バンクーバー島，ビクトリアのチャイナタウン（2章）（2010年8月，山下清海撮影）

アメリカ合衆国サンフランシスコのチャイナタウンの飲茶レストラン（2章）（2007年7月，山下清海撮影）

オーストリア ウィーンのナッシュマルクト（3章）（2013年3月，加賀美雅弘撮影）

成田国際空港，LCC向けの第3ターミナル（4章）（2017年12月，山下清海撮影）

徳島県神山町，古民家を改築した大阪のICT企業によるサテライトオフィス（5章）（2014年7月，箸本健二撮影）

フィリピン共和国セブ地域，ラプラプ市マクタン・エコノミックゾーン（輸出加工区）の本部事務所（6章）（1998年2月，小田宏信撮影）

アメリカ合衆国グレートプレーンズ，シーボードフーズ社の養豚場（7章）（2017年8月，矢ケ﨑典隆撮影）

イギリス北部，エディンバラのフル・ブレックファースト（8章）（2016年2月，岩間信之撮影）

ドイツ ルール地域，ハッティングの製鉄工場跡（9章）（2010年12月，呉羽正昭撮影）

長崎県五島市，牢屋の窄殉教記念教会にある殉教者の慰霊碑（10章）（2016年10月，松井圭介撮影）

オーストリア ウィーンの中心地に立つペスト記念柱（11章）（2004年3月，加賀美雅弘撮影）

アメリカ合衆国カリフォルニア州中東部，マンザナール強制収容所の野球場跡（12章）（2008年8月，矢ケ﨑典隆撮影）

シリーズ地誌トピックス1

グローバリゼーション
縮小する世界

矢ケ﨑典隆
山下清海 ［編］
加賀美雅弘

朝倉書店

編集者

矢ケ﨑典隆　日本大学文理学部

山下清海　立正大学地球環境科学部

加賀美雅弘　東京学芸大学教育学部

執筆者

矢ケ﨑典隆　日本大学文理学部（1，12）

山下清海　立正大学地球環境科学部（2）

加賀美雅弘　東京学芸大学教育学部（3，11）

兼子　純　愛媛大学法文学部（4）

箸本健二　早稲田大学教育・総合科学学術院（5）

小田宏信　成蹊大学経済学部（6）

高柳長直　東京農業大学国際食料情報学部（7）

岩間信之　茨城キリスト教大学文学部（8）

呉羽正昭　筑波大学生命環境系（9）

松井圭介　筑波大学生命環境系（10）

（　）内は執筆担当章

まえがき

　現代の世界はどのように読み解くことができるのだろうか．地理学は地球と世界の諸地域を理解するためにどのように貢献できるのだろうか．そして，21世紀を生きる若い世代に地理学者は何を伝えることができるのだろうか．私たちは，地理学の視点と方法に基づいて，グローバリゼーション，ローカリゼーション，そしてサステイナビリティという3つの視角から，世界の地誌にアプローチすることを試みた．それが「シリーズ地誌トピックス」である．地誌とは，地理学が描く地球と地域の現実の姿であり，その存在意義はかつてないほどに大きくなっている．それはどうしてであろうか．

　現代の世界は急速で著しい変化を経験し，さまざまな課題に直面している．情報通信技術や交通運輸手段の発達に伴って，世界各地の人々や文化の移動と交流が活発化し，広域な物流が促進され，地域間の結びつきがますます強まっている．同時に，環境問題，人口問題，格差と貧困や地域間の対立の問題をはじめとして，人類が解決しなければならない問題は数多くある．地球の空間と資源は有限であるので，世界中の人々が持続的な発展を実現するためには，限られた資源を有効に活用することが求められる．また，世界中の人々が平和で自律した暮らしを営むためには，お互いが多様性を尊重し合って共生することが求められる．このような世界を実現するために，地理学は重要な役割を演じるのである．

　「シリーズ地誌トピックス」は，世界を地理学的に展望し，具体的な地域像を描くことを目的として企画された．第1巻『グローバリゼーション　縮小する世界』では，特定の事象に焦点を当てることにより，人・物・技術・情報・資本が移動・越境し，地域間の結びつきが強まり，世界が縮小しつつある現実を，グローバルスケールの枠組みにおいて検討する．従来，グローバリゼーションについては，政治や経済の観点から論じられることが多かった．しかし，それ以外の世界の多様な側面にも光を当てて，地域や人々をグローバル化の枠組みにおいて論ずることにより，縮小する世界の実像が明らかになる．

　本書を構成する12の章では，移民と社会，華人とチャイナタウン，世界のアジア化，交通と物流，情報通信技術と情報化社会，資本と企業，アグリビジネス，食文化，ツーリズム，宗教と信仰，人の移動と病気，そしてスポーツについて扱う．本書を通じて，世界の地誌と地理学に関する理解が深まるように期待している．最後に，朝倉書店編集部には，企画から刊行に至るまでたいへんにお世話になった．御礼申し上げます．

　2018年1月

編 者 一 同

目　　　次

1. 越境する人々と文化の伝播 ————————————————————〔矢ケ﨑典隆〕__ 1
　1.1　日本人の海外移住と文化の伝播 —————————————————— 1
　1.2　アメリカへの移民と文化の伝播 —————————————————— 5
　1.3　グローバルな人口移動と移民博物館 ——————————————— 7
　1.4　情報化社会における文化の伝播 ————————————————— 10
　コラム　移民とビールと日本酒 ————————————————————— 12

2. 世界の華人とチャイナタウン ————————————————〔山下清海〕__ 13
　2.1　中国人の海外移住とチャイナタウンの形成 ——————————— 13
　2.2　改革開放後の新華僑の増加 ————————————————————— 14
　2.3　変容する世界の華人とニューチャイナタウンの形成 —————— 16
　2.4　多様化する華人社会と新天地への拡大 ————————————— 19
　コラム　日本のニューチャイナタウン——池袋チャイナタウン ————— 21

3. アジア化する世界 ———————————————————————〔加賀美雅弘〕__ 22
　3.1　世界に進出するアジア ———————————————————————— 22
　3.2　アメリカ合衆国におけるアジア化 ———————————————— 23
　3.3　ヨーロッパにおけるアジア化 ——————————————————— 25
　3.4　エスニックマーケットにみるアジア化 ————————————— 27
　コラム　アジア的サービスもグローバル化？ ——————————————— 31

4. グローバル化時代の交通と物流 ——————————————〔兼子　純〕__ 32
　4.1　交通モードの変化 —————————————————————————— 32
　4.2　交通拠点の多様化と高度化 ————————————————————— 36
　4.3　物流システムの発達 ————————————————————————— 38
　4.4　まちづくりとこれからの交通 ——————————————————— 40
　コラム　LCC の登場と成長 ——————————————————————— 41

5. 情報通信技術と情報化社会 ————————————————〔箸本健二〕__ 42
　5.1　情報通信技術の進歩と社会的浸透 ———————————————— 42
　5.2　企業経営の効率化と情報通信技術 ———————————————— 43
　5.3　周辺地域の活性化政策と情報通信技術 ————————————— 46
　5.4　情報化社会の進展と地域・社会の課題 ————————————— 51
　コラム　コンビニの立地タイプ別品揃えと情報システム ———————— 52

6. 越境する資本と企業 ——————————————————————〔小田宏信〕__ 54
　6.1　グローバル化時代の到来 —————————————————————— 54

	6.2	多国籍企業と対外直接投資	56
	6.3	グローバルな生産体制と商品連鎖，価値連鎖	60
	6.4	世界経済地誌の今日的課題	64
	コラム	グローバル化の下での日本の経済地理	66

7. グローバル化とアグリビジネス 〔高柳長直〕 67
7.1 フードシステムのグローバル化 67
7.2 アグリビジネスの諸相 69
7.3 アグリビジネスの立地 74
7.4 公正な競争とアグリビジネスへの対抗 75
コラム 地域団体商標と地理的表示 77

8. 食文化の多様性と標準化 〔岩間信之〕 78
8.1 世界の食文化 78
8.2 ヨーロッパの食文化 81
8.3 東南アジアの食文化 84
8.4 食文化の地誌 87
コラム 世界の食文化を体験する 89

9. グローバル化時代のツーリズム 〔呉羽正昭〕 90
9.1 観光からツーリズムへ 90
9.2 ツーリズムの変化 90
9.3 グローバル化と国際ツーリズムの成長 93
9.4 ヨーロッパにおけるツーリズム 95
9.5 日本をめぐる国際ツーリズム 97
コラム 北海道ニセコ地域のインバウンド・ツーリズム 100

10. グローバル化と宗教・信仰 〔松井圭介〕 101
10.1 宗教史にみるグローバル化 101
10.2 世界の宗教分類と分布 101
10.3 宗教文化圏の歴史的理解——キリスト教文化圏を例に 104
10.4 宗教のグローバル化とその影響 107
10.5 グローバル化を宗教から考える 108
コラム 潜伏キリシタンの島を歩く 111

11. 人の移動と病気のグローバル化 〔加賀美雅弘〕 113
11.1 人の移動と病気の流行 113
11.2 新大陸発見と関わる病気の脅威 114
11.3 欧米諸国の世界進出と病気の流行 116
11.4 グローバリゼーションの落とし子 118
コラム 健康もグローバル化？ 122

12. スポーツで結びつく世界の人々と地域 〔矢ケ﨑典隆〕 123

12.1 世界のスポーツ地図 123

12.2 日本における野球の受容と普及 127

12.3 日系野球の伝播 128

12.4 日系野球文化地域の崩壊とその後 131

コラム マンザナール強制収容所の日本人と野球 133

さらなる学習のための参考文献 135

索 引 139

1 越境する人々と文化の伝播

　人間は移動性に富んだ動物であり，移動に伴って文化が伝播する．越境する人々と文化の伝播は，地域性の形成に寄与し，地域の変化を引き起こす．とくに19世紀後半からグローバルな人間の移動が活発化した．人間の地域間の移動にはプッシュ・プル要因が作用し，地域によって，また時代によって，人間を送り出したり受け入れたりする．本章では，グローバルな人口移動において対照的な存在である日本とアメリカ合衆国を事例として取り上げ，移民の送り出しと受け入れ，そして人口移動に伴う文化の伝播を検討する．さらに，人口移動を記憶する移民博物館の役割について理解を深める．最後に，情報化社会に特徴的にみられる，人間の移動を伴わない文化の伝播について考える．

1.1 日本人の海外移住と文化の伝播

1.1.1 海外移住の展開

　長期にわたる江戸期の鎖国時代を経て，明治維新後，日本は国際舞台に登場し，近代化の道を歩み始めた．この時期はグローバリゼーションの始まりの時代であり，外国文化の導入と並行して，日本人の海外移住が活発化した．それから1世紀の間に，日本人は活発に海外に出かけたが，その移住先，移民数，移住目的は，グローバルな動向と日本の国内事情を反映して，時代によって大きく変化した．図1.1は，1870年代中頃から1941年までの海外移住の推移を示したものである．

　明治時代初期から1894年頃までは，勉学，仕事など，さまざまな目的のために，個人を単位とした非組織的な海外渡航が中心であった．一方，1885年から10年間にわたって，日本ハワイ労働移民条約（1885年）に基づいて，ハワイのサトウキビプランテーションにおける契約移民として，約3万人がハワイに移住した．これは政府間の協定に基づく移民であったので，官約移民と呼ばれた．ハワイは砂糖生産の一つの中心地であり，サトウキビプランテーションは多量の労働力を必要とした．このプル要因によって，日本人だけでなく，さまざまな人々がハワイにひきつけられた．当時，日本では志賀重昂の『南洋時事』（1887年）が刊行され，海外への関心が高まった．

　ハワイへの官約移民の時代は，1894年の第26回移民船によって幕を閉じた．その後，明治政府は移民保護法（1896年）を施行し，それから1907年頃までは，民間の移民会社が移民の送出に大きな役割を演じた．こうして，ハワイ，北ア

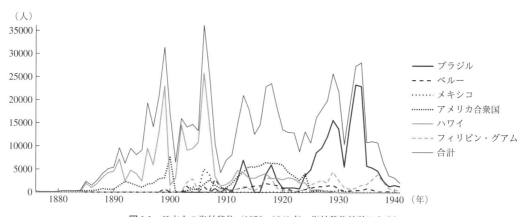

図1.1　日本人の海外移住（1876～1941年，海外移住統計による）

メリカ，フィリピン，メキシコ，ペルーなどへ移民が送り出された．移民の出身地は，一般に西日本の諸地域であった．一方，東北地方や北陸地方からは，当時，未開拓のフロンティアであった北海道への移住が盛んに行われた．

19世紀末から日本人が急増したアメリカ西海岸では，間もなく排日運動が深刻化した．その背景には，カリフォルニアにおける集約的農業の発展と，中国人労働者への反発があった．もともと中国人は，大陸横断鉄道の建設労働者として広東地方からリクルートされたが，1869年の大陸横断鉄道の開通後，カリフォルニアの農業地域で農業労働に従事するようになった．中国人は果物や野菜の収穫に不可欠な存在となったが，彼らの存在はホスト社会にとって脅威として認識された．中国人排斥法（1882年）が施行された結果，中国人は都市に移動してチャイナタウンを形成し，都市居住者となった．農業地域では労働力不足が深刻化したが，この労働力需要を補う存在となったのが日本人であった．

アメリカ西海岸の都市や農村で日本人が増加すると，またしても黄禍論が沸き起こり，排日感情が高まった．日本人の入港地であったサンフランシスコでは，とくに排日感情が激しく，公立学校で日本人学童を隔離する行政の動きが高まった．連邦政府の介入によって日本人学童隔離は実現されなかったが，1908年に日米政府間に日米紳士協約が結ばれた．日本政府は，アメリカ合衆国へ渡航を希望する日本人に対してパスポートの発給を停止し，移民を自主規制したわけである．

また，すでにアメリカ在住の日本人男性が日本から妻を呼び寄せる写真花嫁についても，排日感情を悪化させる要因となった．そして，1924年移民法は，帰化不能外国人の入国を禁止した．アメリカ市民権を取得できるのは，1790年国籍法で「自由な白人」と規定されていたため，日本人は帰化不能外国人として扱われたわけである．日本人に対するこのような差別が解消されたのは，1950年代に入ってからのことであった．

アメリカ合衆国への移住が難しくなる一方，ブラジルへの移住が活発化した．そのきっかけと

なったのが，1908年の笠戸丸移民であった．サンパウロ州ではコーヒー産業が発展し，コーヒー農園では住み込み労働者（コロノと呼ばれた）が必要となった．第一次世界大戦によってヨーロッパからの移民が停止すると，農業労働者としての日本人移民への期待がさらに高まった．ブラジルのコーヒー経済は，日本人をひきつけるプル要因として作用したわけである．

1924年移民法によってアメリカ合衆国が日本人移民を拒絶すると，官民が協力して南アメリカへの移住が促進された．1925年には，外務省の助成金によって，各道府県に海外協会が設立された．すでに1917年には，6社の移民会社の統合により，海外興業株式会社が組織されていた．1924年からは渡航費の補助が始まった．1927年には海外移住組合法が制定され，企業移民が奨励された．1928年には神戸国立移民収容所が開設され，南米拓殖会社とアマゾン興業株式会社が設立された．1929年には拓務省が設置され，移民政策が一元化された．このように，ブラジルなど，排日運動のみられない地域へと移民が組織的に送り出されたわけである（石川，1997）．

しかし，大恐慌によるコーヒー豆価格の暴落，そしてコーヒーブームの終焉によって，1934年にはブラジルの移民法が改正され，日本人の入国が制限された．その結果，ブラジルへの日本人の移住の時代はひとまず終わりを告げた．

一方，当時，日本政府の関心は満州へと移行していた．こうして1945年の敗戦まで，満州開拓の時代が続いた．拓務省は農業移民を計画し，すでに1932年には第一次満州移民を送り出していた．1936年満州移住20か年計画では，500万人の移住計画が立案された．日本各地では，満州への分村運動が展開した．しかし，日本の敗戦によって，満州開拓時代に幕が下りた．

第二次世界大戦後しばらくして，日本人の海外移住は新しい時代を迎えた．アジア各地から多くの日本人が帰国したため，移民を送り出すプッシュ要因が強くなった．1952年には海外移住が再開し，翌年には海外協会連合会が設立された．1955年には日本海外移住振興株式会社が設立さ

れた．とくにラテンアメリカは日本人のおもな移住先となった．

しかし，1960年代から高度経済成長に伴って，太平洋ベルト地帯で製造業が発展すると，労働力需要が増大し，人口の国内移動が中心となった．さらに，労働力不足の時代を迎え，海外移住は減少した．日本は，海外へ労働力を送り出す地域から，海外から労働力を受け入れる地域へと転換したわけである．今後の人口減少と労働力不足を考えると，日本では外国人をひきつけるプル要因が作用し続けると予測される．同様の傾向は，かつて南北アメリカ大陸に多くの移民を送り出したヨーロッパでも生じている．

1.1.2 日本文化の伝播

従来，日本人の海外移住と移民社会に関しては，国内の移民送出地域，移住の時代的背景，移住プロセス，そして移住先における適応と日系社会などがおもに関心を集めてきた．海外移住に伴う文化の伝播については，研究の蓄積は限られている．ここでは日本人の海外移住に伴う日本文化の伝播の事例として，農業協同組合を取り上げてみよう．そのために，まず，農林省農政局（1951）により，農業関係団体について概観してみよう．

第二次世界大戦前の日本の農業団体は，農業の指導・奨励を目的とした組織と，農業生産者による協同的な経済活動を目的とした組織に大きく分類することができた．農業に関する指導・奨励団体は明治政府の農業政策の産物であり，各地に農事会や農談会といった団体が組織され，それを拠点として，西洋農法を取り入れた農作業の改良が図られた．1896年には，そうした地方農業団体の中央機関として，全国農事会中央本部が設立された．さらに，1899年には農会法が制定され，指導・奨励を目的とした農業団体が法的に組織されるようになったし，1910年には農会法の改正によって，全国規模の帝国農会が組織された．こうして，地方から全国まで，階層構造を持つ農会システムが確立された．

農会は農業の改良と発達を目的としており，具体的には，「1 農業の指導・奨励，2 農業に従事する者の福利増進に関する施設，3 農業に関する研究および調査，4 農業に関する紛争の調停または仲裁，5 その他の農業の改良発達をはかるに必要な事業」が主な事業であった．農会は地域別・階層的に組織され，市農会，町村農会，郡農会，道府県農会，帝国農会が存在した．市町村の行政地域ごとに組織された市町村農会は最小の単位であり，その地域内に農地や牧場を所有したり，農業を行う人がすべて加入しなければならない強制的な組織であった．郡農会は町村農会によって組織され，これと市農会によって道府県農会が組織され，それらの全国統制組織が帝国農会であった．1936年における農会数をみると，町村農会が1万1111，市農会が123，郡農会が552，道府県農会が47，そして帝国農会が1であった．

こうした農会の他にも，養蚕，畜産，茶業，養鶏の分野で，政府による指導・奨励団体が組織された．このような指導・奨励団体はいずれも形式的には民間団体であったが，それらの成立と運営は政府主導で行われ，財政的基盤は政府からの補助金であった．

一方，協同的な経済活動を目的とした農業団体の代表は産業用組合であった．これは1900年に施行された産業組合法に基づく法人組織であり，事業の種類別に4つのタイプがあった．信用組合は「産業または経済に必要な資金を貸し付け及び貯金の便宜をえしめる」もの，販売組合は「組合員の生産したものに加工しまたは加工せずして売却する」もの，購買組合は「産業または経済に必要なものを買入れこれを加工しもしくは加工せずして，またはこれを生産して組合員に売却する」もの，そして利用組合は「組合員をして産業または経済に必要な施設を利用せしめる」ものであった．

農会の場合とは異なり，産業組合への加入は個人の自由意思によるものであった．産業組合の中央機関として，1910年には産業組合中央会が組織された．これは，産業組合の普及・指導・連絡を目的としたものであり，種類別の産業組合が形成する連合会の調整機関ともなった．1939年の構成をみると，正会員は1万2206組合と111連合会であった．

1.1 日本人の海外移住と文化の伝播　　3

これらの農業団体に加えて，大日本農会は1881年に，英国王室農業協会を模範として全国的農業団体として組織された．とくに農業技術の改良と普及における教育的事業は重要であった（大日本農会，1980）．

　以上のような農業協同組合は，政府の意図と主導のもとで展開したが，しだいに農村地域に根づいていった．海外移住に伴って，このような農業協同組合の思想は，海外の日本人移民社会に導入された．アメリカ合衆国やブラジルの日系移民社会では，農業は重要な経済活動であった．とくに，カリフォルニアとサンパウロの両州には，大きな日系移民社会が形成された．そこで共通して見られたのが，日本人が組織した農業協同組合であり，それは重要な適応戦略として機能した（矢ケ﨑，2008）．

　カリフォルニアでは，集約化が進行しつつあった農業地域において，日本人は当初は農業労働者として収穫労働に従事した．しかし，間もなく日本人は農業階梯を上昇し，小作農を経て，自ら農場を経営するようになった．こうした日系農業地域には，必ずと言っていいほど農業協同組合が組織された．それらは農業組合あるいは産業組合と呼ばれた．また，そうした地方組合を統括する中央組織も設立された．とくに南カリフォルニアには，日系の農業協同組合が数多く組織された．南カリフォルニアの日系農業協同組合を示した図1.2から，日系エスニック組合の増加と地域的拡大を読み取ることができる．

　農業協同組合は，日本人が採用した適応戦略の一つであった．アメリカ社会でさまざまな偏見や差別の対象となった日本人は，白人の農業協同組合からは入会を拒否された．日本人のみによるエスニック組合では，日本語が共通語であった．農作物の共同出荷など，経済的な機能を果たすと同時に，農業協同組合を単位として，文化的社会的な活動が展開され，日本人の絆が維持された．

　しかし，カリフォルニアの日系農業協同組合は，第二次世界大戦中の強制収容を経て，戦後，ほとんどが姿を消した．戦後の日系社会の中心を担ったのはアメリカで生まれた二世であり，アメ

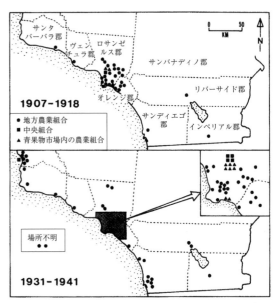

図1.2　第二次世界大戦前の南カリフォルニアにおける日系農業協同組合（Yagasaki（1995）による）

リカ社会における日本人に対する偏見や差別が軽減されるにつれて，彼らはホスト社会の農業協同組合に吸収された．日系二世にとって，エスニックな結びつきによる経済活動はもはや不要になったわけである（矢ケ﨑，1993）．

　ブラジルでは，日本人はコーヒー農園における住み込み労働の契約期間が終了すると，奥地の開拓に従事したり，サンパウロ市の近郊に移動して集約的農業に従事した．いずれの地域においても，農業協同組合は経済的にも社会的文化的にも重要な役割を演じた．

　奥地の開拓に従事した日本人は，集団入植地に日本人村を作って互いに助け合った．必要な物資の購入，農産加工，農作物の出荷などが，農業協同組合を単位として行われた．また，サンパウロ市の近郊では，都市の消費市場向けの野菜類が栽培された．ここでも，共同購入，共同出荷，労働賃金の協定などのために，農業協同組合の役割は大きかった．なかでも，コチアでジャガイモ栽培にあたった日本人は，1927年にコチアジャガイモ生産者有限責任協同組合株式会社を組織した．これはブラジルの農業協同組合のなかで最も古い歴史を持つもので，コチア産業組合中央会の始まりであった．同組合は，ブラジル最大の農業協同

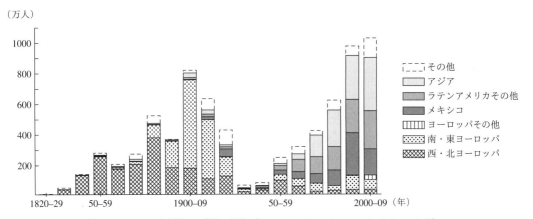
図 1.3 アメリカ合衆国への移民の流入（Yearbook of Immigration Statistics による）

組合に発展した．

ブラジルでは1930年代前半に日本人農業協同組合が著しく増加した．1930年には5組合が存在したが，1934年には52組合に増加し，組合員数は4334人を数えた．こうした日本人農業協同組合をまとめる中央組織として，1934年には日伯産業組合中央会が組織された（ブラジル日本移民70年史編さん委員会，1980）．

第二次世界大戦後，日本人が組織した農業協同組合にブラジル人が加入するようになった．日系組織を母体としたブラジルの農業協同組合は，集約的農業の発展と農産物流通に大きく貢献したことで知られている．日本からもたらされた協同の文化が，ブラジルの農業の仕組みを変えたわけである．

以上のように，農業協同組合はアメリカ合衆国においてもブラジルにおいても，日本人移民がホスト社会のなかに生活の基盤を作り上げるための適応戦略として機能した．これはホスト社会で日本人が学習したものではなく，日本から導入した文化の一つであった．

1.2 アメリカへの移民と文化の伝播

1.2.1 移民の流入と多民族社会の形成

国際的な人口移動において日本と対極をなすのが，アメリカ合衆国である．この国では，移民をひきつけるプル要因が継続して作用してきた．大西洋岸で西ヨーロッパからの移民によって植民と開発が始まってから，そしてアメリカ合衆国が独立してから，この国は世界中から人々をひきつけ続けてきた．広大な国土と豊かな資源，そして労働力不足を反映して，常にプル要因が作用してきた．

もっとも，アメリカ合衆国へ移民を送り出した地域は，図1.3から明らかなように，時代によって変化し続けてきた．移民送出地域に存在したプッシュ要因は，宗教，政治，飢餓，貧困など，地域と時代によってさまざまであった．

19世紀末までは，西ヨーロッパがおもな移民送出地域であり，イギリス，ドイツ，アイルランドなどの出身者が多数を占めた．1850年代には，主食のジャガイモの不作によってジャガイモ飢饉が深刻化し，アイルランドからの移民がピークに達した．1880年代には，ドイツとイギリスからの移民がピークを迎えた．北ヨーロッパからの移民は，1860年代から急増し，1880年代にピークに達した．1820年から70年間の移民は合計で1500万人を数えたが，その81％が西ヨーロッパと北ヨーロッパの出身者であった．

こうした傾向に変化が生じたのは19世紀末であった．この時期に南ヨーロッパや東ヨーロッパからの移民が急増し，1900年代にはイタリアとロシアからの移民がピークとなった．1890年から40年間の移民は合計2254万人に達したが，その56％が南ヨーロッパと東ヨーロッパの人々であった．国別割当制度を導入した1924年移民法は，このような南ヨーロッパと東ヨーロッパからの移民の流入を阻止することを目的とした．

さらに，20世紀後半になると，アメリカ合衆国への移民の送出地域に大きな転換が生じた．1960年代に入ると，メキシコや西インド諸島からの移民が増加した．1965年移民法によって国別割当制度が廃止されると，1970年代以降，移民の出身地は大きく変化し，とくにアジアからの移民が急増した．ラテンアメリカからの移民は1990年代にピークに達したし，アジアからの移民は2000年代にピークに達した．ラテンアメリカからの移民の中では，とくにメキシコ人が多い．アジアについては，フィリピン，インド，中国，ベトナムからの移民が多い．1960年からの50年間では，移民は合計3378万人を数えたが，ラテンアメリカからの移民は43%，アジアからの移民は31%に達した．

このように移民の出身地に変化が生じるとともに，アメリカ社会も変化した．19世紀末までは，新たに到着した移民はイギリス的価値観に基づいて形成されたアメリカ社会に同化することが求められた．一方，20世紀に入ると，メルティングポット（るつぼ）論が話題となり，多様な人種・民族・文化の融合によって，新しいアメリカ人が誕生すると唱えられた．このような理想論が机上の空論にすぎないと理解されると，1960年代からの社会の変化を反映して，サラダボウル論が一般的に受容されるようになった．しかし，行き過ぎた多文化化の進行によってアメリカ社会が分裂することを危惧する，いわゆる分裂論の見解もみられるようになった．

このようなアメリカ社会の変化と移民送出地域の変化を経験しながらも，アメリカ合衆国は移民を受け入れ続けている．世界にはさまざまな多民族国家が存在するが，アメリカ型多民族国家は独特である．というのは，アメリカ的価値観とアメリカ人としての誇りが共有されると同時に，エスニック集団によるエスニック意識が重層的に存在する．これらは縦糸と横糸のように編みこまれており，分裂しない多民族国家が形づくられている．また，移民の多くは若い人々であるため，少子高齢化の傾向は，他の先進諸国と比べると緩やかである．

1.2.2 移民による文化の導入

世界各地からやってきた移民は，それぞれの出身地から独自の文化を持ち込んだ．アメリカ合衆国には多様な文化要素が存在しており，それらはこの国の条件に対応するように変形されながら，アメリカ的な生活文化や生産様式の発展に寄与した．

植民と開発の過程で，西ヨーロッパからの移民は，混合農業の伝統と，家畜や作物を導入した．これらに北米原産のトウモロコシが加わって強化され，アメリカ型農業様式が形成された（矢ケ﨑，2010）．また，北ヨーロッパからの移民は，丸太小屋の建築文化を持ち込んだ．デラウェア川下流域に形成されたニュースウェーデンは，丸太小屋様式の導入と拡散の中心地であった．当時の面影は，今日，丸太小屋の野外博物館にとどめられている（写真1.1）．丸太小屋は，入植時代の開拓民の質素な生活を語るうえで必要不可欠の伝統となった．

食文化についてみると，西ヨーロッパの豚肉を中心とした肉食文化は，アメリカ的食文化の基盤となった．20世紀に入って牛肉が肉の代名詞となる前は，塩漬けの豚肉とハム・ソーセージなどの加工品がおもなタンパク質源であった．さらに，世界各地からの移民がもたらした食文化は，多様性を生み出した．パスタなどのイタリア料理，タコスなどのメキシコ料理，中華料理，寿司などの日本料理は，アメリカ人の食生活と食文化の一部になっている．ビール，ワイン，ウイス

写真1.1　デラウェア川流域におけるスウェーデン人による丸太小屋建築の導入（2011年11月，筆者撮影）

写真1.2 ペンシルヴェニア州ポッツヴィルのイングリング社のビール醸造所（2011年11月，筆者撮影）

キー，日本酒などのアルコール飲料についても同様である（写真1.2）．

移民の流入によって宗教も導入された．多くのアメリカ人にとって宗教は重要な意味を持っている．なかでもプロテスタントやカトリックのキリスト教は，アメリカ社会を規定する重要な要素である．一方，日本人が持ち込んだ仏教や新興宗教も，アメリカ合衆国の宗教文化の一部を構成するようになった．

移民はさまざまなお祭りを持ち込んだ．例えば，ハロウィーンはもともとケルト人の収穫祭であった．19世紀中頃にアイルランドから移民が大量に流入したことによって，ハロウィーンはアメリカ文化の一つとして定着するようになった．ランタンは，もともとアイルランドではカブをくりぬいて作られたが，アメリカ合衆国では，北米原産のカボチャが使われるようになった．

以上は，移民がアメリカ合衆国に持ち込んだいくつかの事例である．アメリカ文化のルーツをたどると，移民が持ち込んだ文化の役割を認識することができる．

1.3 グローバルな人口移動と移民博物館

1.3.1 移民博物館が語るもの

前節では人間の移動は文化の移動を伴うことを概観したが，移動した人々も，移民を送り出した人々も，人口移動について記録し記憶することに関心を払っている．世界にはさまざまな博物館が存在するが，グローバルな人口移動を考える際に，移民博物館，すなわち移民をテーマとした博物館は一つの指標となる．

移民博物館はどのような場所に開設されるのだろうか．また，移民博物館にはどのようなタイプがあるのだろうか．移民博物館について理解するためには，移民を受け入れたホスト社会の枠組みにおいて，また，移民を送り出した社会の枠組みにおいて検討することが必要となる．

移民博物館は，建物・展示空間，展示物，設立運営組織，そして訪問者により成り立つ．すなわち，移民博物館を理解するためには，誰によって，どのような建物や展示空間が作られ，何が展示され，誰が訪れるのか，という点に注目することが必要になる．日本とアメリカ合衆国では，前述のように人口移動の形態に差異があると同時に，移民博物館に関しても著しい相違が認められる．

1.3.2 アメリカ合衆国の移民博物館

世界中から移民を受け入れ，多民族社会が形成されたアメリカ合衆国には，多数の移民博物館がある．移民はさまざまな偏見や差別の対象となったが，1960年代の激動の時代を経て，1970年代以降，多民族の存在に対する寛容度が増した．多くの人々は，アメリカ国民としての自己認識と，移民エスニック集団の一員としての自己認識を有する．多民族社会の認識が共有されるにつれて，移民エスニック集団は自分たちの文化を再認識し，再形成し，発信するようになった．そうした意識と活動の拠点となるのが，移民エスニック集団によって組織された移民博物館である．移民エスニック集団にとって，移民博物館は，出身地からアメリカ合衆国への移民の歴史を記録するとともに，移民エスニック集団の一員としての自己認識を確立し共有することができる空間である．

アメリカ社会にとっては，移民博物館は，多民族社会アメリカを再認識する空間であり，アメリカ人として国民意識を強化することができる空間である．訪問者は，その移民エスニック集団に属する人々に限定されるものではない．他の集団やホスト社会多数派の構成員も訪れる．他の集団に属する人々は，国内に存在する異文化に驚き，そ

写真1.3 ニューヨークのイタリア移民博物館（2014年3月，筆者撮影）

写真1.4 ニューヨークのエリス島移民博物館（2014年3月，筆者撮影）

の集団の経験に少数派の立場から共感する．その結果，移民文化の共有化が図られる．ホスト社会多数派の人々は，多様な文化の存在を認識し，この国が多民族社会であることを実感する．

今日，移民文化は観光資源としての意義を増している．もともと，アメリカ合衆国に移住した人々は，偏見や差別に直面すると，適応戦略を駆使した．すなわち，移民エスニック集団は，ホスト社会からの制度的および非制度的な圧力に直面して，民族組織，就業選択，居住空間において絆を維持し，生活の基盤を形成した．1970年代以降，ホスト社会から移民エスニック集団に向けられる圧力が弱まると，これに対応して移民の適応戦略の役割は低下した．移民エスニック集団は，民族組織を基盤として，独特な居住空間（エスニックタウン）を活用し，移民博物館を開設するようになった．今日，アメリカ合衆国には，移民エスニック集団によって組織運営される移民博物館が無数にある．それらは多様な移民文化が共有される空間であり，多民族社会を象徴する特徴である（矢ケ﨑，2016）．

とくに，ニューヨーク，ロサンゼルス，シカゴという三大都市には移民博物館が多くある．移民エスニック集団による移民博物館としては，イタリア系，ウクライナ系，ユダヤ系，中国系，プエルトリコ系などの移民博物館が代表的である（写真1.3）．

ニューヨークは大西洋を越えて到来した移民の入港地であった．エリス島移民博物館は，そうした移民の歴史を記録し記憶する（写真1.4）．もともとエリス島には入国審査所が設けられたが，これは1954年に恒久的に閉鎖された．1965年に自由の女神国立記念建造物の一部となり，修復された本館が1990年には移民博物館として公開された．マンハッタン南部のバッテリーパークから自由の女神とエリス島を巡る遊覧船が出ており，

写真1.5 ロサンゼルスの全米日系人博物館（2017年2月，筆者撮影）

写真1.6 アメリカ村カナダ移民資料館（カナダ資料館）（2007年11月，筆者撮影）

ニューヨークの観光コースに組み込まれている．

シカゴにはとくに移民博物館が集積している．シカゴは，イリノイ・ミシガン運河の建設を契機として，ヨーロッパからの移民が流入し，中西部の中心都市として産業が発展し，都市が拡大した．シカゴには13の移民博物館が移民エスニック集団により組織運営されており，この都市の発展と文化を理解するための鍵となる（矢ケ﨑・髙橋，2016）．

ロサンゼルスでは，ニューヨークやシカゴと比べると，移民博物館が少ない．都市発展の当初から移民が流入したこれらの都市とは異なり，ロサンゼルスの多民族化はおもに1970年代以降に進行した．ロサンゼルスの歴史はスペイン植民地時代の1870年代にさかのぼるが，プエブロと呼ばれた民間入植村が建設された旧市街地は，ロサンゼルスプエブロ歴史史跡が指定された．ここではプラザ（広場）とスペイン様式の古い街並みが復元されている．その近くには，中国系アメリカ人博物館がある．なかでも最も立派なのが全米日系人博物館で，1992年にリトルトーキョーに開館した（写真1.5）．

このような移民博物館は，移民の流入によって展開した多民族社会アメリカを象徴する存在である．新しい移民エスニック集団のなかには，移民博物館の活動に積極的に取り組む集団もみられる．シカゴの全米カンボジア遺産継承博物館や，サンノゼのベトナム人博物館などがそうした事例

である．

1.3.3　日本の移民博物館

日本にはどのような移民博物館があるのだろうか．日本人の海外移住を記憶する移民博物館がいくつかある．日本からの海外移住に関する総合的な博物館は，JICA横浜海外移住資料館である．国際協力機構（JICA）によって運営されるこの施設は，常設展示に加えて，企画展，講演会，学習支援を行い，また，『海外移住資料館だより』を定期刊行する．図書資料室も完備している．

前述のように19世紀末の官約移民の時代に，日本ハワイ労働移民条約に基づいて，約3万人の日本人が契約移民としてハワイに渡った．ハワイ移民送出地域の一つは，山口県の周防大島であった．アメリカ合衆国で財を築いて帰国した移民の民家に，日本ハワイ移民資料館が開設され公開されている．ここには，ハワイへの官約移民の歴史，カリフォルニアへの移民関係の資料が展示されている．

和歌山県は移民を多く送り出した県として知られる．南西部の沿岸に位置する旧三尾村（現美浜町三尾からは，多くの人々がカナダに移住した．移民の送金によって，また帰国した人々によって，北米の生活様式や建築様式が持ち込まれた．その結果，三尾はアメリカ村として知られるようになった．アメリカ村カナダ移民資料館（カナダ資料館）には，三尾からブリティッシュコロンビア州沿岸部への移住の歴史が記録されている（写

写真 1.7　神戸市の移民ミュージアム（2016 年 11 月，筆者撮影）

写真 1.8　グローバル化するマンガ（2017 年 5 月，筆者撮影）

真 1.6）．

　日本からブラジルをはじめとする南アメリカへの移住の歴史を記録するのが，神戸市の移民ミュージアムである．1920 年代中頃から官民協力によって，南アメリカへの移住が促進された．1928 年に神戸国立移民収容所が開設され，神戸移住センターとして 1971 年に閉鎖されるまで，移民を送り出す拠点であった．神戸市は，阪神淡路大震災の被害を免れたこの建物を活用し，文化交流の拠点として，海外移住と文化の交流センターを開設した．移民ミュージアムは，一般財団法人日伯協会によって運営される（写真 1.7）．

　一方，日本にやってきた移民を記録する移民博物館も存在する．神戸には南京町があり，日本の主要な中華街の一つである．中国人の歴史を記録する神戸華僑歴史博物館は，1979 年に KCC ビル（神戸中華総商会ビル）の 2 階に開館した．華僑の歴史と文化をテーマとした博物館は，日本では神戸華僑歴史博物館のみであろう．また，東京都港区には，在日韓人歴史資料館があり，日本における韓国・朝鮮人の歴史を記録する．

　日本の場合，移民の送出に関する移民博物館が多く，日本に住む移民エスニック集団による移民博物館は限定されている．これはアメリカ合衆国とは異なる点である．

1.4　情報化社会における文化の伝播

　以上見てきたように，人間の移動に伴う文化の伝播が明らかになった．距離は摩擦であり，人がこの摩擦を乗り越えて移動することにより，文化も移動した．しかし，現代は情報化社会である．情報通信技術の発達によって，人間が移動しなくても文化は伝播する．これがグローバリゼーションの新たな側面である．情報通信技術によって情報が瞬時に移動し，距離を隔てた地域に居住する人々が交流することができる．距離の消滅に伴って，新たな文化の伝播が可能になった．日本の伝統文化についても，最近のポピュラーカルチャーについても，世界の人々が関心を寄せるようになった．

　マンガの例を考えてみよう．アメリカ合衆国の本屋に行くと，必ずマンガコーナーがある．日本の漫画本が英語に翻訳されて，書棚にぎっしりと並んでいる．その数は，地理学関係の書籍よりもはるかに多い．アメリカ合衆国でマンガのブームが起きたのは，日本人が漫画本を持ち込んだためではなかった．日本のポピュラーカルチャーが情報通信技術を媒介としてグローバル化する過程で，漫画本が英訳され，刊行された．

　英訳された最近のマンガ本は，アメリカ合衆国の読者に新しい読書体験をもたらしたといえる．かつては，日本語版の画像を反転して，アメリカンコミックと同様，左から右へと読み進んだ．そ

のため，ゴルゴ13は左利きであった．しかし，最近の英語版マンガは，日本語版と同様，右から左へと読み進む．これは，英語本とは反対方向の読み方である．読者が通常の英語本のように左の表紙を開くと，「This is the last page!」とか，「Stop! You are going the wrong way!」などの注意が目に飛び込んでくる．そして，日本のマンガは右から左へと読み進むものだといった説明がていねいになされる（写真1.8）．これは日本文化の伝播にほかならない．

　情報化社会における文化の伝播とグローバリゼーションは，地理学に新たな課題をもたらしている．かつて人間は距離という摩擦を克服しながら移動し，文化は時間をかけて伝播した．しかし，情報化社会の今日，文化は場所という束縛を越えて，距離を克服して拡散する．このようなグローバリゼーションに，地理学はどのようにアプローチするのだろうか． 〔矢ケ﨑典隆〕

引 用 文 献

石川友紀（1997）：日本移民の地理学的研究―沖縄・広島・山口，榕樹書林．

大日本農会（1980）：大日本農会百年史．大日本農会．

農林省農政局（1951）：農業会誌．農林省農政局．

ブラジル日本移民70年史編さん委員会（1980）：ブラジル日本移民70年史．ブラジル日本文化協会．

矢ケ﨑典隆（1993）：移民農業―カリフォルニアの日本人移民社会．古今書院．

矢ケ﨑典隆（2008）：エスニック集団の適応戦略．山下清海編著，エスニック・ワールド―世界と日本のエスニック社会．明石書店，pp.20-27．

矢ケ﨑典隆（2010）：食と農のアメリカ地誌．東京学芸大学出版会．

矢ケ﨑典隆（2016）：移民博物館．山下清海編，世界と日本の移民エスニック集団とホスト社会―日本社会の多文化化に向けたエスニック・コンフリクト研究．明石書店，pp.53-58．

矢ケ﨑典隆・高橋昂輝（2016）：バージェス時代の多民族都市シカゴを記憶する移民博物館．歴史地理学，58（4）：1-22．

Yagasaki, N. (1995)：Ethnic agricultural cooperatives as adaptive strategies in Japanese overseas communities：Diffusion, development and adaptation in contextual perspective. *Geographical Review of Japan*, 68（Ser. B）：119-136．

【移民とビールと日本酒】

あるビール会社の宣伝に,「ミュンヘン,サッポロ,ミルウォーキー」というのがあった.世界の有名なビール醸造都市を3つあげたものである.もうずいぶん昔のことである.

ミュンヘンは誰でも知っているビールの都で,オクトーバーフェストには,世界中から観光客が南ドイツのこの都市を訪れる.ドイツ人がアメリカ合衆国に移住すると,各地でビール醸造に従事した.中西部の都市,ミルウォーキーもその一つである.ミルウォーキーを代表する大手のビール会社はミラー社で,工場見学と試飲には人気がある.かつて人気のあったシュリッツ社は衰退したが,立派な建物と広い敷地は多目的に活用されている(写真1.9).なお,アメリカ合衆国に現存するビール会社で最も古いのは,ペンシルヴェニア州東部の小都市,ポッツヴィルにあるイングリング社で,この会社もドイツ人移民によって始められた.禁酒法の時代にはアイスクリームなどを製造して存続し,小規模な家族経営によって現在も営業を続けている(写真1.2参照).同社は現存するビール会社のなかでは最も長い歴史を持つ.

日本には,明治時代の初期に,ドイツ人やアメリカ人によって,横浜でビール醸造が始まった.間もなく,北海道開拓に伴って,札幌に北海道開拓使麦酒醸造所が設けられた.日本人は西欧文化の一つとして,積極的にビールを取り入れたわけである.

移民に伴うアルコール飲料の伝播は,ビールに限られたわけではない.日本人は日本酒を海外の日本人社会に持ち込んだ.20世紀初頭には,アメリカ合衆国カリフォルニアのバークリー,ロサンゼルス,サンノゼ,ワトソンヴィルで,またハワイのホノルルで日本酒が合法的に醸造されていた.カナダのバンクーバーでは,無免許の酒醸造は1899年に始まったという(喜多,2017).ブラジルのサンパウロ州カンピーナスでは,日系農場のカーザ東山において,1934年に東山農産加工会社が設立され,清酒(東麒麟)の醸造が始まった(ブラジル日本移民70年史編さん委員会,1980).

フランス人はワインの文化を世界各地に持ち込んだ.とくに,フィロキセラが大流行して壊滅的な被害を受けたワイン地域から,生産者が新大陸に移住し,新しいワイン地域が形成された.人の移動とお酒の伝播.これは地理学のおもしろいテーマに違いない.

引用文献

喜多常夫(2017):北米におけるサケ醸造の歴史—アメリカとカナダに存在した全ての酒醸造所のリストアップ.酒史研究,32:17-43.

ブラジル日本移民70年史編さん委員会(1980):ブラジル日本移民70年史.ブラジル日本文化協会.

写真1.9 ミルウォーキーのミラー社(左)と旧シュリッツ社(右)の建物(2012年9月,筆者撮影)

2 世界の華人とチャイナタウン

中国から海外に移り住んだ華人は，東南アジアを中心に熱帯の植民地に広く分布した．また，アメリカ，カナダ，オーストラリアなどでは，ゴールドラッシュにより華人社会が形成された．しかし，中国の改革開放政策の実施（1978年末）以降，華人を取り巻く状況は大きく変化した．改革開放後の中国から海外に出ていく「新華僑」が増加するとともに，伝統的なチャイナタウンとは別に「ニューチャイナタウン」が各地で新たに形成された．本章では，中国人が海外に出て行った歴史的な背景を整理した上で，改革開放後の新華僑の増加について論じる．そして，北アメリカ，ヨーロッパおよび東南アジアを事例に，世界の華人社会の変容とニューチャイナタウンの形成・特色などについて展望する．

2.1 中国人の海外移住とチャイナタウンの形成

2.1.1 熱帯の植民地化

16世紀以降，ヨーロッパ列強により東南アジアや中部・南アメリカなどの熱帯地域が植民地化され，サトウキビ，ゴムなどのプランテーションやスズ鉱山などの開発が進んだ．奴隷解放（1833年，イギリス奴隷制廃止；1863年，アメリカ合衆国の奴隷解放宣言）により，アフリカの黒人に代わる安価な労働力として，高温・湿潤な熱帯でも有能に働く中国人への需要が増大した．

中国人の海外への大量移住は，古くは宋代以前までさかのぼることができるが，中国から海外への移住が顕著になるのは，アヘン戦争（1840～1842年）以後である．イギリスと清朝との間で締結されたアヘン戦争の講和条約である南京条約（1842年）により，広州（グアンジョウ），福州（フージョウ），厦門（アモイ），寧波（ニンボー），上海の5港が開港され，香港はイギリスに割譲された．その後，広州，厦門，そして1860年に開港された汕頭（スワトウ）は，海外に渡る中国人の主要な出発港となった（写真2.1）．

東南アジアにおいては，ビルマ（現ミャンマー）およびマラヤ（現マレーシア・シンガポール）がイギリス領に，インドシナ（現ベトナム・ラオス・カンボジア）がフランス領に，東インド（現インドネシア）がオランダ領に，そしてフィリピンがスペイン領（1898年のアメリカ・スペイン戦争でアメリカ領）になった．植民地宗主国側は，植民地経済の発展のために，福建・広東など中国南部から多くの中国人労働者を導入した．

東南アジアの植民地には，植民地支配の拠点となる植民地都市（colonial city）が計画的に建設された．ラングーン（現ヤンゴン），シンガポール，サイゴン（現ホーチミン），バタビア（現ジャカルタ），マニラなどである．植民地経済の発展において，華人が果たした役割は重要であり，植民地都市には大規模なチャイナタウンが形成され，現在に至っている（写真2.2）．1963年の推計では，世界の華人1268万人の94.8％は，東南

写真 2.1 1989年当時の福建省厦門（1989年10月，筆者撮影）
南京条約で開港された厦門の中心部（写真上部）の対岸にある鼓浪嶼（ころうしょ／コロンス島，写真手前）には外国の領事館が設置され，洋館建築が現存し，厦門で人気の観光地となっている．

写真2.2 マニラのビノンド地区のチャイナタウン（1998年11月，筆者撮影）
オンピン・ストリート（王彬街）を中心に形成され，チャイナタウンの入口には，1974年，中国式楼門「中菲友誼門」（中国・フィリピン友好の門）が建てられた．

写真2.3 バンクーバー島，ビクトリアのチャイナタウン（2010年8月，筆者撮影）
バンクーバーの発展に伴い，華人は減少し，チャイナタウンは衰退したが，現在はビクトリアの重要な観光名所となっている．

アジアに集中していた（Ma and Cartier, 2003）．

2.1.2 ゴールドラッシュ

熱帯の植民地化とは異なるもう一つの中国人の海外移住の重要な要因は，北アメリカおよびオーストラリアにおけるゴールドラッシュである．1848年，カリフォルニアのシエラネバダ山脈中腹のコロマで金が発見され，カリフォルニアのゴールドラッシュが起こった．この時，広東の珠江デルタ，特に台山（タイシャン）地方（現在の江門〔ジアンメン〕市に属する）から，一攫千金の夢を抱いて多数の中国人がサンフランシスコに上陸した．当時，中国では，サンフランシスコは「金山」と呼ばれ，チャイナタウンが形成された．サンフランシスコから小さな船を乗り換え，その後，陸路で金鉱山をめざした．しかし，金を発見し，アメリカンドリームを実現した華人はいなかった（山下，2017）．

1851年にはオーストラリアのメルボルン近郊で金が発見され，ここでもゴールドラッシュが起こった．メルボルンは「新金山」と呼ばれるようになり，サンフランシスコは「旧金山」となり，今日においても，サンフランシスコの中国語表記として「旧金山」が用いられている．カナダにおいても，1858年，バンクーバーに近いフレーザー川流域で金が発見され，バンクーバー島南端の港町，ビクトリアに多くの中国人が移り住み，チャイナタウンを形成した（写真2.3）．

写真2.4 サンフランシスコのチャイナタウンの飲茶レストラン（2007年7月，筆者撮影）
ワゴンで運ばれてくる料理を見て選べるので，中国人以外の観光客などにも人気がある．

アメリカ，カナダおよびオーストラリアのゴールドラッシュで押し寄せた中国人の多くは，いずれも珠江デルタの広東人であった．これら3か国の伝統的華人社会は，後述する新華僑が増加するまで，広東人を中心に形成され，広東語が共通語の役割を果たしてきた．これらのチャイナタウンでは，広東料理店が多く，日本人にも好まれる飲茶（ヤムチャ）を提供する店が多い（写真2.4）．

2.2 改革開放後の新華僑の増加

2.2.1 植民地の独立――華僑から華人へ

海外に居住する中国人およびその子孫は，一般に「華僑」と呼ばれてきた．華僑の「僑」は，僑居＝仮住まいを意味し，「いずれは中国に帰る人たち」を意味した．第二次世界大戦後，世界各地

の植民地は独立し，中国では，1949年，中華人民共和国が成立した．その結果，「華僑」のほとんどは，社会主義の中国に戻らず，居住国に定着する道を選択し，本来の意味での「華僑」は減少し，自らを「華人」と主張するようになった．

今日の中国では，海外に居住している中国人およびその子孫で，中国籍を保有している者を「華僑」，そして中国以外の国籍保有者を「華人」と呼んでいる．両者をまとめて呼ぶ場合には「華僑華人」と称している．しかし，現実には，中国籍の有無によって識別することは難しく，中国側で用いる「華僑華人」の総称として「華人」という用語が使用されることが多くなっている．本章でも，原則として，その主旨で「華人」を用いる（山下，2000）．

2.2.2 新華僑の増加

1966年頃から，中国国内では文化大革命が始まった．この約10年に及ぶ文化大革命の時期には，中国は事実上，鎖国状態に陥った．1949年の中華人民共和国成立後，社会主義建設に貢献するために東南アジアや日本など海外から帰国したいわゆる「帰国華僑」は，外国のスパイ扱いされ，厳しく批判された．この文化大革命期に，中国は世界から孤立し，経済も衰退し，海外在住の華人とのネットワークも断絶した．

1976年9月，毛沢東が死去し文化大革命が終わり，鄧小平が中国の最高実力者の地位に就き，1978年12月末から始めたのが改革開放政策である．それまでの社会主義の計画経済から市場経済の体制へ移行するきわめて大きな変革であった．社会主義中国の象徴であった人民公社は解体され，経済特区が設置され，海外資本の導入などが積極的に行われるようになった．1979年以降，深圳（シェンジェン），珠海（ジューハイ），汕頭，

厦門，そして海南（ハイナン）島が経済特区に設定された．これらの地域は，西側資本主義社会への玄関口的な役割を果たしてきた香港に近く，また海外に在住する華人の出身地（「華僑の故郷」という意味で，中国では「僑郷」と呼ぶ）でもあった．この改革開放政策の導入により，中国の経済は急速に発展し，1980年代半ば以降，それまで制限されていた一般の中国人の海外への渡航が大幅に緩和され，出稼ぎ目的の海外移住が急増した．バブル経済で人手不足が深刻であった日本においても，日本語学校で学ぶ就学ビザを取得して来日する中国人が急増した．

このように，改革開放以降，海外に出て行く中国人が増加したが，彼らは中国では「新移民」と称される．改革開放以前に海外に渡った「老華僑」と区別し，これら「新移民」は「新華僑」とも呼ばれる．世界の華人人口に関する正確な統計はないが，台湾の僑務委員会の統計によれば，1978年の世界における華人人口は2404万人であったが，約20年後の1997年には約1.4倍の3284万人に増加した（Ma and Cartier, 2003）．表2.1は，2010年および2015年における世界の華人人口を大陸別に示したものである．2015年の世界における華人人口の70.6％はアジアに，また全体の21.7％が南北アメリカに分布していた．顕著な変化としては，ヨーロッパの華人が急増しており，2015年には，2010年の1.5倍となった．

新華僑の増加により，老華僑が形成したチャイナタウン（以下，オールドチャイナタウンと呼ぶ）は拡大し，これらとは別に新しいチャイナタウン（以下，ニューチャイナタウンと呼ぶ）も世界各地で形成された．

表2.1 2010年および2015年における世界の華人人口（各年末，単位：千人）

	アジア	南北アメリカ	ヨーロッパ	オセアニア	アフリカ	総計
2010年 （うち台湾籍保有者）	30,396 (581)	8,373 (1,118)	1,350 (33)	983 (38)	246 (10)	41,349 (1,781)
2015年 （うち台湾籍保有者）	31,880 (598)	9,516 (1,180)	2,002 (39)	1,229 (44)	539 (10)	45,167 (1,871)

中華民国僑務委員会（http://www.ocac.gov.tw/OCAC/，最終閲覧2017年3月15日）による．

2.3 変容する世界の華人とニューチャイナタウンの形成

2.3.1 北アメリカ

海外移住を希望する中国人がもっとも行きたい国はアメリカ合衆国である．しかし，アメリカへの移民の資格を得るのは難しいため，とりあえずカナダやオーストラリアなどへ移住し，機会を見つけて最終目的地のアメリカを目指すという中国人も少なくない．

アメリカの人口センサスによれば，華人は1960年には24万人であったが，1970年には44万人，1980年には81万人に増加した．これらの華人の中には，台湾や香港の出身者も含まれる．前述したように，改革開放後，中国大陸出身の新華僑が急増した．その結果，アメリカの華人人口は1990年に165万人，2000年に287万人となり，2010年には401万人（2000年および2010年の統計には混血も含む）にまで膨れ上がった．

オールドチャイナタウンに居住していた老華僑が，よりよい居住条件を求めて郊外に移住した．新華僑の富裕層は，移住当初からダウンタウンの老朽化したオールドチャイナタウンを避けて，郊外の住宅地を求めた．その結果，華人が多く居住する住宅地域に，華人向けのショッピングセンターや商店が集中するニューチャイナタウンが形成された．ロサンゼルスでは，東郊のモントレーパークにアメリカ最初の郊外型チャイナタウンが形成された．1984年，モントレーパークでは，アメリカ初の華人市長が誕生した．その後，モントレーパークのさらに東のローランドハイツなどの丘陵地に華人富裕層が居住する複数のニューチャイナタウンが形成された．

サンフランシスコにおいても，新華僑の流入とともに，西郊のゴールデンゲート・パーク近くのリッチモンド区およびサンセット区に，郊外型のニューチャイナタウンが形成された（山下，2017）．ニューヨークのマンハッタンにあるオールドチャイナタウンも，新たに流入した新華僑により拡大した．その一方で，郊外のクイーンズ区のフラッシングやブルックリン区のエイス・アベ

写真2.5 ニューヨーク郊外，クイーンズ区フラッシングのニューチャイナタウン（2014年5月，筆者撮影）
華人以外の世界各地からのニューカマーの移民が増加している．

ニュー（8th Avenue, 中国語で「八大道」と呼ぶ）などにおいて，ニューチャイナタウンが形成された（写真2.5）．

カナダにおいてもアメリカと同様のパターンがみられる．バンクーバーの中心部にオールドチャイナタウンがあるが，新華僑はバンクーバー南部のリッチモンドに大規模なニューチャイナタウンを形成した．カナダ最大都市，トロントでは，ダウンタウンのオールドチャイナタウンのほかに，市街地東部に新華僑がニューチャイナタウンを形成した．トロント郊外の衛星都市のスカバロー，マーカム，リッチモンド・ヒル，ミシサガなどでは，豊かな新華僑によって，ニューチャイナタウンが形成された（山下，2016a, pp.78-85）．

2.3.2 ヨーロッパ

今でこそヨーロッパ各地で華人社会が形成されているが，第二次世界大戦前，華人が多く居住していた地域はイギリス，オランダ，フランスなどの北西ヨーロッパに限られていた．イギリスやオランダでは，ヨーロッパ人に雇用されていた華人の船員が定住してロンドン，リバプール，アムステルダム，ロッテルダムなどにチャイナタウンが形成された．華人の船員の多くは香港周辺出身の広東人であった．イギリスとオランダの伝統的な華人社会では，広東人が中心であった．中国の改革開放後は，新華僑の増加により，ロンドンやアムステルダムのチャイナタウンは拡大した（写真2.6）．

写真 2.6 アムステルダムのチャイナタウン（2014 年 7 月，筆者撮影）
増加する新華僑の店舗では，黄，赤などの目立つ色合いの看板を掲げることが多い．

写真 2.7 パリ 13 区のチャイナタウン（2016 年 2 月，筆者撮影）

一方，フランスの場合は歴史的背景が異なる．第二次世界大戦前，浙江省南部の中心地，温州（ウェンジョウ）の西隣の青田（チンティエン）出身者が，地元特産の青田石を持ってフランスに行き，青田石の鑑賞置物などの行商を行い，一部はフランスに定着した．第二次世界大戦後，青田出身の華人は中国料理店を経営した．1980 年代以降，中国の改革開放が進展し，新華僑もフランスに押し寄せることになった．フランスの新華僑の多くも，老華僑と僑郷とのネットワークを活かして，温州や青田などの浙江省出身が多い．

パリには現在，3 つのチャイナタウンが形成されている．一般に「パリのチャイナタウン」と呼ばれるのは，13 区のチャイナタウンである．しかし，この地区の住人の多くは，ベトナム戦争に伴い，ベトナム，ラオス，カンボジアからフランスに来たインドシナ難民である．これら難民の中にはもともと先祖が中国出身である人たち，すなわち華人が多い．1975 年，南ベトナムの首都サイゴンが陥落し，南北ベトナムが社会主義統一され，カンボジア，ラオスも含めてインドシナ 3 国が社会主義化された．その結果，商業を中心に経済面で重要な役割を果たしてきた華人は，これらの国から命がけで海外に脱出した．インドシナの植民地宗主国であったフランスは，多数のインドシナ難民を受け入れた．これらの難民が，都市再開発で高層住宅が建設されたパリ 13 区のニュー

写真 2.8 パリ，ベルヴィルのニューチャイナタウン（2016 年 2 月，筆者撮影）
この地区の華人の主要な出身地である「温州」を店名に用いる店舗が目立つ．

タウンに集住するようになり，フランス人は，この地区を「パリのチャイナタウン」と呼ぶようになった．インドシナ出身の華人は，華人としてのアイデンティティが強く，景観的にも漢字の看板を掲げた店舗が多くみられるが（写真 2.7），中国語はあまり通用しない．2017 年 5 月，エマニュエル・マクロンが大統領に就任し，翌 6 月に行われたフランス国民議会選挙では，パリ 13 区の議員を経て，パリ市議員となった陳文雄（Buon Tan）が，華人初のフランス国会議員となった（中国新聞網，2017 年 6 月 19 日）．

一方，パリ東部の 19 区および 20 区にまたがるベルヴィルのチャイナタウンは，中国出身の新華僑によって形成されたニューチャイナタウンである（写真 2.8）．ここでは，浙江省温州周辺の出身の新華僑が経営する中国料理店，美容院などが集

積している．そのほか，パリ市中心部に位置する3区のマレ地区のチャイナタウンは規模が小さく，もともとユダヤ人の皮革加工職人が集中していた地区であったが，細い路地に新華僑経営の中国料理店や雑貨店などが連なっている（山下, 2016a）．

南ヨーロッパのイタリア，スペインなどは，第二次世界大戦前，華人の「空白地帯」であったが，改革開放以後，浙江省出身者を中心とする新華僑が急増した．ミラノにはチャイナタウンがあり，またローマの主要な鉄道駅，テルミニ駅の周辺にもニューチャイナタウンが形成されている．繊維産業が盛んなフィレンツェ郊外のプラートでは，縫製工場の従業員，経営者の多くが新華僑であり，プラートの街全体がチャイナタウン化している．スペインのマドリードやバルセロナにも新華僑がチャイナタウンを形成している．

1989年のベルリンの壁崩壊に伴う社会主義国家の民主化により，華人の「空白地帯」であった東ヨーロッパにも，多くの新華僑が流入した．新華僑にとって，西ヨーロッパと比べ，流通面で発達が遅れている東ヨーロッパでは，安価な中国製品を大量に販売できる可能性を有していた．このため，ブダペスト（ハンガリー），ブカレスト（ルーマニア），ワルシャワ（ポーランド）などの郊外には，中国製品を販売する大規模なショッピングモールが建設され，モール型のチャイナタウンが新しく形成されている（写真2.9）．

写真2.9 ルーマニア，ブカレスト郊外の華人資本のショッピングモール「ドラゴン・ロシュ」の内部（2013年9月，筆者撮影）

2.3.3 東南アジア

第二次世界大戦前，華人の8割以上は東南アジアに集中し，その多くは福建省および広東省出身者であった．東南アジアでは，タイを除く全域がイギリス，フランス，オランダ，アメリカの植民地になった．当初，植民地のサトウキビ，ゴムなどのプランテーション，スズ鉱山，港湾などの労働に多く従事していた華人は，植民地支配者と現地の人々の中間で，商業に従事する者がしだいに増加し，市場を中心にチャイナタウンが各地で形成されていった．チャイナタウンは，華人への各種サービス機能だけでなく，現地の人々が必要とする物資が入手可能な小売・卸売の中心地としての機能を持っていた．

中国の改革開放後，中国製商品が大量に販売されるとともに，東南アジアにおいても新華僑が流入し，彼らが経営する商店や中国料理店などが増加した．なかでも中国資本の進出が著しいラオスの首都ビエンチャンでは，オールドチャイナタウンとは別の地区に，輸入した中国製品を販売する商店が集中するニューチャイナタウンが形成された．

東南アジアの中でも，タイの老華僑は，現地社会への同化がもっとも著しいという特徴があるが，バンコクのチャイナタウンでも新華僑が増加している．これに伴い，以前に比べ，中国語の看板が多くなった．タイ華人の多くは，広東省東部の潮州（チャオジョウ）地方出身者であり，華人社会では潮州方言が重要な役割を果たしていたが，新華僑の増加に伴い，標準中国語の会話を耳にすることが多くなった．

日本や北アメリカ，西ヨーロッパのチャイナタウンのように，従来から外国人観光客が多かったシンガポールやクアラルンプールのチャイナタウンを除き，東南アジアのチャイナタウンは観光地としての機能よりも，小売・卸売の中心地としての機能が重要であった．インドネシアやマレーシアのイスラム教徒は，ハラールでない中国料理を食べにチャイナタウンを訪れることはない．しかし，東南アジアを訪れる中国人の観光客やビジネス客が増加するにつれ，シンガポールやクアラル

写真 2.10 中国語の看板が増加したバンコクのチャイナタウン，ヤワラート通り（2011年7月，筆者撮影）

ンプールのチャイナタウンはもちろん，バンコク，ホーチミンなどのチャイナタウンでも，中国語の看板が増え，さらなる観光地化が進んでいる（写真2.10）．

2.4 多様化する華人社会と新天地への拡大

 第二次世界大戦前，華人の多くは貧しいながらも，異郷の地で一生懸命に働いて，ある程度の財を成して，いずれは故郷に錦を飾るという夢を抱いて海外に出て行った．しかし，この夢を実現できた華人は少なく，多くは帰国することも叶わず，居住地に定着化していった．

 1978年末以降の中国の改革開放後，出稼ぎ，留学をはじめさまざまな目的で，多くの中国人が海外に渡った．海外に渡るためには，それを可能にする資金や渡航のノウハウなどの情報が必要である．このため，多くの新華僑を送り出したのは，伝統的な僑郷であった．僑郷の多くは福建，広東，海南島など中国南部に位置していた．

 改革開放後，いち早く海外に出て行った新華僑の出身地も，初期はこのような伝統的な僑郷が多かった．老華僑と僑郷の血縁・地縁的なネットワークがあったからである．また，海外からの情報を得やすい上海のような大都市からも，海外渡航希望者を多く送り出した．特に1980年代後半，日本の新華僑の多くは，上海および福建省福州市の福清（フーチン）地方の出身者であった．福清は，在日老華僑の主要な僑郷の一つである．1980年代，アメリカやイギリスへの中国人密航者も，福建省福州市周辺の出身者が多かった．

 2000年代以降，海外に渡る新華僑の出身地は，しだいに中国全土に拡大するようになった．また，中国人富裕層の海外移住も増加した．この結果，比較的中・下層の新華僑は，雇用・居住の場となりやすいオールドチャイナタウンに集住する傾向があった．一方，富裕層は，より居住条件に恵まれた地域に好んで居住するようになり，郊外型のニューチャイナタウンが形成された．

 アメリカやカナダでは，1970年代，80年代以降，郊外型のニューチャイナタウンを形成したのは，台湾人や香港人であった．その後，中国大陸出身の富裕層もニューチャイナタウンに多く居住するようになっていった．

 一方，オールドチャイナタウンも，大きな変貌を遂げている．そこには，老華僑が経営する中国料理店をはじめとする各種商店やオフィスが集中していた．世代交代が進むにつれ，教育熱心な老華僑の子弟は，専門的な知識や技能を取得し，チャイナタウンにある親の事業を後継しないようになってきた．そのようなニッチに，遅れて移住してきたベトナムを中心とするインドシナ三国やその他の東南アジア出身の華人が，オールドチャイナタウンに流入するようになった．今日，ロサンゼルスのオールドチャイナタウンの店舗の経営者の多くは，すでにインドシナ出身の華人が過半数を占めるまでになっている．

 ニューチャイナタウンであっても，前述したサンフランシスコ郊外のリッチモンド区およびサンセット区のニューチャイナタウンでみられるように，インドシナ出身華人の流入が著しい例もある．このような地区では，ベトナムの国民食であるフォーを提供する中国料理店（写真2.11）や，ベトナム式サンドイッチ（バイン・ミーと呼ばれる）の専門店などが目立つ．

 2000年代に入ると，中国の経済発展が著しくなった．国民の収入も増加し，貧しさから解放されるために海外に出稼ぎに行くという従来のパターンではなく，よりよい生活条件を求めて海外に出る中国人も増加してきた．アメリカ国際教育

写真 2.11 サンフランシスコ郊外，サンセット区アービングのニューチャイナタウンにおけるベトナム出身華人が経営する中国料理店（2014年11月，筆者撮影）
看板には中国語だけでなく，ベトナム語も併記されている．

協会の統計によると，2016/17年期のアメリカの留学生総数は107万8822人であったが，その32.5％を中国人（35万755人）が占めた．ちなみに2位はインド人の17.3％（18万6267人）であり，日本は，ベトナム，台湾に次いで7位で，総数の1.7％（1万8780人）にすぎなかった（国際貿易，2017年11月21日）．アメリカへの中国人留学生の一部は，卒業後もアメリカに居住し，アメリカ社会において，経済的，政治的な面でも重要な役割を果たしている．

新華僑の渡航先としては，これまで日本のほかに北アメリカ，ヨーロッパ，東南アジア，オセアニアなどが主な地域であった．しかし，中国の経済発展とともに，中国資本による資源開発が進んでいるアフリカや南アメリカなどにおいても，新華僑が増加し，各地でチャイナタウンが形成されている（山下，2016b）．アフリカでは，「中国人は金持ち」というイメージが形成されており，「歩くATM」とも揶揄され，現地において強盗に遭う事件が多発している．しかし，治安状況が不安定でリスクがある地域こそ，経済的なチャンスもあると考える新華僑が，世界各地に拡散している．

南アメリカにおいても，ブラジル，アルゼンチン，コロンビアをはじめ各地で，新華僑が経営する中国製品の小売・卸売業，スーパーマーケット，中国料理店などが多くみられるようになってきている．

〔山下清海〕

引用文献

山下清海（2000）：チャイナタウン―世界に広がる華人ネットワーク．丸善．
山下清海（2016a）：新・中華街―世界各地で〈華人社会〉は変貌する．講談社
山下清海（2016b）：【書評】ハワード・W・フレンチ著，栗原　泉訳『中国第二の大陸　アフリカ――一〇〇万の移民が築く新たな帝国』．華僑華人研究，13：117-120．
山下清海（2017）：サンフランシスコにおけるチャイナタウンの形成と変容―ゴールドラッシュからニューチャイナタウンの形成まで．人文地理学研究，37：1-18．
Ma, L. J. C. and Cartier, C. eds. (2003): *The Chinese diaspora: Space, place, mobility, and identity*. Rowman & Littlefield Publishers.

【日本のニューチャイナタウン——池袋チャイナタウン】

日本でチャイナタウンといえば，横浜中華街，神戸の南京町，そして長崎新地中華街がよく知られている．これらは，日本三大中華街ともいわれる．いずれも多くの日本人が訪れる観光地である．このため日本人は，中華街（チャイナタウン）＝観光地と捉えがちである．しかし，チャイナタウンが持つ本来の重要な機能は，華人の生活を支えるサービスを提供する点にある．このため，中国料理店，中国食材店，中国語の書店・新聞社，不動産屋，旅行社，ネットカフェ，美容院・理髪店などがチャイナタウンに集積し，海外で生活する華人が，ここに来れば必要なものはほとんどそろう．

写真 2.12　池袋チャイナタウンの新華僑経営の食品スーパー
(2016 年 2 月，筆者撮影)

日本でも，1980 年代後半以降，新華僑の増加によりニューチャイナタウンが形成された．その代表が，東京の「池袋チャイナタウン」である（山下，2010）（写真 2.12）．池袋駅周辺には，当時，家賃が安い老朽化したアパート，日本語学校，そして居酒屋などアルバイトする場も多かった．池袋駅北口周辺に約 200 軒（2016 年，筆者調査）の華人経営の店舗が集まっている．多くは雑居ビルの中にあり，1 階はチェーン店などによって占められており，新華僑の店舗は上階や地階に入ることが多い．池袋は交通の便が良く，東京都内はもちろん，埼玉県在住の新華僑が池袋チャイナタウンに多く訪れている．

引用文献

山下清海（2010）：池袋チャイナタウン—都内最大の新華僑街の実像に迫る，洋泉社．

3

アジア化する世界

世界の総人口の約6割を占めるアジアは、近年、経済の成長がめざましく、世界経済の重要な拠点になりつつある。物流の巨大化とともに、人の移動も活発になっている。企業の世界進出とともに移動する知識や技術、大量の安価な労働力などさまざまな層の人の移動が進んでいる。その結果、世界各地でアジア出身者による経済活動がみられるようになり、アジアの文化が商品化され、消費されている。グローバリゼーションが進む中で、アジア化する世界についてみてみよう。

3.1 世界に進出するアジア

世界におけるアジアが占める地位は、ますます大きくなるばかりである。かつて欧米諸国が主導した政治・経済・文化的リーダーシップは、今やアジアに取って代わろうとしている。このことは単純に人口の大きさからも推測できる。国連統計による2015年のアジアの総人口は43億9330万人（中央アジアを含む）。世界総人口73億4947万人のじつに59.8%を占める。これは世界の5人に3人がアジア人という勘定になる。人口と連動するように、経済活動も大きなウェイトを占めている。国際通貨基金（IMF）によれば、2015年のアジアの名目GDPは24兆1719億USドル。世界の名目GDPが75兆1767億USドルであるから、その32.2%がアジアで生み出されていることになる。

グローバル化が進み、世界の人やモノの移動が激しくなる中で、アジアから大量の人が世界に移動し、商品が流通している。実際、世界に進出するアジアからの人々の流れは増加の一途をたどっている。それはアジア諸地域、とりわけ東アジアや東南アジア、インドやトルコなどにおいて、他の地域への移動を求める流れであり、その多くが経済先進地域を目指している。これら経済先進地域では経済活動が活発であり、多くの働き口があるだけでなく、より多くの質の高い就業機会が集積しているからである。その結果、多くの低賃金で働く労働者だけでなく、より高い能力と技術、

知識を持つ人々もこれらの地域に移動している。同様に、アジア諸国で生産された商品の流通量も著しく増加している。自動車や電気製品、衣料品など日本や韓国、中国、東南アジア製造の商品が、今や世界各地で使用されている。

アジアが世界に向けて、きわめて多くの情報を発信していることも忘れてはならない。たとえば国際特許出願件数をみると、世界知的所有権機関（WIPO）によれば、2016年においてアジアからの出願総数11万180件は、世界総数23万2684件のじつに47.4%を占める。なかでも日本（4万5220件）、中国（4万3128件）、韓国（1万5554件）は世界的にも主導的な地位にある。このことは、芸術や学術作品をはじめ、新しい技術やアイデアの多くがアジアで生み出されていることを意味している。

以上はほんの一例だが、労働力や観光客の移動、貿易や企業進出、メディアによる情報発信など、アジアから世界に向けて人やモノ、カネ、情報の移動量はますます増加する傾向を見ることができる。アジアが世界において主要な地位にあることがわかる。

このような状況から、今や世界各地でアジア化が進行しているといってよいだろう。アジア出身の人々の流入と商品の流通、生活様式などの文化の普及がヨーロッパやアメリカなどで目立っている。世界各地でアジアへの関心が高まっており、アジアの生活文化を取り入れたり、模倣したりする動きもみられる。中国料理や和食、インド料理

などの食文化や，柔道や空手などのスポーツ，さらにはタイ古式マッサージ，インドのヨガなど，アジアの文化はすでに世界各地で日常的なものになりつつある．それは伝統的な衣食住に限らない．最近はやりのサブカルチャーに至るまで，関心の範囲は広がっている．日本のマンガやコスプレ，韓国のK-POP，香港映画なども人気を博しており，関連の店舗が各地に進出している．

ところで，世界のアジア化を考える上で無視できないことがある．それは，とりわけ欧米諸国では，近代以降，東洋に対してあこがれや好奇心を向けてきた経緯があり，アジアの文化に神秘性や真正性を求める傾向がみられる点である．欧米諸国では，自らの優越性を意識しながらも，アジアの長い伝統と独特の価値観に強い関心の目を向けてきた．その上で，近年のアジア経済の急速な成長と，アジアへの欧米観光客の増加が，アジア文化の高い価値を認識させることになり，ひいてはアジア文化の普及へとつながっていることに注意を払う必要がある．

これらを踏まえたところで以下では，アメリカ合衆国とヨーロッパにおけるアジア文化の進出とその受容に注目しながら，世界のアジア化についてみてみよう．

3.2 アメリカ合衆国におけるアジア化

アメリカ合衆国には，19世紀に中国や日本からの移民が開始されたが，大規模な移民の流入は1965年に実施された移民法改正以降になる．それまであった移民数の地域ごとの割り当てが撤廃されたことによって，アジアからの移民が急増した．特に1970年代のベトナム難民の流入は劇的であった．また，1980年代以降には韓国や東南アジア，さらに中国からの移民が増加した．彼らの多くは，よりよい生活を求めてアメリカ合衆国にやってきたのであり，その多くが市民権を獲得してアメリカ社会の一員になっていった．

2010年のセンサスによれば，アメリカ合衆国内のアジア系住民は1470万人で，総人口3億870万人の約4.8%を占める．これは，2000年の人口1020万人に比べて43.3%増になる．この間，全米総人口の増加率が9.7%であることから，アジア系の増加が突出していることがわかる．また，アジア系のうち最も多いのが中国人で335万人，ついでインド人の284万人，フィリピン人256万人，ベトナム人155万人，韓国人142万人，日本人76万人などとなっている．彼らの多くはカリフォルニア州やワシントン州など西海岸に集

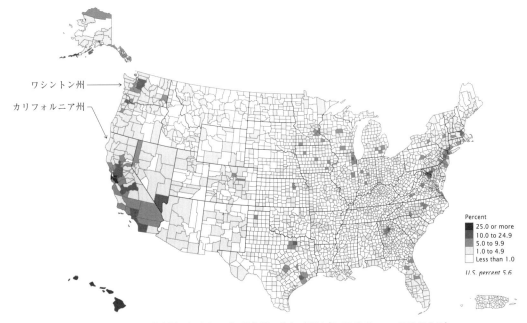

図3.1 アメリカ合衆国におけるアジア系住民の分布（2010年，U. S. Census 2010による）

中している（図 3.1）．都市別にはニューヨークに104 万人，ロサンゼルス 43 万人，サンノゼ（シリコンバレー）に 30 万人，サンフランシスコ 27万人などの居住がみられ，アジア系移民が，一般労働者とともに高度な技術者で構成されていることがわかる．

これと連動するように，アジアの経済がアメリカ国内に浸透している．アメリカ合衆国の貿易をみると，2015 年には輸出総額の 11.9% を中国と日本が占め，輸入総額については 30.5% を中国と日本，韓国が占めている．アジアの製品の流通量も多く，自動車の販売台数をみると，2016 年には約 46% をアジア系企業の車両が占めている．企業のアメリカ国内への進出もめざましく，日系企業に関してみると，ジェトロ（日本貿易振興機構）によれば，2016 年の時点で製造業，卸売業，サービス業を中心にして 1853 社が進出し，5010の拠点で事業を展開している．またシリコンバレーを中心にした IT 産業の進出もみられ，あわせてアジア系の高度の技術者を集めている．アメリカ産業界へのアジア系企業と技術者の進出はめざましく，アメリカ合衆国の経済はもはやアジア抜きには考えられなくなっている．

一方，アジア系移民の増加は，アメリカ国内に彼らの文化の流入と定着をもたらしている．ロサンゼルスに代表されるように，西海岸には中国や韓国，日本をはじめ，東南アジアからの移民がつくったエスニックタウンが各地にみられ，食材・日用品を販売する商店や飲食店が集積する．また，一般社会でもアジアの食文化が人気で，寿司の一種であるカリフォルニア巻きや韓国料理のスンドゥブ・チゲ，中華料理のチャプスイなどがよく知られている．アジア系住民の暮らしとアメリカ合衆国における彼らの文化の浸透はきわめて密接になっている．ここではアメリカ国内でもアジア系の移民集団が多く暮らすロサンゼルスにおける日系社会を事例にして，アジア化の実態をみてみよう．

ロサンゼルス市とその周辺からなるロサンゼルス大都市圏には，ヒスパニックをはじめ，中国系，韓国系，日系，ベトナム系などきわめて多様な移民集団が居住しており，それぞれの個性ある文化が景観に示され，固有のコミュニティを形成している（矢ケ﨑，2008）．

なかでも日系移民は 19 世紀後半以来の居住の歴史を持ち，日系エスニックタウンであるリトルトーキョーを中心にした社会を構築してきた．その経緯を概観すると，リトルトーキョーの基礎ができたのは，日本食店や住宅が並んだ 1885 年頃にさかのぼる．次第に日系人の人口は増加し，1903 年には日系の新聞『羅府新報』が創刊され，日系人の間での情報交換が盛んになる．日系人の数は急増し，これに危機感をもったアメリカ合衆国政府により，1908 年には紳士協定による移住制限がなされ，1924 年にはついに排日移民法が制定され移住が禁止される．太平洋戦争中の1942 年に日系人の収容所への強制連行を経て，戦後の 1947 年に羅府日系人協会が結成され，日本人コミュニティの維持・拡大が図られてゆく．しかし，1970 年代以降には日系企業が進出するようになり，日本人の訪問は増えたが，移民数の減少が続き，1990 年代にはリトルトーキョーの高齢化と人口減が顕著なものになった．二世以降の人々は郊外に移り住むようになり，住民の高齢化が進む一方で，ダウンタウンに近い立地であることから再開発の波が押し寄せるなど，リトルトーキョーの存続は厳しい状況に置かれている（写真 3.1）．

にもかかわらず，現在，リトルトーキョーには日系人の存在を示す景観がいくつも確認できる．それはおおよそ 2 つのタイプに分けられる．一つは，日系人向けの日本語で表記された不動産屋や防犯協会などの建物で，日本語を母語とする日系一世以来，あり続けている．これらは日本語を必要とする人々の存在と結びついており，二世以降が居住しないリトルトーキョーの状況だけをみれば，やがては消えてゆく景観と考えられる．しかし実際には，ビジネスや観光で多くの日本人が訪れるほか，後で述べるようにリトルトーキョーではさまざまな日系人のイベントが開催されており，1905 年創業の老舗ホテルが改修して営業を続けるように，一定の景観の維持がなされてい

写真 3.1 ダウンタウンに近接するリトルトーキョー（2006年11月，筆者撮影）
ダウンタウンの高層ビルの手前にリトルトーキョーの低層家屋と櫓，その右に全米日系人博物館の建物が見える．

写真 3.2 リトルトーキョーの町並み（2002年11月，筆者撮影）
瓦屋根や特徴的な植栽が目立つ．

る．

　一方，これとは異なるもう一つのタイプに，1978年に建設された櫓（2010年に再建）と瓦屋根と植栽を配した商店街，1983年建造の二宮金次郎像，1992年開館の全米日系人博物館など，今日のリトルトーキョーの所在を示す景観がある（写真3.2）．いずれも比較的最近になってつくられたもので，リトルトーキョーの新しいランドマークとなっている．いずれもリトルトーキョーに暮らす人々にとって直接必要なものではなく，むしろリトルトーキョーの存在を示す景観になっている．いわばリトルトーキョーや日系人のシンボルとして意図的に建設されたものといえよう．

　なお，このシンボルという点については，景観ばかりでなく，日系人独特のイベントにも見て取ることができる．リトルトーキョーでは「二世ウィーク」（Nisei Week）という日系人祭が，長い中断ののちに1984年に再開され，以来，毎年8月に餅つきや盆踊りなど日本独特のイベントが行われる．これには日系人だけでなく，多くの一般市民も参加する．これらに共通するのは，日系人自身が日本に由来する移民集団であることを認識するためにつくられたものであり，日系人としてのアイデンティティを維持する装置であること，また一般のアメリカ人にとっては日系人の存在を知り，彼らの歴史や文化を理解する装置である点である．つまり餅つきなどのイベントは，日本人のシンボルとみなすことができよう．

　いずれにせよ，現在あるリトルトーキョーの姿は，日系人自身の自意識や連帯意識を強めることと，アメリカ社会における日系人の共存を目指したものと考えることができる．そのために，日系人固有の歴史や文化が強調され，このような意図的な操作によって日系社会がアメリカ社会の一員として存続している．同様の有様は，中国系や韓国系にも多かれ少なかれみることができる．この点を踏まえると，アメリカ合衆国で進んでいるアジア化は，きわめて周到かつ綿密な意図のもとで行われていることがわかる．

3.3　ヨーロッパにおけるアジア化

　ヨーロッパでもアジア系住民が増加している．第二次世界大戦後，イギリスやフランス，オランダでは，かつてのアジアの植民地から労働者や学生が流入した．また西ドイツをはじめとする西ヨーロッパ諸国では，1960年代に労働協定によってトルコから多くの労働者を迎えたため，国内のトルコ系住民の数は急増した．さらに1960年代以降には日本企業の進出が目立ち，ロンドンやパリ，ドイツのデュッセルドルフでは多くの日本人が居住した．一方，東ヨーロッパ諸国においては，同じ社会主義体制をとる中国やベトナムから多くの技術者や学生を迎えた．

　その結果，理由と出身国は異なるものの，戦後のヨーロッパはアジアからの人の流れを受け止め，国内に一定数のアジア系住民を抱え込むことになった．しかし，彼らの存在がアジア化という

プロセスに発展したかというと，おそらく今日的な意味ではきわめて限定的だったと言わざるをえない．アジア固有の商品や文化，価値観がヨーロッパ社会に及ぼす影響は，当時それほど目立つものではなかったからである．

状況が大きく変わったのは，東西冷戦体制の崩壊と，EUにおける域内国境通過の自由化，さらに2004年に始まるEUの東方への拡大が起こってからになる．1990年代以降，アジア系企業が相次いでヨーロッパに進出し，またアジアからの人やモノの流れが急増したことによって，ヨーロッパにおけるアジアの存在感は目に見えて大きくなっていった．

そもそもアジアの企業として先鞭をつけたのは日系企業であった．1960年代以降，西ヨーロッパ諸国に進出し，デュッセルドルフのような拠点を築き上げた．日本の高度経済成長に後押しされて1970年代以降，ヨーロッパには続々と企業進出がなされ，自動車をはじめ多くの日本製品が流通した．このアジアの国の驚異的な発展ぶりには多くの目が向けられ，伝統的な社会構造や文化にその謎解きを求め，日本研究が盛んになったりした．しかし，当時の日本やアジアは，明らかにヨーロッパとは異なる世界として受け止められていた．アジアは依然として容易に理解しがたい，エキゾチックな地域として理解される傾向が強かった．

それが1990年代以降，大きく変わった．中国や韓国，東南アジアやインドが急速な経済成長を遂げ，アジアからヨーロッパへの人とモノの流れが大きく拡大した．また，安価な労働力を求めて，アジア系企業の国際戦略から，日本をはじめ中国や韓国，東南アジアの自動車メーカーや商社など多くの企業がポーランドやチェコ，ハンガリーなど東ヨーロッパ諸国に進出するようになった．大都市に限らずアジアの人々の姿が各地でみられるようになり，彼らの商店や飲食店が目につくようになった．西ヨーロッパについで東ヨーロッパでも生活へのゆとりができ，新しい生活スタイルへの関心が高まったこと，アジアに関する情報が格段に増えたことが，アジアに関するさまざまな需

写真3.3　デュッセルドルフに並ぶ日系の商店（2011年9月，筆者撮影）
日本語による表示が目立つことから，日本人向けの飲食店であることがわかる．

要を引き上げた．インターネットの普及もアジアへの関心を高める一因となった．アジアに関するさまざまな情報を得ることによって，アジアの社会や文化を相対的に理解し，これに積極的に接しようとする人々が増えたのである．

この点で，デュッセルドルフで毎年開催されるイベント「日本デー」（Japan-Tag）は興味深い．デュッセルドルフは，1960年代から日本人会や会員制の日本クラブ，日本人学校など日本企業を軸にした日本人社会を形成・展開してきたことを背景にして，食材・日用品の商店や飲食店，書店などが立地し，日本文化の発信地であったところである．特に日本領事館が立地するインマーマン通り（Immermannstraße）には日系の商店が並び，さながら日本人街の様相を呈している（写真3.3）．

そこに日本クラブとデュッセルドルフが位置するノルトライン・ヴェストファーレン州の主催のもと，運営に日本大使館が加わって，日本を積極的に紹介して経済・文化交流を図る目的で，「日本デー」が2002年から毎年5月に開催されるようになった．「日本デー」のパンフレットには日本の大手企業が協賛社として名を連ねており，強い経済的バックグラウンドと幅広い人的ネットワークによってこのイベントが開催されていることがうかがえる．

わずか1日の開催だが，市内各地を会場にして企業紹介や経済シンポジウムが行われ，日本の観

写真 3.4　デュッセルドルフの中国系の商店（2011 年 9 月，筆者撮影）
中国語の表示のほかにラテン文字による表示もあり，ヨーロッパで積極的に集客を図っている様子がうかがえる．

光情報が提供される一方で，和太鼓や舞踊，囲碁，弓道，薙刀，花火などの伝統文化が紹介され，さらにアニメやマンガ，コスプレファッションショーなど日本のポップ・カルチャーもアピールされている．日本人だけでなくドイツ国内各地をはじめ近隣諸国から 10 万もの訪問客を集めており，日本文化を体験するなど交流事業として成功を収めている．

また，デュッセルドルフは近年，中国や韓国の企業の進出もみられ，独自の商業地区を形成しつつある（写真 3.4）．特に中国関係の店舗は急激に増加しており，料理店や食材店，土産物などが，中国人だけでなくドイツ人客を相手にする商売を拡大している．そして 2010 年から中国人コミュニティによる「慶典」（Chinafest）という名の中国祭を毎年 9 月に開いており，舞踊や楽器演奏など中国文化の紹介とドイツ・ヨーロッパ社会との交流に取り組んでいる．このイベント開催にあたって中国人社会は，日本デー開催者から企画・運営に関するノウハウを得て，日本デーとは時期をずらして開催するなど，同じアジア系社会としての連携もみられる．アジアという共通性を意識しながら，日本や中国の人々がヨーロッパのアジア化を進めている事例として興味深い．

ドイツをはじめヨーロッパで進みつつあるアジアの多様な文化との接触は，グローバル化による異文化交流を実際に体験し，EU がめざす多文化共生社会を意識する機会を増やしている．ヨーロッパにおいてアジアの産業や文化は，現在のところ比較的スムーズに受け入れられている．しかし他方では，増加する外国人に対して抵抗感を持つ人々も少なくなく，排他的な動きもみられる．ヨーロッパ社会は今，この両方のモメントが微妙なバランスを持って保たれている状況であるといえよう．

3.4　エスニックマーケットにみるアジア化

3.4.1　増加するアジア人街

ヨーロッパにはアジア系の住民が多く住み，特に都市においては，彼らの生活の拠点となり，生活を支える商店が並び，職場が近接するエスニックタウンが各地につくられている．なかでも中国系の人々が集まるチャイナタウンはロンドンやパリ，マドリードなどの大都市のものが知られているが，小規模なものまで入れると，かなりの数にのぼる（山下，2016）．

ヨーロッパでは基本的に行政による都市景観の規制が厳しいために，アジア系の住民がいることを示す景観は生み出されにくい．彼らのほとんどは既存の住宅を利用しており，彼ら特有の建物景観はかなり限られている．店舗についても，漢字やハングル，アラビア文字による看板や，ショーウィンドーに独特の食器や衣料品を並べたり，瓦屋根のような庇をファサードにつけたりするなどしてアピールしている．この点では，比較的自由に店舗の改装ができるアメリカ合衆国とは様相が異なる．

アジア系の人々は，他の外国人と同様に，大都市では主に中央駅に近い場所に集住する傾向がみられる．たとえばドイツでは，ミュンヘン中央駅から南に延びるシラー通り（Schillerstraße）やゲーテ通り（Goethestraße）の一帯，フランクフルト中央駅前のバーンホフスフィアテル地区（Bahnhofsviertel）など，駅周辺の一帯がトルコ人をはじめとするさまざまなアジア出身の人々の居住・生活空間になっている．それは，交通至便な立地で多くの情報が得やすいばかりでなく，比

較的安価な住宅が多いことにもよる．またドイツ東部のライプツィヒでは，中央駅から東に延びるアイゼンバーン通り（Eisenbahnstraße）沿いに社会主義時代に放置された老朽住宅が集中していることから，1990年代以降，多様な外国人が住む地区になっている（蛭田，2014）．

これらの地区は，比較的所得層が低く男性が多いことに加えて，最近は難民の流入などもあってしばしば治安の問題に直面している．麻薬中毒や売春の温床としても問題視されており，一般市民が近づきにくい地区とみなされている．立入危険地区として特記する観光ガイドブックもある．これらは都市内部において明らかに遊離された区間であり，彼らに向けられる一般市民のまなざしには，しばしば排除の意向が伴っている．

3.4.2 ウィーンのイスラームマーケット

オーストリアの首都ウィーンでも，こうした外国人集住地区がみられる．都心から3km内外を走るギュルテル環状道路（Gürtel）に沿って，アジア系を含む外国人の居住地区が並んでいる．特にオッタクリンク区（Ottakring）は，多くの外国人が住むことで知られる．ハラールの食料品店や飲食店，モスク，インターナショナルスクールなどが立地する．また，ブルネン小路（Brunnengasse）にはイスラーム関連を主体とする路上マーケットであるブルネンマルクト（Brunnenmarkt）が立地する．トルコや北アフリカなどからの食材や，日用品を販売するスタンドが軒を並べる．

この一帯は，19世紀末から20世紀初めにかけて労働者向けに安価な賃貸住宅が大規模に建設されたところで，その多くが今日まで残されている．比較的安価な家賃で都心に近い立地であることから，1970年代以降，トルコ人をはじめとする外国人の集住地区となっていった．その結果，従来からの住民が減少し，代わって外国人のコミュニティが形成されてきた．外国人の流入を望まない従来からの住民が次第に転出してゆき，店舗の閉鎖も相次いだため，空いた店舗には安価な賃料を求める外国人の商業施設が立地し，外国人街としての特徴を蓄えるようになっていった．風

写真3.5 ウィーンのブルネンマルクト（2018年1月，筆者撮影）
路上に並ぶスタンドに並ぶ野菜や果物などの生鮮食品や日用品を求めて，トルコ人などアジア系の人々が買い物に訪れている．

俗店の立地もみられ，1990年代初頭には，この一帯は「どん底」（Tiefpunkt）ともいえる深刻な事態に見舞われるようになっていった（Grabherr, 2008）．

こうした状況を受け，ウィーン市は外国人が集まるこれらの地区が社会的，経済的に衰退傾向にあることを認め，具体的な解決策を模索するようになった．なかでもトルコをはじめアジア系住民が多く住むブルネン小路一帯を対象にして「ブルネン地区向上プログラム」（Aufwertung des Brunnenviertels）が立ち上げられ，ウィーン市とオッタクリンク区および地域住民の有志「ブルネン地区ネットワーク」（Netzwerk Brunnenviertel）などが参加する地区再生事業として，作業が進められてきた．

ブルネンマルクトは，このようないきさつで開設された市場である．さまざまなエスニック集団の店舗が出されており，トルコ語やアラビア語の表記をした食料品店，ヒジャーブなどの衣料品を販売している店舗，さらにドイツ語とセルビア語，トルコ語の3言語表記の衣料品屋もある（写真3.5）．このほか航空券の販売やインターネット，国際電話サービスなど安価で提供する店舗も増えている．ブルネン小路の約560mの区間にはほぼ隙間なくスタンドが並び，2009年10月時点でのスタンド総数は86．業種で最も多いのが靴類を含む衣類を取り扱う22店，ついで青果物の16店，雑貨の13店，生鮮食品と食料品の12店，軽食スタンド7店となっている（山本・加賀

美, 2010).

このようにブルネンマルクトが行政主導で開設されたのは、市場を拡充させることによって一般市民の関心も集めて、地区が孤立するのを防ぐこと、観光地化させて地区の活性化を図ることが期待されたからである．1990年代以来，アジア文化への一般市民の関心が高まってきていることも，ウィーン市当局が積極的に市場の開設に踏み切った理由であった．アジア文化の商品化が街の活性化につながるとの期待が寄せられているのである．

市場が開設されて十数年が経過し、ブルネン地区の中心的な商業地区に成長した．にもかかわらず、今のところ、一般市民や観光客の出足は必ずしも芳しくない．市場を訪れる顔ぶれは、西南アジアや北アフリカ出身者が圧倒的である．小規模な家族経営の商店からなる市場はアジア系住民自身の生活財を得る場である一方で、彼らが市場の管理や店の経営に携わりつつ、市場の観光化に向けた経営のノウハウや人的ネットワークを十分に持ち合わせていないことが理由なのかもしれない．ここでは、アジア化が進むにはまだ時間が必要だと言わざるをえない．

3.4.3 観光地化したウィーンのアジアマーケット

ウィーンのアジアマーケットとして有名なのが、ナッシュマルクト（Naschmarkt）である．ここでは、多くのアジア系の店舗が軒を並べ、多くの買い物客や観光客でにぎわっている．観光ガイドブックにも掲載される著名な観光地に発展しており、市場のエキゾチックな雰囲気と、屋台に並べられた食料品、外国人の店員が一般市民に受け入れられている．

ナッシュマルクトは、かつてウィーンの市街地が市壁で囲まれていた19世紀以前に、市外に発生した市場にさかのぼる．これが20世紀初頭にウィーン市の市場として整備され、市民の台所として発展した．1960年代以降、次第に増加しつつあったトルコやバルカン方面からの外国人や移民が店を出し始め、さらに1980年前後からエスニック文化の商品化が目立つようになった．

写真 3.6 ウィーンのナッシュマルクト（2013年3月, 筆者撮影）
小分けにした香辛料を見栄えよく並べて，ウィーンの一般市民や観光客にアピールしている．

1990年代以降、中国やインド、東南アジアからの外国人が増えてくると、店舗構成はさらに多様化をたどることになる．特に中国関連の商店が急増し、ナッシュマルクトに入れない店舗が周辺に立地するまでになった．中国料理店やスーパーマーケット、書店、雑貨店などが現れ、客集めを競うようになった．これに刺激されたように、すでに1980年代からあった日本食店や日本食材店も規模を拡張するなど、アジア系の商店がしのぎを削る場所へと変貌した．商品としてのアジア文化は一般市民や観光客にとって魅力的であり、それを念頭に置いた商売が拡大している．ナッシュマルクトの施設は20世紀初頭の建物で構成されている．その一種独特の装いと多彩な商品が市民や観光客の目に留まり、市内有数の観光スポットへと発展していった（写真3.6）．

こうした中で最近は、韓国人や香港人による和食店、ベトナム人による中国料理店など、いわゆる「借り傘戦略」（山下, 2011）も目立つようになった（写真3.7）．外国人や移民は、多くの場合、移住先に適応して経済的利益を得るためにニッチ（すき間）部門に進出する．ここでは同じアジア系であることから、より人気のある和食や中国料理を扱う店舗が増えている．

アジア文化の商品化は、これを受けるヨーロッパ社会のアジアへのまなざしのもとで成立し、望まれる商品が消費される．このことを念頭に置いた戦略をはかるアジア系の人々は、必ずしも自身

写真3.7　韓国人が経営する寿司屋（2013年3月，筆者撮影）
HANIL SUSHI（韓日寿司）というラテン文字の看板は，ヨーロッパの客を相手にした「借り傘戦略」をとる店であることを示している．

の文化にこだわることなく，アジア文化の商品化を積極的に行い，商売を展開している．これは，移住地におけるこうした社会的環境を十分に踏まえた適応戦略とみなすことができるだろう．

ヨーロッパにおけるアジア化は，確実にこうした適応戦略のもとで進行している．ブルネン市場が，今なお自身が消費する商品の販売を中心にしているのに対して，ナッシュマルクトはウィーンの一般市民や観光客の施行を強く意識し，販売戦略を練っている．ヨーロッパの人々のアジアという漠然とした地域への関心と，未知のものへの好奇心にこたえるように，アジア化はしたたかに進行しているのである．　　　　　　　　〔加賀美雅弘〕

引 用 文 献

加賀美雅弘（2014）：ウィーン―観光客と外国人が織りなす都市．山本健児・平川一臣編，中央・北ヨーロッパ（朝倉世界地理講座9），朝倉書店，pp.412-421．
蛭田哲平（2014）：都市再生政策に伴うライプツィヒ東部地区の変容―土地利用に着目した考察．新地理，62（3）：8-28．
矢ケ崎典隆（2008）：多民族社会ロサンゼルス．山下清海編著，エスニック・ワールド―世界と日本のエスニック社会，明石書店，pp.86-87．
山下清海（2011）：借り傘戦略―外国人経営のすし店．山下清海編著，現代のエスニック社会を探る―理論からフィールドへ，学文社，p.9．
山下清海（2016）：新・中華街―世界各地で〈華人社会〉は変貌する．講談社．
山本葉月・加賀美雅弘（2010）：都市再生事業による外国人集住地区の変容―ウィーン・ブルネン地区の事例．学芸地理，65：11-34．
Grabherr, I. (2008)：Der Wiener Westgürtel：Stadtplanerische Problemzone oder neue sozialräumliche Einheit?, Diplomarbeit, Universität Wien.

【アジア的サービスもグローバル化？】

　世界の航空路線の拡大とともに，人やモノの移動距離は伸びる一方であり，世界はますます小さくなりつつある．この点で，航空機はまさにグローバル化の重要な担い手であり，象徴ともいえる．とりわけアメリカ合衆国では航空機は日常的に利用されており，「空飛ぶ路線バス」ともいわれる．近年，路線を広げているLCC（格安航空会社）もそうした流れの中にあり，今や飛行機での移動を特別なこととする見方は過去のものになろうとしている．

　しかしその一方で，世界の航空機のサービスには大きな関心が寄せられている．イギリスの航空サービスリサーチ会社Skytraxによって毎年，世界の航空会社のサービスランキングが出されている．これは，座席の居心地や機内食の質などとともに，客室乗務員の態度や気配りなど航空会社のサービスの質をきわめて多角的に調査したもので，航空会社もその結果に大きな関心を寄せている．そのランキングをみると，常に上位を占めるのがアジアの航空会社であり，2017年では，上位10社のうち9社をアジアの航空会社が占めている（表3.1）．グローバル化の旗手ともいえる航空交通において，アジアの航空サービスが注目され，高い評価がなされているのである．

　実は，これは航空機の例にとどまらない．ホテルやレストラン，さらには商店などでのアジアのサービスが注目されている．また，2020年のオリンピック開催に向けて日本がアピールした「おもてなし」が話題になったことは記憶に新しいが，これもアジアのサービスが世界的に評価されつつあることを示すものといえよう（写真3.8）．

　実際，国によってサービスの基準は異なるようで，外国に行くと期待するサービスが得られず，がっかりすることも少なくない．筆者も以前にドイツのスーパーマーケットのレジで買った商品を投げるように扱われたり，閉店間際に駆け込もうとして固く拒否され辟易した経験がある．最近はいくらか改善され，それほど「警戒」しなくてもすむようになったが，それでもサービスの質にははっきりとした地域差がみられる．

　人の国際移動の激増とともに，サービスもいずれ世界共通になるのであろう．しかし，誰もがより高い満足度を求めていることから，これからの世界のサービスはひょっとするとアジアが標準になるのかもしれない．

表3.1　世界航空会社ランキング（2017年）

順位	航空会社	国・地域
1	カタール航空	カタール
2	シンガポール航空	シンガポール
3	全日本空輸（ANA）	日本
4	エミレーツ航空	アラブ首長国連邦
5	キャセイパシフィック航空	香港
6	エバー航空	台湾
7	ルフトハンザドイツ航空	ドイツ
8	エティハド航空	アラブ首長国連邦
9	海南航空	中国
10	ガルーダ・インドネシア航空	インドネシア

http://www.worldairlineawards.com/ による．

写真3.8　成田国際空港の国際観光客向けアピール（2018年1月，筆者撮影）
日本への外国人観光客にはリピーターが多いという．

4

グローバル化時代の交通と物流

人は空間的に移動することで，さまざまな機会を手に入れることができる．さらに，より速く移動することで，より遠くへ行くことができるし，移動先で時間を確保することができる．ただし，移動するには——より速く移動するには——コストがかかるので，移動と時間，コストはトレードオフの関係にある．また，交通路線の集まる場所は結節点と呼ばれ，駅や空港などとして利用されるが，近年の交通結節点は多様な機能を持つようになってきている．インターネットの普及により移動の空間的意義は，モノの移動である物流でも重要性が増している．本章ではこうした交通と物流の意義について考え，それぞれ近年注目されているトピックスを紹介する．

4.1 交通モードの変化

4.1.1 交通の意義と発達

地理学における交通の分析は，人や財の流動と流動手段である陸・海・空の輸送体系を取り扱う．ドラえもんに出てくる「どこでもドア」でも開発されない限り，人々は空間的に移動できなければ都市での生活は成り立たないのであって，移動することによって手元にない必要なものを手に入れることができ，日々の生活を続けていくことができる（林, 2007）．須田（2009）は，交通を「人間もしくは物質が，特定の目的のために，特定の場所の間を移動する現象」と定義する．この定義で重要な点は，「交通」は単なる「移動」とは区別されるべきものであり，その違いは移動に「目的」があることと，発地（origin）と着地（destination）があらかじめ決まっているということである．

交通を分析する視点として，「交通路」「結節点」そして「交通圏」の概念が古くから注目されてきた．アメリカ合衆国に端を発した計量革命では，地域間相互の交通の流動量を数学や統計学の手法を用いて分析し，抽象的な空間構造を解明することが目指された．ここでは交通の要衝や中心地である結節点を中心とし，その機能が及ぶ地域範囲である結節地域としての交通圏が抽出される．交通圏の広がりの上には，交通路（経路，ルート，リンク）があり，交通路の交差・分岐点には結節点（ノード）が形成される（野尻, 2007a）．

交通を移動手段別にみると，動力装置を備える自動車やバイクと，それを有さない徒歩や自転車に分けることができる．前者はさらに，バスやタクシーなどの旅客輸送，長距離トラックや宅配便などの貨物輸送，そして私用や業務による移動といったその他の自動車交通に大別できる（田中, 2013）．移動・輸送する距離や運ぶ人数・荷物の量により，最適な交通手段である交通モードが選択される．交通モードには鉄道，自動車，海運（水運），航空などがあり，例えば海運は比較的安価に大量のものを長距離輸送することができるが輸送速度は遅いという欠点がある．一方で，航空は輸送コストが高く大量輸送には適さないが，輸送速度が最も速く長距離を輸送できるという長所がある．つまり交通は，輸送距離帯別の交通市場において最適な交通手段を提供する特定の事業者により独占される傾向にあった．

しかし近年，交通市場における競争が生じるようになり，旅客の地域間輸送では多くの場合複数の交通モード間，あるいは同一交通モードの企業間での競争市場が存在する（須田, 2009）．例えば 300 km 未満の移動では自動車と鉄道の競合があり，距離もしくは移動時間が伸びるにつれて鉄道と航空の競合が激化する．航空の独占市場であった地域間が，新幹線の新規開業に伴う移動時間の短縮により両交通モードが競合し，運賃やサービスの改善などの効果が生まれる場合もあ

る．その一方で，自家用車の普及により，それまで地域内の主要な交通手段であった地方鉄道・バスの経営状況が悪化し，それらの路線廃止に伴って自家用車を持たない人々，いわゆる交通弱者への交通のサービス低下が課題となっている．

4.1.2 モータリゼーションと地域の変化

20世紀はまさに「自動車の世紀」であった．19世紀後半に登場した自動車は，ヘンリー・フォードによるＴ型自動車の大量生産とそれに伴う価格の引き下げにより，アメリカ合衆国に世界で最も早くモータリゼーションをもたらした．第二次世界大戦後もアメリカのモータリゼーションは伸張し，郊外には自家用車の利用を前提とした巨大ショッピングモールが建設され，オフィス機能も郊外化していった．

モータリゼーションは単なる鉄道等から自動車への交通手段の変化ではなく，新たなライフスタイルを創出し，かつてなかった立地パターンと都市構造を生み出すものであった（北村，2001）．自動車は高密度輸送に適さない単位輸送量あたりに多大な面積を必要とする交通手段である．自動車の普及は低密度な土地利用を促し，郊外化を進展させる要因となる．これは結果として，公共交通の弱体化を招き，都市における都心の比重を低下させてきた．

上記のようにアメリカ合衆国に端を発したモータリゼーションは，高度経済成長期以降の日本でも全盛期を迎えた．第二次世界大戦以前の日本は，鉄道網の整備に集中的に投資したため，道路網とくに舗装道路は未整備であった．国内の自動車産業もその萌芽がみられる程度であったし，自動車の普及は貨物運搬用トラックやバスが中心であった．戦後，朝鮮戦争の特需を契機として，国内の自動車メーカーの急成長により自動車生産が完全に国産化する中で，日本では高度経済成長期には法人自家用から個人自家用を中心とする本格的なモータリゼーションを迎えるに至った．当初，自動車の普及に比して道路網の整備が追いついていない状況であったが，道路延長，舗装率とも徐々に改善し，運転免許保有率も飛躍的に上昇した．1970年代の石油危機と原油価格の高騰は，燃費の良い日本車の価値をむしろ高めることになり，日本車メーカーの米国市場での立場を高め，1980年に日本の自動車生産台数は，アメリカ合衆国を凌ぎ世界第1位となった．

自動車の保有台数（軽自動車を含む）は1970年に727万1000台であったものが，2017年には6125万3000台になっている．このような自動車普及には地域差がある．都市内部での普及の地域差を考えれば，公共交通の発達する一方で高地価で駐車料金が高く駐車スペースの少ない都心部では自動車は保有しにくい．それに対して，土地が広くファミリー世帯が多く居住する郊外地域で自動車の保有は進み，そうした地域では十分な駐車場を備えた商業施設や公共施設などが整備され，自動車利用を前提とした生活環境となっている．また，農山村は高齢化が進行するとともに人口減少が進み，公共交通の衰退が著しい地域でもある一方で，住居から生活関連施設への移動距離が長く，第一次産業を中心とした生活において自動車利用の必要性が高い地域である．

日本全体での自動車普及率の地域差も興味深い．図4.1は2016年の都道府県別の世帯あたり乗用車保有台数を示したものである．全国平均は1世帯あたり1.07台であるので，現在の日本の乗用車普及はおおよそ一家に1台という状況である．

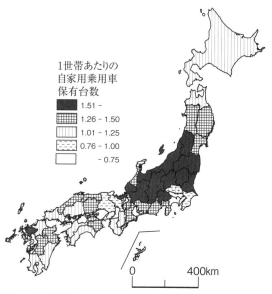

図4.1 都道府県別にみた1世帯あたりの自家用乗用車保有台数（2016年，国土交通省自動車交通局資料による）

自動車普及率の低い地域をみると，東京の 0.46 台を最小として大阪 0.66 台，神奈川 0.73 台で，以下，京都，兵庫，千葉，埼玉の各府県と続く．このように大都市圏の各都府県は，駐車場代が高い一方で公共交通が発達しているため，自動車利用の少ない（必要のない）地域である．三大都市圏の一つである愛知県は 27 位と中位に位置している．愛知県の自動車保有台数は 400 万台を超え全国最多であるが，県全体の人口数も多く公共交通の発達した名古屋という大都市を抱えており，モータリゼーションと公共交通が混在した地域である．

自動車普及率の高い県は，福井 1.75 台，富山 1.71 台，山形 1.68 台で，以下，群馬，栃木，茨城，岐阜，長野と続くが，その分布は北陸地方，南東北地方，北関東地方，甲信地方に集中しているのがわかる．これらの地域は，平野が広く道路が網目状に発達していること，中心都市の規模が相対的に小さく郊外が発達しやすいこと，そのため全国資本の郊外型チェーンストアが早くから発達していたこと，などの共通点がある．こうした日本全体での自動車普及率は，東日本で高く西日本で低い傾向にある．

4.1.3 高速交通網の整備

上記のように，日本では戦後から鉄道網の整備が先行し，道路網の本格的な発達は戦後になってからであった．しかし経済成長が飛躍的に進む中で既存の鉄道・道路ともその許容容量を超えるようになり，交通混雑などの問題がみられるようになった．また交通インフラの整備が先行している東京や大阪に集中した人口や資本を地方へと引き戻すために，大都市圏と地方を結ぶ新しい交通インフラの整備が必要とされるようになった．

第二次世界大戦前にも，より高速で大量輸送が可能になる弾丸列車の計画はあったものの，戦争のためいったん頓挫した．戦後の経済成長により逼迫した大都市圏間の交通輸送問題を解決するために，高速鉄道の開発が進められた．アメリカ合衆国での鉄道事業衰退や建設予算の問題を抱えつつも，東京オリンピックの開幕を控えた 1964 年 10 月 1 日に東京〜新大阪間に東海道新幹線が開通した（表 4.1）．専用軌道の上を時速 200 km で走行し，東京〜新大阪間の在来線特急の所要時間が 400 分弱であったものが，200 分弱まで大幅に短縮された．この衝撃的な時間短縮はさらなる大きな需要を呼び起こして，乗客数は開業前に予想をはるかに上回っていった（田中，2008）．

その後，新幹線は着実に延伸を続け，1975 年には東海道・山陽新幹線が全線開通して，東京・名古屋・大阪の三大都市に加えて，広島・福岡の地方中枢都市が結ばれた．1980 年代になると，大宮〜盛岡間の東北新幹線，大宮〜新潟間の上越新幹線が開業し，東北以北にも新幹線の開通インパクトが広がった．1990 年代には山形・秋田新幹線が開業したが，これらの路線はミニ新幹線と呼ばれ，既存の在来線の軌間を拡幅し，既存設備を生かした最小限の対策を行うことにより，安価な建設費で新幹線との直通運転を可能にした．2000 年代以降は，東北新幹線の延伸，九州新幹線の開業，北陸新幹線の延伸など新幹線網の拡大が続いている．2016 年には青函トンネルを通過する北海道新幹線が新青森〜新函館北斗間で開業し，北海道も新幹線で結ばれることになった．

日本の新幹線はその高速性のみならず，開業以来乗車中の乗客死亡事故ゼロの安全性を持つ世界に誇るシステムであり，近年では環境意識の高まりから各国への輸出が目指されている．海外では，ヨーロッパの各国の高速鉄道が互いの国に乗り入れる国際列車の運行も盛んであり，航空機との熾烈な顧客獲得が続いている．さらに日本では，より需要の大きい東京〜大阪間で超電導リニアの技術を利用した中央新幹線の整備計画があり，JR 東海により 2027 年の開業を目指して品川〜名古屋間の建設が始まっている．開通すれば，東京〜名古屋を 40 分，東京〜大阪間を 67 分で結ぶと試算されている．

続いて，道路の高速交通網として高速道路の整備状況を説明しよう．日本における高速道路は，1963 年の名神高速道路栗東インターチェンジ〜尼崎インターチェンジ（IC）の開通を皮切りとして，全国へとそのネットワークを拡大していった．諸外国と比較して，日本の高速道路網整備の

表 4.1 新幹線および高速道路関係の開通年表

年	新幹線	高速道路	国際イベントの開催
1963		名神高速道路 栗東 IC〜尼崎 IC 間開通	
1964	東海道新幹線 東京〜新大阪間開業		東京オリンピック開催
1965		名神高速道路 小牧 IC〜一宮 IC 間開通 (名神高速道路の全線開通)	
1969		東名高速道路全線開通	
1970			大阪万博開催
1972	山陽新幹線 新大阪〜岡山間開業		
1975	山陽新幹線 岡山〜博多間開業		
1981		宮崎自動車道全線開通	
1982	東北新幹線 大宮〜盛岡間開業 上越新幹線 大宮〜新潟間開業	中央自動車道全線開通	
1983		中国自動車道全線開通	
1985	東北・上越新幹線 上野〜大宮間開業	関越自動車道全線開通	
1987	国鉄分割民営化. JR 7 社が発足	東北自動車道全線開通	
1988		北陸自動車道全線開通 本州四国連絡橋児島・坂出ルート (瀬戸大橋) 全線開通 青函トンネル開通	
1991	東北・上越新幹線 東京〜上野間開業	浜田自動車道全線開通	
1992	山形新幹線 (ミニ新幹線) 福島〜山形間開業		
1993		長野自動車道全線開通 伊勢自動車道全線開通 東名阪自動車道全線開通	
1995		九州縦貫自動車道全線開通	
1996		大分自動車道全線開通	
1997	秋田新幹線 (ミニ新幹線) 盛岡〜秋田間開業 北陸 (長野) 新幹線 高崎〜長野間開業	磐越自動車道全線開通 山陽自動車道全線開通	
1998		本州四国連絡橋神戸・鳴門ルート全線開通	長野オリンピック開催
1999	山形新幹線 山形〜新庄間開業	本州四国連絡橋尾道・今治ルート (瀬戸内しまなみ海道) 全線開通 上信越自動車道全線開通	
2000		徳島自動車道全線開通 松山自動車道全線開通	
2001		ETC 導入	
2002	東北新幹線 盛岡〜八戸間開業		
2003		高松自動車道全線開通	
2004	九州新幹線 新八代〜鹿児島中央間開業	長崎自動車道全線開通	
2005		道路関係四公団民営化会社発足	愛知万博開催
2008		東海北陸自動車道全線開通	
2010	東北新幹線 八戸〜新青森間開業		
2011	九州新幹線 (鹿児島ルート) 博多〜新八代間開業	北関東自動車道全線開通	
2015	北陸新幹線 長野〜金沢間開業	常磐自動車道全線開通	
2016	北海道新幹線 新青森〜新函館北斗間開業		

JR 各社,NEXCO 各社のウェブサイト等による.

特徴は,1957 年 4 月に制定された「国土開発縦貫自動車道建設法」に基づき,北海道・東北・中央・中国・四国・九州の建設が予定されたため,大都市圏間を結ぶ縦貫軸の整備が優先されたことである.これはもともと需要の多かった都市圏間を結ぶ遅行的整備の意味合いを持っていた.日本

列島の背骨にあたる縦貫部分の開通が先行した一方で,横断軸の整備が遅れてきた要因として,大都市と地方都市間の経済的需要に比べて地方都市間の需要が少なかったこと,日本列島の国土構造として列島の中央部に急峻な山地が連なっているため,建設に高度な土木技術が必要で建設費が高

額になることがあげられる．日本の高速道路網整備のもう一つの特徴として，大都市圏における環状高速道路の整備が遅れていることを指摘できる．各大都市圏とも都心部を迂回する環状高速道路が未整備であったため，大都市圏を通過して移動する自動車は都心部を通過しなくてはならず，これが大都市圏内部の交通量と相まって，激しい交通渋滞を引き起こしてきた．諸外国の大都市では，何重もの環状道路網が整備されているため，大都市を通過するだけの自動車は基本的に都心部を経由する必要がない．日本では用地買収の困難さなどから整備が十分進んでいなかったが，近年では国際イベントの開催もありその開通が相次いでいる．

高速交通網の発達により，より短時間で快適に遠方へ出かけていったり，より遠い産地の産物を鮮度を保ったまま手に入れることができるようになった．しかし高速交通網の発達は，整備された地域，とくに地方都市においてマイナス効果を招くこともある．例を挙げると，新しい高速交通が地方都市に整備され大都市圏と結ばれた時に，地方都市としては大都市圏からの観光客が大量に訪れ，その地域に経済的な利益や地域のイメージアップがもたらされることを期待するだろう．しかし，大都市圏へのアクセシビリティが増すことにより，その地方都市の消費需要がより魅力的な大都市圏へ吸収されてしまい，地方都市の商業機能の衰退を招く可能性もある．このように，新規の高速交通が開通することにより，より上位の都市に需要を奪われてしまうことをストロー効果と呼ぶが，まずはじめに自地域内の魅力を高めておかなければ，開通も負の効果を示すことになるだろう．

4.2 交通拠点の多様化と高度化

4.2.1 空港のハブ化

航空交通の最大の優位性は速さである一方，その高速性は積載能力，燃料燃費，管理費用の犠牲の上で成り立っている（林，2007）．ライト兄弟が1903年に初飛行を成功させてから，1世紀も経たないうちに航空交通は世界の長距離輸送，と

くに旅客輸送と高付加価値商品の輸送で圧倒的なシェアを占めるようになった．

自動車や鉄道といった陸上交通では，地表にインフラを整備して目的地間を接続する必要があるため，その建設には多額の費用がかかる．一方，航空機はそのような制約を受けないため，そのルート設定は比較的柔軟であるといえる．ただし，どこでも飛行できるわけではなく，気象などの自然条件や国家間の政治的状況により，飛行ルートはある程度制約される．

航空機が旅客事業として成立した当初は，巨大な資本を必要とする運輸事業であり事業規模が大きいため，多くの場合は国営もしくは国による強い規制や管理の下で事業が行われた．ナショナル・フラッグ・キャリアと呼ばれる少数の事業者のみがサービスを提供できる体制によって，運賃や路線網の硬直した状況が続いた．しかし航空需要の高まりにより，1990年代後半以降，航空部門の民営化や規制緩和が世界スケールで広まった．航空自由化の進展は競争の激化を招き，企業の合併，買収，淘汰が進んだ（林，2007）．航空市場における規制緩和が進行することにより，低価格を売り物にする格安航空会社（low cost carrier；LCC）の参入が進み，航空市場は活性化した．

航空市場の変化は他にもさまざまな部分でみられるが，ここでは世界的規模の航空旅客を効率的に輸送するための，ハブ・アンド・スポークス方

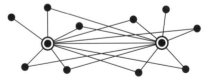

(a) 直行便（ポイント・ツー・ポイント）方式

(b) ハブ・アンド・スポークス方式

◉ ハブ空港　　━━━ 主要路線
● 空港　　　　──── 航空路線（スポーク路線）

図4.2 ハブ空港の概念図（井田（2008）による）

式について取り上げよう（図4.2）．ハブ・アンド・スポークス方式とは各空港相互を直行便で結ぶものとは異なり，核となるハブ空港を設定して，ハブ空港間で大型の航空機を頻繁に就航させ，ハブ空港と周辺の空港をより小型の航空機や少ない頻度で運航させる（スポーク路線）運行方式である．それにより，各便の座席利用率を高め，航空機の運用効率を高めることができる．乗客にとっては，乗り換え回数が多くなり所要時間が長くなることもあるが，運賃が安くなり出発時刻などの選択肢が多くなる場合もある（井田，2008）．

世界的なハブ空港として，欧米ではアメリカ合衆国のデトロイトやシカゴの各空港，オランダのスキポール空港，ドイツのフランクフルト空港などが挙げられるが，近年，アジア諸国でもその地位をめぐり激しい競争が起こっている．日本を代表する国際空港として成田国際空港が挙げられるが，同空港は滑走路が少ない上に同じ東京大都市圏で国内線が東京国際空港（羽田空港）に集中しているため，国際線〜国内線の乗り継ぎに難があり，その地位を近隣のアジア諸国に奪われる傾向にあった．そうした中で，国内線中心の首都空港として機能してきた羽田空港では，2002年の日韓サッカーワールドカップにおけるチャーター便の就航を契機として再び国際化が進行している．2010年に新滑走路の完成と国際線専用ターミナルが完成し，国際定期便が32年ぶりに再開した結果，最大の国内線ターミナルと国際路線を結びつけるハブ機能が強化されるようになった．

関西地方や中部地方においても，既存の市街地に立地する空港の過密を解消し，東京や近隣諸国に対する競争力を高めるために，新しい国際空港の建設が進められてきた．1994年に関西国際空港，2005年に中部国際空港が開港したが，それぞれの空港とも人工島に建設された24時間運用可能な海上空港である．国内線と国際線の乗り換えもおおむね同一ターミナルビル内で可能であり，当初からハブ空港の機能を持たせることを意図して建設された．このように拠点となる空港のハブ機能を高めることにより，空港立地都市の拠点性を高めるとともに，国際競争力を向上させる

ことが目指されている．

4.2.2 駅機能の多様化

日本の大都市圏における鉄道駅の重要性は，国内の地方都市のみならず世界の諸都市と比較できないほど大きなものである．例えば，JR東日本管内における2016年度の1日の平均乗降客数は，新宿駅77万人，池袋駅56万人，東京駅44万人であり，その流動ポテンシャルは著しく大きい．こうした複数路線が乗り入れる交通結節点としての鉄道駅において，近年商業開発が進行している．

鉄道駅内部の商業開発は「駅ナカ」立地と呼ばれ1990年代から始まったが，それを本格化させたのがJR東日本であった．民営化されたJR東日本は，当初から人口減少時代における鉄道事業本体での需要減を予測し，2000年になると駅の利便性と快適性の向上，高収益化を目指し，まず2002年に関連会社が上野駅構内へ飲食店や物販店を50店舗あまり集めた駅ビルショッピングセンター「アトレ上野」を開業させた（川端，2013）．アトレは駅ビル開発ブームの先駆けとされ，その後首都圏の主要駅へと展開していった．他にJR東日本では，駅ナカ商業施設として「エキュート（ecute）」やコンビニエンスストアの「NEWDAYS」などを開発し，とくに後者では既存のコンビニエンスストアチェーンを上回る日商を稼ぎ出している．

もともと固定資産税が安いという立地条件があったとはいえ，JR東日本の駅ナカによる商業展開の成功により，他の鉄道資本でも追随する動きが広がっている．こうした鉄道駅という交通結節点を商業立地として活用する動向は，伝統的な商圏の概念を変化させつつある．通常の意味での商圏は，店舗を中心とした周辺の空間領域を指し，その空間内の人口数が重要となる．しかし駅ナカの商業立地は，商圏を上記のように固定的にとらえるのではなく，その交通流動性の側面に着目して，消費者が行き交う交差点に位置するという概念である（川端，2013）．

駅ナカにみられる流動商圏が発生する交通結節点への商業立地は，何も鉄道駅に限ったことではない．近年では，高速道路のサービスエリアやパーキングエリアにおける商業施設である「道ナ

カ」や，主要航空ターミナルビルにおける「空ナ
カ」の開発が相次いで，既存の商業施設を超える
魅力を備えたものも少なくない．いずれもこれま
で単なる休憩施設や乗り換えの際の時間消費の場
でしかなかった交通空間が，商業・サービス機能
を備えた多機能空間へ生まれ変わりつつある事例
である．

4.3 物流システムの発達

4.3.1 ジャスト・イン・タイム

「物流」とは「物的流通」の略語で，ある一種
の財が生産地から消費地まで，空間的に移動して
いくシステムおよび，その構造を指す．日本で物
流という言葉が使われ始めたのは高度経済成長期
以降であり，大量生産・大量輸送・大量消費の方
式が物流システムとして確立した時期であった．
全国規模で市場を展開する上で，メーカーおよび
チェーンストアにとって工場や店舗，そして物流
拠点をどこに配置するかという立地の問題がきわ
めて重要な課題となった．同時に，市場競争が激
化する中で輸送時間と輸送コストの削減が重要視
されるため，各企業にとって物流システムの構築
が大きな課題となっている．

輸送機関の変化として，現在ではジャスト・イ
ン・タイム（JIT）に対応したトラック（自動車）
輸送への依存度がきわめて高くなっている．ト
ラック輸送を代表する物流業者として1970年代
に登場した宅配便サービスは，取扱量を急激に伸
ばして，われわれの生活に不可欠なものになっ
た．近年インターネット通販が伸長する中で，注
文およびその処理はコンピュータ上で即時性を
持って対応が可能になったが，消費者の手元に実
際の商品が届くまでのタイムラグに対応するた
め，各物流会社ではその対応に苦慮している．

JITとは，必要な「時」に必要な「量」だけ製
品および商品を調達しようとする輸配送方式であ
り，トヨタ自動車の工場において，戦後復興期か
ら高度経済成長期にかけて開発された生産と経営
手法の概念である（野尻，2007b）．その後，広
く海外の自動車産業を中心に，加工組立型産業に
おけるサプライヤーからの部品の納入に適用され

ることになった．そして，この概念は自動車産業
だけでなく，卸売業や小売業における物流システ
ム構築においても重要な役割を果たしてきた．

4.3.2 チェーンストアの物流システム

消費が成熟化し，商品の多品種化が進んだ
1980年代以降，消費財流通の分野ではコンビニ
エンスストアに代表されるようにチェーンストア
において多頻度少量配送が進行した．多頻度少量
配送とは，配送回数の増加と1回あたりの配送量
の減少を意味する．経済の成長，消費の成熟化に
よって市場が個性化，多様化して取扱商品数が増
加したことにより，できるだけ不要な在庫を削減
しようとした結果，JITにより商品を調達しよう
とする配送方式である．一方で，配送車両の積載
率が低下し，配送コストの上昇を招きやすい．

多頻度少量配送への要求に対して，物流業者は
配送拠点を再編成し，配送車両の積載率を最適化
するような配送ルートを設定するなど，物流の空
間システムを構築する必要に迫られている．つま
りチェーンストアにおいて，空間的に分散する店
舗群に対する物流の空間戦略が企業成長の要と
なっている．

チェーンストアの物流システムは，おおむね
「一括配送」と「ルート配送」に大別される（図
4.3）（土屋・箸本，2004）．一括配送とは，複数
のメーカーや卸売業者が納入する商品を，配送セ
ンターなどの集約点に集めて店舗別に仕分けした
後，各店舗分を1台のトラックで配送する方法で
ある．ルート配送は，集約点で店舗別に仕分けし
た商品を1台のトラックに数店舗分積載し，定め
られた配送経路を巡回しながら配送する方法であ
る．一般的に店舗面積の大きい総合スーパーや食
料品スーパーなどは一括配送が，店舗規模が小さ
いコンビニエンスストアではルート配送が採用さ
れる．

チェーンストアがいずれの配送方式を採用する
かは，1回あたりの平均配送量と商品特性に密接
に関連している．コンビニエンスストアでは，加
温配送（米飯など），常温配送（加工品，雑貨品
など），冷蔵配送（牛乳など），冷凍配送（冷凍食
品など）など，商品の配送条件が温度帯別に細分

38　　4.　グローバル化時代の交通と物流

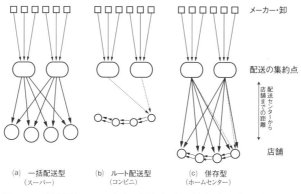

図 4.3　一括配送とルート配送の差異（土屋・箸本（2004）を筆者改変）

化されるだけでなく，店舗規模が小さいため1店舗あたりの配送量がきわめて少なくなるため，トラックの積載率を上げるためにルート配送が採用される．ただし，米飯などの温度管理が必要な主力商品では，配送頻度が高く到着時間の制約もあるので，配送センターを中心とした店舗の立地には距離の制約がある．総合スーパーや食料品スーパーなどは店舗規模が大きく，配送頻度もコンビニエンスストアより低くて1回あたりの配送量が大きくなるため，一括配送が可能となる．一方，食料品を取り扱わず配送頻度も相対的に低いホームセンターや衣料品チェーンでは，配送範囲が相対的に広く複数の商品を混載する一括配送と積載率を向上させるためのルート配送が併存し，最小の物流費となる配送システムを構築している．

4.3.3　物流システムの高度化とグリーンロジスティクス

ロジスティクスとは，従来の輸送中心の単なる「ある地点からある地点へ輸送する」という「物流」ではなく，市場戦略として，生産・流通・消費を統合的にとらえ直し「生産から販売までの物流を一貫管理する」動きのことである．その背景として，物流部門が企業の競争手段として注目されてきたこと，消費が多様化・高度化・個性化してきたことに対応を迫られたことにより，単に企業内の部分的な効率化や費用削減だけでなく，物流システム全体の空間的構築が企業の経営戦略の重要な構成要素となる「戦略的物流」としての思考が重要になっていることが挙げられる．そして，メーカー・卸売業・小売業相互で，商品の市場動向に関する情報ネットワークを共有し，消費者需要を反映した商品を正確かつ迅速に適正価格で提供する「サプライ・チェーン・マネジメント」が展開している．すなわち，欠品による販売機会の喪失や不良在庫を抱えることを防ぐため，生産・供給・販売の諸活動を同期化するようにサプライ・チェーン全体でロジスティクスを展開するのである．こうしたサプライ・チェーン全体で高度なロジスティクスを実践するために，メーカー・卸売業・小売業の各企業は，運送業者や倉庫業者などの3PL（サード・パーティー・ロジスティクス）といった専門業者にその物流管理全体を委託するケースも多い．

交通渋滞，大気汚染，それに伴う地球温暖化が社会問題になる中で，物流業界はとくに環境への対策が必要とされている．なかでもトラックによる輸送は，利便性が高い反面，エネルギー消費や二酸化炭素の排出量からみると，鉄道や船舶に比較してエネルギー効率が悪く，環境への負荷が大きい．これに対して，低公害トラックの導入，アイドリングストップなどの取り組みがなされているが，配送用車両数を削減し，効率的な配送ルートを設定し，物流を共同化することにより積載効率をできるだけ高めた物流システムの空間的構築が追求されている．一方，鉄道や船舶，自動車など少なくとも2種類以上の交通手段が連携し，結節点をつないで全体としては1つの輸送として行われるのがインターモーダル輸送である（林，2007）．インターモーダル輸送は，輸送全体の経済性や効率性を高めることにその目的があるだけ

でなく，トラック輸送と船舶や鉄道といった交通手段を組み合わせることにより，全体として環境負荷の少ない輸送を追求することを目指している．このような環境に配慮した物流方法はグリーンロジスティクスと呼ばれ，物流業者は積極的に環境負荷を軽減する対応を求められている．

4.4 まちづくりとこれからの交通

モータリゼーションはライフスタイルにも変化をもたらし，物流システムの発達により必要なものはどこにいても入手しやすくなっているため，我々は必ずしも都市の中心部に住まなくても便利な生活を享受でき，より安価に移動できる交通手段も与えられてきた．一方でその弊害も指摘されるようになってきた．高度経済成長期には，人口が都市に集中する中で交通渋滞が深刻化し社会問題化していった．都市中心部に生活環境の悪化や地価高騰により，住宅の郊外化，付随する商業施設の郊外移転が進行するようになった．モータリゼーションは都市構造の変化をもたらす大きな要因で，中心市街地の衰退原因にも挙げられる．現在では，地球温暖化等の環境問題への関心が高まり，自動車の利用よりも公共交通機関の利用が促進されるようになってきた．日本の都市政策としても，2006年に改正された中心市街地活性化法ではコンパクトなまちづくりが謳われ，そこにおける公共交通機関の重要性が高まっている．

一方で，若者の車離れが指摘され，これまでの自動車社会に対応したまちづくりからの転換も必要になってきている．自動車はかつて20代の若者の憧れの商品の代表格であった．しかし消費意欲の萎縮した現在の若者たちにとって，自動車は環境に悪くたまにしか乗らないのに維持費の高い交通手段とも位置づけられることがある．自動車の保有どころか運転免許さえ取らない若者も増えている．図4.4は年代別の自動車免許保有率を示したものである．20代や30代の保有率は全世代で最も高いが，その経年変化をみると近年横ばいである．これは率は低いものの10代の免許保有率の変化にも当てはまる．それに対して，40代以降の保有率は年々上昇する傾向にあり，とくに

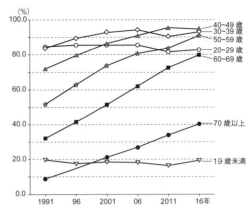

図 4.4 年齢別運転免許保有率の推移（警察庁「運転免許統計」による）

高齢になるほど顕著である．現代社会では高齢者ほど自動車が生活に不可欠なものになっているが，高齢者による自動車事故の増加が社会問題ともなっている．

このように少子高齢化の人口減少時代を迎えるにあたって，交通手段の選択や整備は都市問題の中心的な課題である．モータリゼーションに対応した都市構造から，エネルギー負荷と移動距離の少ないコンパクトなまちづくりが目指されている．高度経済成長期のモータリゼーションは道路整備を最重点課題として，路面電車などの交通インフラは縮小傾向にあったが，コンパクトな都市構造では環境負荷の少ない交通手段として路面電車は都市構造の骨格になるものとして再評価されてきている．このような都市構造では，旅客事業としての交通手段だけでなく，徒歩や自転車移動のための環境整備も重要となる．とくに自転車は健康志向の高まりや，増加する訪日観光客の移動手段としても人気があり，新しいまちづくりにおける交通の役割が注目されている．〔兼子　純〕

引用文献

井田仁康 (2008)：航空機は世界をめぐる．高橋伸夫・谷内達・阿部和俊・佐藤哲夫・杉谷　隆編，改訂新版 ジオグラフィー入門，古今書院，pp.76-79.

川端基夫 (2013)：改訂版 立地ウォーズ―企業・地域の成長戦略と「場所のチカラ」，新評論．

北村隆一編 (2001)：ポスト・モータリゼーション―21世紀の都市と交通戦略，学芸出版社．

須田昌弥 (2009)：戦後日本における交通問題―「地域」

における課題. 経済地理学年報, **55**：3-11.

田中耕市 (2008)：日本を縮める新幹線. 高橋伸夫・谷内達・阿部和俊・佐藤哲夫・杉谷　隆編, 改訂新版 ジオグラフィー入門, 古今書院, pp.10-13.

田中耕市 (2013)：道路交通の地理学. 人文地理学会編, 人文地理学事典, 丸善出版, pp.522-523.

土屋　純・箸本健二 (2004)：チェーンストアと物流システム. 荒井良雄・箸本健二編, 日本の流通と都市空間, 古今書院, pp.111-132.

野尻　亘 (2007a)：交通と地域間関係. 上野和彦・椿真智子・中村康子編, 地理学概論 第2版 (地球学基礎シリーズI), 朝倉書店, pp.45-47.

野尻　亘 (2007b)：新版 日本の物流―流通近代化と空間構造, 古今書院.

林　上 (2007)：都市交通地域論, 原書房.

┈┈┈【LCC の登場と成長】┈┈┈

　LCC は欧米をはじめアジア諸国においてもサービスを展開し, 世界の航空サービスに占める割合も年々増加している状況である (国土交通省国土交通政策研究所, 2014). LCC は 2000 年代における航空運賃の自由化や路線設置への規制撤廃, またインターネットの普及によるチケットの直接販売の拡大などを背景として, フルサービスキャリア (日本でいえば JAL や ANA) とは別の新しいビジネスモデルで航空サービスを提供している航空会社である. LCC の特徴は, 運航コストや販売コストを引き下げることで, 利用者に低価格の運賃を提供することにある. 2009 年に中国の春秋航空が茨城空港から上海までの航空券をわずか 4000 円で販売するなど, 日本で LCC の安さが知られるようになったのは 2000 年代の後半からである. 日本の国内企業として 2011 年に設立されたピーチ (Peach Aviation) は, 翌年 3 月に関西国際空港から札幌・福岡への路線開設を皮切りに, 現在では国内 12 路線, 国際線 13 路線を運航している.

　低価格の運賃を提供することにより, 利用者の支持を集めてきた LCC であるが, これまでのフルキャリアサービスの航空会社と比較して, そのサービスにはいくつかのメリットとデメリットがある. まず低価格の運賃を提供するといっても, 季節や時間帯, 他社との競合関係, 予約状況により運賃が変動する. チケットは代理店などを通さず, インターネットを通じた直接販売が主流である. これらは 2000 年代以降のインターネットや端末の普及を最大限に活用したものであり, 低価格サービスを提供するための高い搭乗率を支えている. 機内サービスにも特徴があり, 飲み物や毛布の提供, 座席指定といったフルサービスキャリアでは無料であったものが LCC では有料であり (一部無料サービスもある), 1 機あたりの搭乗者数を増やすために座席数がフルキャリアサービスに比して多いため, 座席の間隔が狭くなる. LCC ではこうしたコスト削減のため, 余分な (フリル) サービスをしないという「ノンフリルサービス」を追及している (杉浦, 2012).

　LCC による運航の空間的な特徴をみてみると, 4.2.1 項で述べたように, フルサービスキャリアではハブ・アンド・スポークス方式によるハブ空港を中心とした路線網を構築しているが, LCC では 2 地点間の折り返し運航であるポイント・ツー・ポイント運航が基本である. これは輸送パターンを単純化することで, 飛行頻度を増やす小型機による多頻度運航を実現するためである. 一方で, 2 地点間で同じ機材を使用するため一度遅延が発生すると, 続く便にも連動して遅れが生じることになる.

　LCC 就航の既存空港や地域へのインパクトとして, 既存とは別のターミナルを使用したり地方空港を活用していることが挙げられる. 主要空港のメインターミナルは利便性が高いものの, 空港使用料も高くなることに加えて発着枠の確保も難しい. LCC ではこれらの問題を避けるとともに, 遠隔のターミナルを使用してボーディングブリッジを使わないなどにより, 搭乗には時間がかかるものの空港使用料を低減しコストを削減することを可能にしている. LCC 専用のターミナルとして, 成田国際空港では 2015 年に第 3 ターミナルが, 関西国際空港では 2012 年に第 2 ターミナルが開設されている. LCC による路線開設は, 地方空港の運営にも大きな影響を与える. 既存の航空会社が地方空港発着路線を国内外とも縮小する中で, その代替として LCC による路線開設が期待されている.

引 用 文 献

国土交通省国土交通政策研究所 (2014)：LCC の参入効果分析に関する調査研究. 国土交通政策研究, **118**：1-160.

杉浦一機 (2012)：激安エアラインの時代―何故安いのか, 本当に安全なのか, 平凡社.

5

情報通信技術と情報化社会

情報通信技術（information and communication technology；ICT）の急速な進歩とその浸透が，社会全体に大きな影響を与えていることは論をまたない．例えば総務省は，2005 年に世界で約 10 億 2000 万人だったインターネットユーザーの数が，2014 年には 29 億 2000 万人に増加したと推計している（情報通信白書 平成 28 年版）．その一方で，情報そのものは不可視であるため，その地理的，空間的な影響を把握するためには，情報化の影響が顕著な分野に焦点を絞った事例検討が求められる．本章では，主に ICT と経済活動とのかかわりに焦点をあて，産業組織に対する影響，山村など周辺地域に対する影響の順で事例の紹介を行いたい．

5.1　情報通信技術の進歩と社会的浸透

コンピュータに代表される情報機器の発達と，デジタル回線など通信技術の高度化との融合がもたらす「情報化」が，20 世紀後半を代表する技術革新の代表例であり，経済活動を含む社会全体に大きな変化を与えたことは議論の余地がない．1960 年代の初め，マッハルプは，知識関連産業の定量的な把握と類型化を試み，これらを「知識産業」（production and distribution of knowledge）と名づけるとともに，とりわけ情報関連業の成長を予見した（マッハルプ，1969）．1970 年代に入ると，ベルが，来たる「脱工業化社会」（post-industrial society）を情報によって特徴づけられる社会と定義した（ベル，1975）．

ベルが予見した情報化社会は，ICT に対する投資対効果に優れた産業分野から進展した．1980 年，未来学者のトフラーは，情報化の時代を農業の時代，工業の時代に続く「第三の波」であると位置づけ，後のサテライトオフィスを彷彿させる「電子の小屋」（electronic cottage）など新しい就業形態の可能性を描いた（トフラー，1982）．しかし，トフラーが情報化社会を描いた 1980 年初頭の通信環境は，音声をアナログ（波形）で伝達する電話回線を主体としており，コンピュータを通信回線で結ぶことで地理的距離の障壁を克服する試みは，多くの企業にとって技術面，費用面での障壁が高かった．しかし，1980 年代後半に入り，

オフィス業務の電算化（OA 化）や通信回線のデジタル化と衛星利用が実現するようになると，こうした技術革新が産業構造や産業立地に与える影響が地理学における議論の対象となった．製造業による国際的な分業体制の確立，国境を越えた資本・産業活動の展開，都心を指向する営業拠点と郊外の幹線道路沿いを指向する物流拠点との地理的分離などは，この時期における代表的な論点といえる．

続く 1990 年代に始まるインターネットの世界的普及と，2000 年代以降の携帯端末の高機能化が ICT の社会的浸透を一気に加速させた．『情報通信白書（平成 28 年版）』によれば，国内のインターネット利用者数は 2015 年末で 1 億 46 万人（対人口比 83.0％）の大台に達し，携帯電話の世帯保有率も 95.8％（スマートフォン単独では 72.0％）に上っている（表 5.1）．こうした高い普

表 5.1　日本国内のインターネットの利用率および情報機器の世帯保有率の推移（単位：％）

	2006 年	2009 年	2012 年	2015 年
インターネットの利用率	75.3	78.0	79.5	83
情報機器の世帯保有率				
携帯電話・PHS（スマートフォン含む）	91.3	96.3	94.5	95.8
スマートフォン	—	—	49.5	72.0
固定電話	90.1	91.2	79.3	75.6
パソコン	80.8	87.2	75.8	76.8

インターネットの利用率は対人口比，情報機器の保有率は対世帯数比．
総務省『情報通信白書（平成 26 年版）』（pp.337-338）による．

及率は，日本を含む先進国のみに留まるものではない．同じく『情報通信白書（平成26年版）』は，2014年の世界のインターネット人口を29億2000万人（2013年度比で12.4％増）と推定するとともに，2013年に67億回線であった世界全体での携帯電話契約数が，2019年には93億回線に達するとの予測を紹介している．この数値は，インターネットと携帯端末の普及を軸とする情報化の波が，発展途上国を含む全球的な規模で浸透しつつあることを意味している．

ところで，インターネットや携帯電話が与える影響の大きさが示す通り，ICTの今日的な普及は社会基盤そのものの変化とほぼ同義であり，その広範な影響を網羅的に説明することは困難である．そこで本章では，ICTと経済活動とのかかわりに焦点をあて，既存産業の拠点立地や企業間取引への影響（5.2節），そして周辺地域におけるICTの利活用（5.3節）の順で検討することとしたい．

5.2 企業経営の効率化と情報通信技術

情報化の進展は，情報機器，通信端末，通信回線，そして情報財（コンテンツ）の供給を担う情報関連産業の成長にとどまらず，既存産業の拠点立地や機能，あるいは企業の組織形態に多くの影響を与えてきた．情報化がもたらす経済活動の空間的変化は，情報伝達における距離の克服，対面接触の代替，ヴァーチャル空間（ネット上の仮想空間）上での消費など情報化の直接的な効果を反映したもの（直接効果）のほか，情報化を通じた取引関係の変化など間接的な変化（間接効果）が存在する．例えば，オフィス機能の解体と再配置，多頻度少量配送の浸透，電子商取引の拡大，SNS（Social Networking Service）に代表される草の根情報が持つ経済価値の増大などは直接効果の典型例である．一方，データベース化された消費情報を背景とする大手小売業と取引先メーカーとの力関係の逆転現象（パワーシフト）や，直近の販売情報を流通機構全体で共有することで効率的な生産・流通体制をめざそうとする製販統合の進行などは後者に含まれる．

5.2.1 情報化の直接効果

まずオフィス機能の解体と再配置を代表する変化は，営業拠点と物流拠点の地理的分離，いわゆる商物分離の動きである．情報化が進んでも取引先との対面接触が重視される営業活動（商流）と，在庫を保管する倉庫費用の節約と配送先への時間短縮をめざす配送活動（物流）では，拠点の立地指向性がおのずと異なる．前者が対面接触に有利な都心立地を指向するのに対して，後者は郊外のロードサイドを指向しやすい．その一方で，取引先からの発注を集める営業活動と，取引先への納品を担う配送活動の間では，受注伝票の授受が高頻度で発生する．このため，紙の伝票が主流であった情報化以前は，商流・物流間での情報伝達を円滑に行うため，両者は同一の拠点に配置されることが一般的であった．しかし情報化を通じて伝票のデジタル化が進み，オンラインによる伝票授受が可能になると，営業拠点との地理的近接性が低下した物流機能は，営業拠点から分離する傾向を強め，両者を専用回線（後にインターネット）で結ぶ商物分離が普及していった．これと同時に，情報化以前は本社に包含されることが多かった経理，総務，研究開発（R&D）など，社外からの独立性が高く，定型的・社内的な情報交流が多い部署に関しても，情報伝達のオンライン化を進めて本社から切り離し，より地代が安い，あるいは研究開発に適した立地に分散配置されるようになった．

続く多頻度少量配送は，下請工場から組立工場への部品供給や卸売業から小売業への商品調達など物流面で顕著に見られる変化である．情報化以前，受注側の下請工場や卸売業は，紙の伝票による受注処理や目視による在庫確認が必要であったため，受注から配送まで一定の作業時間を要した．また発注側の組立工場や小売業も，高い精度で需要予測を行うことは困難であった．このため，発注側は欠品防止のために多めの発注を行い，受注側は一定の作業時間を含んで配送する低頻度多量配送システムが一般的であった．しかしICTの進展は，需要予測から受発注を経て在庫確認に至る一連の作業をコンピュータが短時間で処理すると

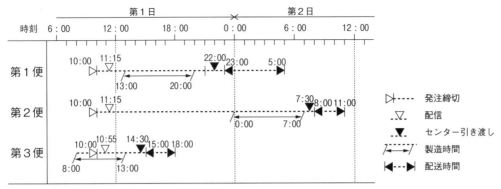

図 5.1 コンビニエンスストアの多頻度少量配送体制（米飯の事例，荒井（1989）をもとに筆者改変）

写真 5.1 都内の第一京浜国道に駐車するコンビニの配送車両
（東京都大田区，2015 年 8 月，筆者撮影）
幹線道路沿いの店舗立地は配送時間の短縮に寄与する．

表 5.2 飲食店の情報を調べる際の情報源の変化（単位：%）

	2010 年 3 月	2012 年 8 月	2014 年 8 月
PC のインターネットサイト	91.0	89.4	81.6
スマートフォンのインターネットサイトおよびアプリ	1.3	16.3	31.3
携帯電話のインターネットサイトおよび検索メニュー	16.7	13.0	7.7
フリーペーパーやグルメ雑誌などの紙媒体	59.6	46.4	35.8

総務省『情報通信白書（平成 27 年版）』（p.65）による．

ともに，発注側から受注側にオンラインで伝達するシステムを実現した．今日の大手コンビニエンスストア（コンビニ）の商品調達が多頻度少量配送の典型例である．コンビニでは，各商品の店頭在庫数をあらかじめコンピュータに登録しており，レジを商品が通過するたびに売場に残された商品数を自動計算する．その結果をもとに，曜日・時間帯・天候等の外部要因を加味しつつ次の発注量を指示するシステムを導入している．このシステムによる発注精度の向上は，店頭における余分な在庫を大幅に減じる一方で，欠品を回避するため，商品を少量かつ多頻度で調達する必要が生じる．例えば，大手コンビニにおける米飯（弁当）の配送頻度は 1 日 3 回が基本とされており，同一の配送車両を利用する場合，1 回の配送時間は片道 3 時間程度に制約される（図 5.1）．このため，多頻度少量配送の普及は，物流拠点の機能や立地の変化を促す要因ともなっている（写真 5.1）．

上述した 2 つの変化が企業による情報化対応の結果であるのに対して，電子商取引の普及や，SNS・口コミなど草の根情報の価値増大は，いずれも消費者側の情報化に負うところが大きい．総務省が実施する家計消費状況調査結果によれば，ネットショッピングを利用する世帯の割合は，2002 年には 5.3 %（1 世帯あたり月間平均支出額 21,102 円）であったものが，2014 年には 25.4 %（同 25,846 円）へと増加している．売り手と買い手がヴァーチャル空間で受給接合を行うネットショッピングは，ICT を介した経済活動の典型である．ネットショッピングは商品を直接手にできない反面，膨大な選択肢が提供され，徹底した価格比較を提供している．このため，書籍や AV メディアなど，膨大な商品数に対して売れ筋商品が少ない商品市場（ロングテール市場）では，とりわけネットショッピングの支持率が高い．また，商業施設が乏しい地域では，消費の選択肢を拡げ

表5.3　流通の情報化に伴う営業環境への影響

	非常に進んだ	やや進んだ	合計
数字・指標に基づく定量的な商談	16	23	39
社内における情報の共有化	11	28	39
本社・支店間における情報交流の活発化	10	29	39
チェーンストア対応部署の設置	9	29	38
チャネルパワーの川下シフト	17	20	37
情報化対応力による卸の絞り込み	7	29	36
ブランドマネジメントにおける短サイクル化	11	22	33
カテゴリーマネジメントなど小売業との協業化	7	26	33
事業部制など縦割り型組織の緩和	4	13	17

母数43（複数回答あり）.
箸本（2001）による.

表5.4　本社と支店（および営業所）の間における業務分担

	本社	支店	その他*
日常的なプロモーションの提案	10	33	0
四半期毎の期首商談	18	25	0
新製品導入キャンペーン	24	19	0
売場の陳列計画の作成・提案	13	22	8
価格，リベートなど取引条件の決定	27	16	0
販売戦略に関する競争コンペへの参加	22	16	5
POS分析代行など小売支援業務	20	12	11

母数43（複数回答あり）.
* 「その他」には，当該の業務内容を実施していないケースを含む.
箸本（2001）による.

るだけでなく，買い物に要する時間と費用の節約にも結びついている.

　さらに，ヴァーチャル空間上での情報交換は，現実空間の経済活動にも大きな影響を与えている．例えば，『情報通信白書（平成27年版)』は，飲食店の情報を調べる際の情報源が紙媒体からインターネット上の情報，とりわけスマートフォン向けのサイトに移行していると指摘している（表5.2）．その一方で，膨大な商品・店舗の情報が氾濫するインターネット上のサイトで消費者に閲覧されるためには，検索結果の上位に位置する必要がある．そのソート（並べ替え）や比較検討の条件として，利用者の書き込みや評価が重要な意味を持つのである．こうした口コミ効果の重要性は，ネットショッピングに限らず，グルメ情報（飲食店）や観光情報など多くの分野で高まりを見せている.

5.2.2　情報化の間接効果

　情報化の間接効果とは，情報化が企業間の取引関係など具体的な経済活動にまず影響を与え，このことが広範な社会経済的変化を引き起こすことである．日本では，チェーンストアの情報化と，その取引相手である消費財メーカーの営業体制の変容が典型例といえる．日本の消費財流通においては，1980年代後半からバーコードを用いた商品管理を意味するPOS（Point Of Sales）が急速に普及し，その結果，全国規模の店舗網を持つ大手

流通資本（チェーンストア）が主導する流通機構の再編圧力が強まった．情報化の直接効果で説明した通り，全国展開する店舗網のPOSに基づく販売情報は市場代表性に優れ，高精度な販売予測を実現することができる．このことは，消費財流通における市場の不確実性を軽減させるとともに，こうした情報を持つ大手小売業が，それまでの大手メーカーに代わって消費財流通全体の主導権を握るからである．こうした取引構造の転換は，消費財メーカーの営業体制を揺さぶり，その拠点配置や機能にも大きな変化をもたらした．表5.3は，大手消費財メーカー43社へのアンケートを通じて，POS導入後のチェーンストアとの取引関係の変化を整理したものである（箸本，2001）．この結果によれば，43社のうち37社が，取引の主導権が小売業に移った（チャネルパワーの川下シフト）と回答し，チェーンストアの思惑に沿った営業活動への転換を余儀なくされていると認識している.

　大手消費財メーカーは，総じて，全国を統括する本社，地方を統括する支社，そして県を基本単位とする支店という3段階の営業組織を維持してきた．このうち，POS普及以前の支社は，司令塔である本社と営業現場の支店との意思疎通に重点を置く中間組織であり，取引先との交渉はもっぱら支店の役割と位置づけられてきた．しかし，POSが普及とともに，支社の役割はチェーンストアに対する営業活動拠点へと一変し，結果的に支店の統廃合を含む大規模な組織改編が進行した．表5.4は，同じ43社への調査結果から，営業活動

における本社・支店間での業務分担と情報交換のあり方を整理したものである．ここで，支店の業務分担比率に注目すると，最も高い「日常的なプロモーションの提案」と，最も低い「POS分析代行など小売支援業務」との間には3倍近い開きがあり，業務内容によっては本社の担当比率が支店よりも高い営業業務も発生している．一般的に，高頻度かつ日常的な業務こそ支店の担当比率が勝るものの，儀礼上重要な期首商談，小売業との戦略的提携が期待できる売場提案（カテゴリーマネジメント），全国一律の数字が必要な価格・リベートの決定，そして開発担当者の生の声が求められる新製品の導入などでは，むしろ本社の担当比率が高まる．しかし，全国の支店が抱える重要な営業活動のすべてを本社が代替することは，機能的にもマンパワーの上でも困難が伴う．このため，地域拠点である支社がその受け皿となり，結果的に機能が縮小した支店が順次統廃合の対象とされた．例えば，ある大手日用雑貨品メーカーは，1990年には東名阪の三大都市と5つの地方中心都市（札幌，仙台，東京，名古屋，大阪，広島，高松，福岡）に支社を，これら8都市を含む47県庁所在地すべてに支店を配置していた．しかし，営業活動の大幅な集約化が進んだ2000年には，支社所在地は5都市（札幌，東京，名古屋，大阪，福岡），同じく支店は支社所在地を含む18都市まで縮小され，過半数の県庁所在地から支店が撤退した（写真5.2）．

写真5.2 福岡への支店統合が進み，空室が目立つ佐賀駅前のオフィス街（佐賀県佐賀市，2012年2月，筆者撮影）

5.2.3 情報通信技術と企業活動——効率化の追求と限界

直接効果，間接効果の別を問わず，企業活動における情報化の効果は，第一義的にはICTの導入を通じた情報処理の効率化，意思決定の精度向上，情報伝達における距離と時間の克服，あるいは対面接触の代替などを通じた事業運営の効率化にある．その一方で，ICTが対面接触を完全に代替することや物理的な配送時間を短縮することは不可能に近い．例えば，消費財メーカーによる営業活動は，重要なものほど対面接触が必要となる．ここでのICTの役割は，重要な営業活動を担う支社の意思決定を支援するため，本社・支社間の情報伝達や意思疎通を円滑化することである．また，コンビニの米飯配送でも，ICTが末端のトラック輸送を代替することはできない．この場合のICTの役割は，受注から納品までの限られた時間の中で情報処理や仕分けに要する時間を短縮し，末端の配送時間を捻出することである．

同様の限界はネットショッピングにも指摘できる．ヴァーチャル空間上の巨大商業空間として成長著しいネットショッピングも，末端の商品配送は宅配便という現実空間のネットワークに全面的に依存している．このため，事業の成長性は常に末端配送の能力が左右する．拡大を続けてきたアマゾン・ドットコムの国内事業が，末端配送システムを支える宅配便の限界によって見直しを余儀なくされたことは記憶に新しい．その意味でICTは，経済活動に含まれるすべての事業分野で等しく効率化を追求するツールではなく，その効果が最大限発揮できる事業分野や場面を戦略的に選ぶ必要があるツールと位置づけることができる．

5.3 周辺地域の活性化政策と情報通信技術

企業活動の効率化と並んで，ICTに期待がかかる経済効果は，中央と地方との間の格差是正である．周辺地域の立場からICTの経済効果を論じる研究は，インターネットが普及する以前の1980年代から欧米で蓄積されてきた．例えば，ICTの進歩が大企業を構成する各部門の立地自由度を

高め，定型的で労働集約的なオフィス業務ほど賃金水準の低い周辺地域へ拡散しやすいとする仮説が示され，現実的な選択肢としてテレワーキングやコールセンターが挙げられた（Gibbs and Tanner, 1997）．

日本でも，周辺地域へのICT基盤整備が進んだ1990年代に入ると，地域情報化が積極的に提唱され，ソフトウェア産業やコールセンターの誘致をふまえた雇用創出や地域経済の活性化施策が，とりわけ周辺地域の地方自治体で真剣に検討されるようになった．しかし，大都市圏の企業が周辺地域に事業展開を行う場合，その多くが大都市圏との賃金格差を進出の前提としており，その戦略に組み込まれることが周辺地域の経済的自立には結びつかないとする批判も高まり始めた．こうした批判をふまえ，2000年代に入ると情報化を経済の内発的発展の手段と位置づけ，ICTを特産品の販売，起業支援，そして人材育成などに利用しようとする地方自治体が増え始めた．とりわけ日本では，2011年7月の地上デジタルTV放送完全移行（地デジ化）を目指して全国的なブロードバンド網の整備を進めたため，通信回線へのアクセスをめぐる地域間格差はほぼ解消され，大都市圏と周辺地域との間にさまざまな経済交流が期待できる環境が整った．そこで本節では，ICTを地域の内発的発展と結びつけた事例に注目し，仮想商店街を活用した山村の特産品販売（和歌山県北山村），過疎地域へのICT企業のサテライトオフィス誘致（徳島県神山町），遠隔授業を通じた人材育成（佐賀県佐賀市）という3つの事例を具体的に検討したい．

5.3.1 ネット商店街を活用した山村の特産品販売

最初の事例は，紀伊半島の小さな山村が，インターネット上のヴァーチャルモール（仮想商店街）を通じて特産品の柑橘類「じゃばら」の加工品を販売する試みである．和歌山県北山村は，紀伊半島南部にある面積48.2 km^{2}の小さな山村であり，平成の大合併以降は，日本でただ一つの飛び地の村として知られる．北山村は総面積の97％が杉を主体とする山林であり，林業が衰退して以降は，わずかな農業，観光業のほか，道路工事などの公共事業などで人口を維持してきた．村の総人口は522人（2008年），高齢化率は45.8％に上り，若年層の流出と住民の高齢者に直面する典型的な過疎の村と考えることができる．

じゃばらは，北山村に古くから自生するゆずに似た高酸果実で，「邪を払う」が語源とされる（写真5.3）．北山村では，1979年にじゃばら加工品の商品化に着手し，1988年には集荷・加工施設も整備された．ネットショッピング以前の主な販路は，問屋を経由した大阪方面の小売業への出荷であったが，知名度の低さから販路が限定され，年商は毎年2000万円前後に留まっていた．こうした状況下で，インターネットに通暁した村役場の担当者が，柑橘類が持つアレルギー性鼻炎の緩和効果に着目し，「花粉症に効く」を検索キーワードに含むネット販売を提案した．その際，全国的な知名度が低い北山村が独自の販売サイトを持つよりも，膨大なアクセス数を誇る大手ネット商店街に出店する方が効果的であると考え，2001年1月，村の直営店を「楽天市場」に出店した．

北山村が楽天市場を出店先とした理由は，来街者を意味するページビューが最も多く，大きな費用対効果が期待できること，販売促進など各種コンサルティング機能の選択肢が広いことの2点に加えて，物流面での優遇措置が後押しをした（北川，2007）．楽天市場と提携する宅配便が毎日北山村まで集荷ルートを設け，輸送費も通常の3分

写真5.3 じゃばらを生産する村営栽培農場（和歌山県北山村，2009年2月，筆者撮影）

写真 5.4 山村の電子商取引事業を支える物流拠点（北山村配送センター，2009 年 2 月，筆者撮影）

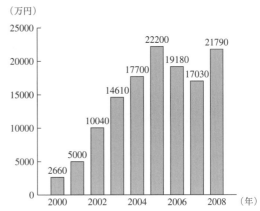

図 5.2 北山村における「じゃばら」加工品の出荷額推移（北山村資料による）

の 1 近くまで値引きされたからである（写真 5.4）．しかし 2001 年の総売上は，既存の問屋ルートを含めても約 5000 万円に過ぎず，初年度のネット商店街効果は大きいとはいえなかった．

じゃばら加工品の売上は，テレビ東京系列の「ワールド・ビジネス・サテライト」（2002 年 1 月 15 日放送）で取り上げられたことで飛躍的に拡大した．これを契機に，他のテレビ番組も相次いでじゃばら加工品を取り上げ，2002 年の売上は前年の倍近い 1 億円に到達した．しかし，マスメディアを通じたブーム化は，小規模な産地にとって歓迎すべきことだけではない．北山村の場合は，じゃばらが村内に限定された自生種であったことから，たちまち原料の欠乏に直面した．これを受けて北山村では，村営の栽培農場を拓いてじゃばらの収穫増を図り，2003 年に年商 1 億 4600 万円，そして 2005 年には 2 億円を達成した（図 5.2）．

その一方で，いくつかの課題も残された．その一つは，原料の供給量が限られるため，ブームが起きた時に生産規模の拡大を図れなかった点であり，残る一つは，ネットショッピングの成功が観光客や移住者に反映されない点である．じゃばら加工品がネット販売された後，都市部から北山村に移住した世帯は 3 世帯に過ぎない．じゃばらの生産・加工が生み出す雇用は，常勤 8 人，パートタイムを含めても最大で 30 人程度にとどまる．この雇用規模は，新たな住民を村外から迎え入れ，高齢化に歯止めをかける経済基盤を築くには小さすぎたのである（箸本，2009）．

5.3.2 山村へのサテライトオフィス誘致

続く事例は，過疎地域に ICT 企業のサテライトオフィスを誘致した徳島県神山町の試みである．神山町は，徳島県西部の標高 900～1200 m の山に囲まれた典型的な山村である．町の面積の 83％は森林であり，その多くは杉の人工林であるが，木材の価格が輸入材の影響で下落したため，先に紹介した和歌山県北山村と同様，雇用を生み出す産業としてはほとんど機能していない．町の人口は，1955 年の 2 万 197 人をピークにほぼ毎年減少し，2014 年 7 月には 6023 人にまで減少した．また 2010 年の 65 歳以上人口比率は 46％であり，急激な過疎化と高齢化に直面してきた．

神山町の転機は，地デジ化を睨んで 2004 年に徳島県が整備したブロードバンド回線である．人口が少ない神山町に整備されたブロードバンドは，地デジ化対応という所定の目的に加え，地域住民に高速なインターネット環境という副産物を提供した．このことが，神山町におけるサテライトオフィス誘致の第一歩となった．2010 年 10 月，クラウド上での名刺管理システムを運営する東京の ICT 企業サンサンが，神山町内の修復された民家に初のサテライトオフィスを設置した．神山町オフィスでのサンサンの業務内容は，主に電話を用いた企業向けの営業活動（コールセンター）であるが，ほかにも，東京で採用され，東京で働くソフトウェア開発スタッフの研修や，気分転換

写真 5.5 古民家を改築した大阪の ICT 企業によるサテライトオフィス（徳島県神山町，2014 年 7 月，筆者撮影）

を図るリゾートオフィスとしての機能も期待された．

続く 1 年間に，神山町には 3 社のサテライトオフィスが開業した．3 社目は東京のウェブデザイン会社ダンクソフトであるが，この会社は，「都市部から離れた山間部でこそ，ICT 企業が理想とする自由な発想と働き方を実現できる」という理念を掲げ，無線 LAN の電波が届く渓流の中でエンジニアが仕事をする写真をリリースした．この写真がマスメディアの注目を受けて，神山町のサテライトオフィスは全国的な知名度を得るようになり，2014 年 3 月現在で 8 社のサテライトオフィスが神山町内に新設された（写真 5.5）．それとともに，2010～2012 年の神山町への全移住者数は 37 世帯 71 名（うち子ども 17 名）にのぼり，2012 年には転入者が転出者を 12 名上回るなど，深刻な人口減少と高齢化に歯止めをかける役割も果たしている．

神山町におけるサテライトオフィス誘致の成功要因は，以下の 3 点に整理できる．第一は，初期に参入した 2 社の情報発信力の高さである．この 2 社は，ICT のベンチャー企業として知名度が高く，その動向が数多くのフォローワーを呼び込んだ．第二は，企業間の水平的なネットワークの構築である．神山町にサテライトオフィスを開設した企業の大部分は，コンピュータ上で映像や画像のデザインを行うベンチャー企業であるが，市場で直接競合する関係にはない．このため，企業間でのオープンな情報交換が可能であり，神山町の魅力を高めている．そして第三は，市場や本社のある東京・大阪との時間距離の短さである．神山町から東京まで飛行機を利用すれば約 3 時間，大阪も本四架橋を経由すれば 2 時間半の距離であり，経営者は容易に神山町と本社・取引先との間を行き来することができる．

こうした経過を経て，神山町は 2016 年に消費者庁地方移転の候補地として社会実験が行われるなど大きな注目を浴びている．その一方，東京・大阪との往復頻度の高さがもたらす負担感や，オフィスに転用可能な修復古民家の払底が直近の課題とされており，サテライトオフィス誘致事業そのものが一つの曲がり角を迎えつつある．

5.3.3 地方都市のビジネススクールによる遠隔授業の利用

最後の事例は，講師の人材確保に苦心する地方都市のビジネススクールが，地元の国立大学と大都市圏の大学との間に締結された大学間連携を利用し，オンライン上での遠隔授業を試みた事例である．鳳雛塾は，起業家支援を目的として 1999 年 10 月，佐賀県佐賀市に設立された九州初の民間ビジネススクールである．鳳雛塾の原型は，1998 年 4 月に，地元の国立大学である佐賀大学に開設された寄附講座にさかのぼる．この講座は，佐賀県知事，佐賀銀行会長らの支援の下，県内 27 社から出資を募り，技術系ベンチャー起業の促進を目的として佐賀大学理工学部に開設された．鳳雛塾は，この寄附講座を原型として，佐賀大学の学生以外にも広く門戸を開き，マネジメント現場での意思決定に重点を置いたビジネススクールを開設した（図 5.3）．設立当初は，佐賀銀行が出資するベンチャー企業という位置づけであったが，2002 年に小学生から高校生までを対象とする職業（キャリア）教育プログラムを併設し，事業規模を拡大させた．これを受けて，2005 年には NPO 法人に改組されている．

鳳雛塾による ICT の利活用は，大きく，佐賀と慶應義塾大学とを結ぶ遠隔授業の実施と，鳳雛塾と学生とを結ぶ双方向での情報交換（在宅学習システム）とに大別できる．鳳雛塾は，月 1～2

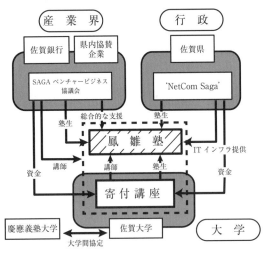

図 5.3 鳳雛塾の運営体制（鳳雛塾資料による）
行政が整備した高規格回線と，大学間連携に基づいて慶應義塾大学から提供されるコンテンツとを結びつけている．

回の開講であり，通常は塾生が大学や企業等に分散しているため，課題配布と提出，スケジュール管理などの点で，インターネットを介した在宅学習システムが不可欠とされたのである．ただし，遠隔授業および在宅学習における ICT の利活用に際して，鳳雛塾はほとんど費用負担をしていない．メインコンテンツである遠隔授業は，鳳雛塾が佐賀大学の寄附講座を母体としていたことから，慶應義塾大学と佐賀大学の大学間連携の枠組みで予算が計上され，鳳雛塾はこの取り組みの運営団体として参加する形式をとっている．また在宅学習システムも，佐賀県による予算支援を受けて県内の ICT ベンチャー企業が開発し，無償で鳳雛塾に提供された．その後の更新費用等も累計で 10 万円程度に留まっている．その結果，ICT 利用に関する鳳雛塾の費用負担は，月額 5000 円程度のサーバー代のみに抑えられている．鳳雛塾の運営予算は，各期 30 万円程度と微々たるものであるが，その教育システムの根幹を支える ICT の利活用については徹底した外部化が図られており，このことが安い受講料を実現し，受講生の獲得に結びついている．

加えて，国や県のバックアップを得たことも大きい．慶應義塾大学と佐賀大学を結ぶ遠隔授業は，国の直轄事業で整備された高規格回線（ギガビットネットワーク）を経由して伝送されている．「周辺地域の小規模な県」という佐賀県の地理的条件は，総務省が懸念する国内でのデジタルデバイド問題の想定地域と重なっていた．このため，佐賀県が主張した，ギガビットネットワークの活用に関する実証実験の場を提供するという申し出が，整備主体である総務省を動かし，国が直轄事業で整備するギガビットネットワークを勝ち得たのである．また佐賀県は，県内回線網の整備や利用状況に応じた回線容量の増大に際しても，鳳雛塾の投資負担をできる限り抑制する支援を行っている．

鳳雛塾の受講生の数は，1999 年 10 月の第 1 期から，2012 年 8 月にスタートした第 14 期までで約 350 名を数える．その約 3 分の 1（120 名弱）は学生であり，残る 3 分の 2 を，独立系ベンチャーの創業を志す人や，企業内ベンチャーの設立を目指して企業から派遣された社員が占めていた．一方，受講者のほとんどは佐賀県内の在住者であり，隣接する福岡県，熊本県，長崎県からの越境者は 10 人前後に留まっている．2012 年 4 月現在，卒業生のうち 12 名がベンチャー企業を創業したほか，社内ベンチャー設立が 5 ケース，NPO 法人設立が 3 ケース報告されるなど，地域経済の活性化に寄与している．

これらの事例の共通点として以下の 3 項目を指摘し，本節の小括に代えたい．第一は，周辺地域が，東京や大阪など大都市圏の消費者，事業者，人材（大学）を ICT で結び，周辺地域の活性化に結びつく事業を主体的に確立したことである．第二は，事業主体が民間企業であれ公的団体であれ，民間企業のマインドで事業運営を進め，厳格な損益管理を行ったことである．そして第三は，国や地方自治体は，インフラ整備を通じた事業者の投資負担軽減や信用保証など，公的機関の特性を活かした支援を行いつつも，事業経営そのものには原則として非介入の立場を貫いたことである．他方，こうした局所的な成功を地域全体の活性化にどう結びつけるかについては課題も残されている．

5.4 情報化社会の進展と地域・社会の課題

1988 年に米国で商用のインターネットサービスが開始されてから約 40 年が経過した．当時，情報化社会の未来像として語られたユビキタス化（いつどこででもコンピュータの支援が得られる）は，今日，スマートフォンに代表される携帯情報端末の高機能化で一定の到達点に達したといえる．

個人が「身にまとう」情報端末の高度化と社会的浸透は，フェイスブックや LINE に代表される SNS の市場規模を爆発的に拡大させ，これらを介した新たなネットワークの可能性と存在意義を高めた．例えば，行政情報を補完するとともに保育サービスへの本音を語り合う子育て情報サイト（久木元，2015）や，まちづくりの協力者が地域の枠を超えて集う地域づくり協議会サイト（和田，2015）の事例は，目的を共有する人々が SNS を介することで，日常的な人間関係を超えた枠組みでの情報収集や意見交換を経て協働へと発展する，草の根型のネットワーク構築にほかならない．一方，個人が携帯する情報端末の普及は，ICT が持つ利便性と危険性の問題をあらためてクローズアップする契機ともなった．例えば GPS を用いた位置情報サービスは，電子地図や店舗情報サービスと連動することで高い利便性を実現する反面，移動履歴を含むサーベイランス情報が収集され，電子的監視の手段となるとの懸念も示されている．

さて，携帯端末など新しい ICT の社会的浸透につれて，その存在を前提とする新たなサービスが官民を問わずに提供され，こうした技術の社会基盤化がいっそう進むであろうことは疑う余地がない．その一方で，こうした基盤から取り残される人や地域の問題が，新たなデジタルデバイドとして注目を集めている．もともとデジタルデバイドは，ブロードバンドの利用可能性にかかる地域間格差を説明する語であり，都市部-農村部，中央-周辺など，基盤整備の優先順位をめぐる地理的不公平の指摘に用いられてきた．しかし今日では，先進国-途上国，富裕層-貧困層など，社会経済的な格差を背景とする ICT 受容面での不公平を指摘する文脈で用いられることも増えている．都市社会学者のカステルは，インターネットの登場後間もない 1989 年に，情報化が第三次産業の高度化を推進させる基本ツールであると述べた上で，高い教育水準や収入を保証される情報専門職や管理職と，そうでない人々との間に著しい経済格差が生じることを予見し，この内容を二重都市（Dual City）という概念で説明した（Castells, 1989）．ユビキタスが示した情報化社会の明るい近未来像と同様に，二重都市もまた情報化社会の一側面を鋭くえぐる論考といえる．〔箸本健二〕

引用文献

荒井良雄（1989）：コンビニエンス・チェーンの物流システム．信州大学経済学論集，**27**：19-43.

北川卓史（2007）：ネット通販事業の特質と空間性―楽天市場出店者を例に．荒井良雄・箸本健二編，流通空間の再構築，古今書院，pp.143-158.

久木元美琴（2015）：子育て世帯の「情報戦争」とインターネット．荒井良雄・箸本健二・和田　崇編，インターネットと地域，ナカニシヤ出版，pp.136-150.

総務省（2014）：平成 26 年度版情報通信白書．
http://www.soumu.go.jp/johotsusintokei/whitepaper/ja/h26/pdf/

総務省（2015）：平成 27 年度版情報通信白書．
http://www.soumu.go.jp/johotsusintokei/whitepaper/ja/h27/pdf/

総務省（2016）：平成 28 年度版情報通信白書．
http://www.soumu.go.jp/johotsusintokei/whitepaper/ja/h28/pdf/

トフラー A.，鈴木健次ほか訳（1982）：第三の波，日本放送出版協会．〔Toffler, A. (1980): The third wave, Bantam Books.〕

箸本健二（2001）：日本の流通システムと情報化―流通空間の構造変容，古今書院．

箸本健二（2009）：インターネットを用いた山村活性化の試みとその評価―和歌山県北山村の事例．早稲田大学教育学部学術研究 地理学・歴史学・社会科学編，**58**：43-59.

ベル D.，内田忠夫訳（1975）：脱工業化社会の到来―未来予測の一つの試み（上），ダイヤモンド社．〔Bell, D. (1973): *The coming of post-industrial society : A venture in social forecasting*, Basic Books.〕

マッハルプ F.，高橋達夫・木田　宏監訳（1969）：知識産業，産業能率大学出版部．〔Machlup, F. (1962): *The production and distribution of knowledge in the United States*, Princeton University Press.〕

和田　崇（2015）：まちづくりにおけるインターネット活用．荒井良雄・箸本健二・和田　崇編，インターネットと地域，ナカニシヤ出版，pp.169-187.
Castells, M.（1989）：*The informational city：Information technology, economic restructuring and the urban-regional process*, Blackwell.
Gibbs, D. and Tanner, K.（1997）：Communication technology, local economies and regulation theory. *Tijdschrift voor Economische en Sociale Geografie*, 88（1）：29-40.

【コンビニの立地タイプ別品揃えと情報システム】

　蓄積されたデータによる将来予測の精度向上は，情報通信技術が産業に与えた大きな影響の一つである．とりわけ販売予測が困難な消費財小売業では，過去の販売実績から市場のニーズや直近の売上を予測し，これに基づく品揃えを行うことが市場の不確実性に対処する近道となった．コンビニエンスストアはそうした小売業の典型例である．
　コンビニは，平均30坪程度の狭小な店舗に最寄り品を中心とする豊富な商品群を取り揃えた小売業である．開発当初の1970年代こそ，コンビニの商圏は半径500ｍ程度を想定していたものの，その後の出店ラッシュを受けて大都市ほど過密出店状態に陥り，多くの店舗が収益率の低下に直面している．コンビニは，商品あたりの店頭在庫が少なく，必然的に品揃えを多頻度少量配送に依存せざるをえない．このためコンビニ各社は，親会社のスーパーマーケットに先駆けてPOS管理を導入し，商品の改廃や発注管理の効率化を図ってきた．このデータを，今日では販売予測にも応用し，店舗立地の地理的特性に応じた品揃えの実現を図っている．
　図5.4は，首都圏に立地する5チェーン287店舗のコンビニの販売データを用いて，これらを7つの店舗類型に分類した結果を示している（箸本・駒木，2009）．紙数の関係で分析の詳細は捨象するが，287店舗のコンビニは，①駅前商店街など競合店が多い繁華街に分布しやすい「高競合型」（cl1），②住宅地に多く分布し，家庭内因子が強い「住宅地型」（cl2），③都心のオフィス街を中心に分布し，外出先因子が強い「都心型」（cl3），④国道16号線外延部に多い「郊外中心型」（cl4），⑤国道16号線外延部の住宅

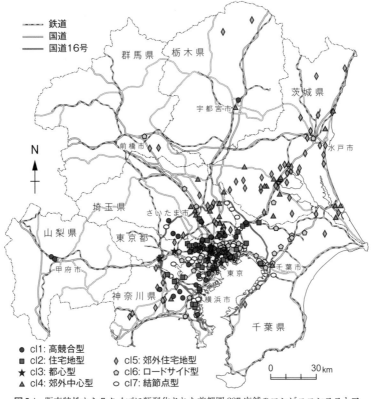

図5.4　販売特性から7タイプに類型化された首都圏287店舗のコンビニエンスストア
（箸本・駒木（2009）をもとに筆者改変）

地周辺に多い「郊外住宅地型」（cl5），⑥郊外の幹線道路沿いに多い「ロードサイド型」（cl6），⑦駅や大学周辺などに立地し，通勤・通学客の需要と周辺住民の需要が半ばする「結節点型」（cl7）という7類型に分類できる．

　図が示す通り，この7つの類型は，東京都心を中心としてほぼ同心円状の分布を示し，かつローカルな地域差を反映した類型の分化を見せている．7類型の中で最も都心に集中するのは「都心型」であり，その大部分が東京23区内の業務地区に立地している．「高競合型」と「結節点型」は，「都心型」よりも外側に分布する傾向が強く，その多くは鉄道駅や大学・高校周辺に立地している．「住宅地型」と「ロードサイド型」は，国道16号線の内側でも，より外延部に多い店舗類型である．郊外住宅地に近い前者は，ウチ消費が強く，後者は車の運転者に購入されやすいカテゴリーが強い．残る「郊外中心型」と「郊外住宅地型」は，国道16号線より外側に多い．これらの類型は，人口密度が低く，ロードサイド業態が発達する立地環境を反映して，販売金額は国道16号線内側の店舗よりも総じて低い．

　この分析結果は，あくまでも研究を目的とした試行であるが，自社のPOSデータベースを持つコンビニ各社は，同様の分析を曜日別・時間帯別で繰り返し，狭い売場を最も効率的に利用するための品揃えを日々更新している．その予測精度が，厳しいチェーン間競争に直面する都市部のコンビニの生き残りに直結するからである．こうした点から，コンビニは情報武装型産業の代表例といえるであろう．

引 用 文 献

箸本健二・駒木伸比古（2009）：コンビニエンスストアの店舗類型とその平日・週末間での差異―首都圏287店舗のPOSデータ分析を通じて．都市地理学，4：1-19．

6

越境する資本と企業

現代のグローバリゼーションは，経済のグローバル化の議論なしには理解できない．本章では，まず，現代的グローバル化が従来のグローバル化とどう違い，またそれがどのようにもたらされたかを理解したい．その上で，現代的グローバル化の重要な原動力である多国籍企業の成立の歴史とその展開の論理を学ぶ．そして，現代的グローバル化が地域の経済発展，人々の生活や企業活動に与える正負の影響へと考察を拡げよう．

6.1 グローバル化時代の到来

6.1.1 グローバル化までの道筋

世界が最初にグローバル化を経験したのは，16世紀に始まるヨーロッパ世界の拡張を通じてである．中世のヨーロッパ農村の封建制の揺らぎから，都市経済が興るとともに都市間交易が活発化し，やがて有力商人と王権が結びついて重商主義の時代がもたらされた．こうした中から，ヨーロッパを中核として，その資本蓄積を可能とするべく商品経済の空間的拡大が推進され，中核・半周辺・周辺の3層からなる世界経済を作ってきた．世界経済の外延部だった，ある地域が周辺部に組み込まれると，その地域の生産は資本主義的世界経済の商品連鎖に統合される．そして，中核諸国での賃労働者と自作農，半周辺における分益小作制，周辺における非自由労働ないし奴隷制に基づく労働によって国際分業が形づくられ，不平等交換を伴ったグローバルな商品連鎖が世界規模の階層分化を再生産してきた．ウォーラーステインが提唱したこうした考え方は，近代世界システム論として知られている．

ヨーロッパを中核とする世界経済は，産業革命後，イギリスがヘゲモニーを握り，重商主義の時代の保護貿易策から転換して，19世紀半ばから積極的な自由貿易策を打ち出すと，周辺地域をいっそう強固にそのシステムに包摂していった．プランテーションなどの形で周辺地域において産出された一次産品は中核地域にもたらされ，中核地域で製造された工業製品は半周辺地域や周辺地域へと供給された．

19世紀半ばからの自由貿易策の展開は，経済学者のリカードの影響によるところが大きい．穀物価格がある水準に維持されるまで穀物輸入を禁止した穀物法に対してリカードは異を唱え，穀物価格の高さが生活費の上昇を招いて賃金水準の高騰をもたらすともに，劣等地まで耕作されることで地代の上昇も招くため，保護貿易策がイギリス経済の発展につながらないことを指摘した．保護貿易を悪とみなし自由貿易を推し進めようという考え方は，その後も，先進諸国に受け継がれた．1944年にはブレトンウッズ協定が連合国通貨金融会議で結ばれ，自由貿易による世界経済の安定を目指すために，米ドルを基軸通貨とする固定為替相場制がもたらされた．ついで，1947年には自由貿易の促進を目的に「関税および貿易に関する一般協定（GATT）」が署名され，同名の国際組織が発足した．GATT署名国数は当初の19か国から，1994年までに128か国となった．その間，8回の多角的貿易交渉が重ねられ，関税引き下げが順次進められた．

6.1.2 現代的グローバル化とは何か

グローバル化とは，一般に，ヒト，モノ，カネの国境を越えた流動の活発化と考えられている．ここでのヒトの流動とは労働力流動であるが，国境を越えた出稼ぎは19世紀の産業化の時代からすでにあった．また，モノの流動も然りであり，国境を越えた貿易は大航海時代から成立していた．モノが貿易という形で国境を越えれば，当然，その反対方向にカネが流動する．こうした点から

54　　6. 越境する資本と企業

考えれば，グローバル化というのはまったく目新しい現象ではないのである．

それでは，なぜ，あえて1990年頃から後の時代がグローバル化の時代といわれるようになったのか．この時代を特徴づけるカネの流動というのは，資金の流動，すなわち国境を越えた直接投資，間接投資の活発化である．また，モノの流動という意味では，最終製品の貿易ではなく，中間財（部品や半製品）の輸出入の活発化に特徴がある．伝統的な国際分業が工業製品の最終財および一次産品の輸出入が特徴づけていたものであったとすれば，新国際分業（new international division of labour；NIDL）は国境を越えた工程間連鎖がその中心的な特徴である．また，ヒトの流動という点では，多国籍企業の台頭に随伴する管理者層や技術者層の流動によって特徴づけられる．

上記のような現代的グローバル化は，直接的には，各国の対内・対外投資に関わる規制緩和，2国間ないし複数国間の経済協定の進捗，情報通信技術（ICT）の台頭などに支えられたのであるが，次のような歴史的道筋の中で進行してきた．

第一には，1970年代の初めにブレトンウッズ体制が終焉を迎え，固定為替相場制から変動為替相場制への移行がもたらされたことが指摘されなければならない．このことは，本国での製造品の対外輸出が自通貨高になった時に不利となるという為替変動リスクをもたらすことになった．実際，日本円のように実力以上に低い水準に据え置かれていた通貨の国では，順次自通貨高に直面することになった．こうしたリスクは，相手国にて現地生産を行う遠因になった．

第二には，オイルショックなどを契機とする1970年代のアメリカ合衆国経済の減速であり，同国ではフォーディズムの大量生産大量消費体制が限界に近づいた．労働運動の高まりも相まって，生産効率の維持が困難になり，一つには生産規模を維持・拡大するために対外市場がいっそう重要となり，もう一つには生産コスト切り下げのために賃金水準の低い低開発国への生産移管の必要性が生じてきた．後者のような低開発国への生産移管としては，アメリカ合衆国が直接投資の送り出し国として先行し，メキシコのマキラドーラゾーン（保税加工区，1965年から制度化）などへの生産移管が早い時期から進行した．

第三には，低開発国ないし中進国における輸出振興策があげられる．メキシコのほか，韓国，台湾，シンガポールなどでは1960年後半に，それまでの輸入代替工業化政策から輸出指向工業化政策へと舵をきった．その後，1980年代末期以降，東南アジア諸国が本格的な輸出指向工業化策を打ち出す．多くの国が対内直接投資の制約を緩和し，外資導入輸出工業化を目指した．こうした輸出振興策によって，日本や韓国，台湾の企業も東南アジアへの積極的投資を行うようになった．

第四には，社会主義国での市場経済の導入である．中国では，1978年に鄧小平が改革開放政策を打ち出し，経済特区（1980年指定）の建設に着手した．続いて，沿海港湾都市における経済技術開発区（1984年指定）の建設，また，長江デルタ，珠江デルタ（写真6.1）などの経済開放区の指定（1985〜1988年）と推移した．その後，鄧小平は1992年に社会主義市場経済への方向性を明言することになる．一方，東欧では1989年から東欧革命が進行し，社会主義体制が相次いで崩壊した．旧ソビエト連邦も1990年のリトアニアの独立宣言を機に体制が揺らぎ始め，翌91年のソ連崩壊に至った．

第五には，貿易圏（trade bloc）ないし地域経済ブロックと総称されるものの形成が進行した点である．欧州石炭鉄鋼共同体（ECSC）を母体に

写真6.1 珠江デルタにおける電子機器工場（広東省東莞市，2000年8月，筆者撮影）

表6.1 世界の主要な地域経済ブロック（2015年）

名称	種別	発足年	加盟国数	人口（千人）
AFTA（ASEAN自由貿易地域）	自由貿易地域	1992	10	632,305
ANCOM（アンデス共同市場）	関税同盟	1969	4	106,474
CARICOM（カリブ共同体）	共同市場	1973	15	17,833
EFTA（ヨーロッパ自由貿易連合）	自由貿易地域	1960	4	13,877
EU（欧州連合）	経済統合	1992	28	505,150
MERCOSUR（南米南部共同市場）	共同市場	1991	4	261,335
NAFTA（北米自由貿易協定）	自由貿易地域	1994	3	484,731

人口はUN（国際連合）のWorld Population Prospects：The 2015 Revisionによる.

1957年に設立された欧州経済共同体（EEC）は，欧州連合条約（マーストリヒト条約）の発効（1993年）によって，欧州連合（EU）の一つの柱に組み込まれた．EU発足前から共通農業政策の実施など，先進的な関税同盟の形態をとっていたが，EUへの移行後は，旧社会主義諸国を組み入れ，28か国からなる巨大貿易圏に成長したこと，また，うち19か国（2017年5月現在）が共通通貨ユーロを導入しているという点から考えても明らかな進化があった．

マーストリヒト条約が交わされたのと同じ1992年には，北米自由貿易協定（NAFTA）が署名され，またASEAN自由貿易地域（AFTA）もまたその実現が方向づけられた．EU域内が人口5億人であるのに対し，NAFTAが4億8000万，AFTAが6億3000万（2015年）である（表6.1）．こうした地域経済ブロックの形成は，域内における貿易障壁の削減により通商の活性化と，域内分業に基づく生産性の向上が期待されるものである．反面，域外の諸国に対しては相対的に高い貿易障壁が築かれるのであり，「ブロック化」は，厳密にいえば「グローバル化」とは異質なものである．しかし，人口4億〜6億人という巨大な統一市場の形成は，域外からそれぞれの域内への対内投資を呼び起こす大きな原因となった．

第六に，現代的グローバル化は各国における新自由主義的な政治経済運営の浸透に随伴してきたことが挙げられなければならない．新自由主義とは，「強力な私的所有権，自由市場，自由貿易を特徴とする制度的枠組みの範囲内で個々人の企業活動の自由とその能力とが無制約に発揮されることによって人類の富と福利が最も増大する，と主張する政治経済的実践の理論」である（ハーヴェイ，2007）．新自由主義の論客としては，古くは1962年に『資本主義と自由』（邦訳2008年）を著したミルトン・フリードマンが知られ，彼の弟子たちがその考え方を広めた．新自由主義の理論は1970年代半ば以降，南米のチリの経済政策に実際に適用され，そこでの「実験」を経て，1980年代のアメリカ合衆国のレーガン政権下，イギリスのサッチャー政権下の経済運営に導入された．日本では，1982年に誕生した中曽根内閣による国鉄，電電公社，専売公社の民営化を端緒とするものと捉えられ，また1986年の前川レポートは，市場開放や金融自由化を方向づけたが，より本格的に新自由主義的な制度改革が講じられるのは，1990年代半ばの橋本内閣，小泉内閣以降である．

6.2 多国籍企業と対外直接投資

6.2.1 多国籍企業の歴史

多国籍企業の起源は，17世紀初頭に発足した各東インド会社である．アムステルダムを本拠とするオランダ東インド会社に関していえば，バタヴィア（現ジャカルタ）を最大の拠点に，マラバール海岸から長崎に至るまで多数の商館を持った．発足の当初は，アジアで産出される香辛料を本国に輸入することが目的であったが，次第にアジアの相互間貿易から利益を得るようになり，インドの綿織物，ジャワの砂糖，日本の金や銅などをそれぞれアジアの別の国に流通させる役割を担うようになった（島田，2008）．

1858年におけるイギリス東インド会社の解散とともに特許会社という形態での貿易会社は姿を消す．19世紀半ばのイギリスでは，自由貿易帝国

主義が台頭し，積極的な自由貿易策が打ち出される．それによって，多くの新興の貿易商人が海外進出するようになる．その一つに，サミュエル商会があった．ロンドンの小さな古美術商であったサミュエル商会は，自由貿易策にのって事業を拡大し，東南アジア産の米やタピオカ，北米の小麦粉や貝殻装飾品を輸入品として扱う一方，英国工業製品の輸出を手がけるようになった．もっとも，貿易商社として展開した当初は多国籍化によって事業を内部化していたわけではなく，ロンドンに集まる世界各地の商社の駐在員を通じて対外貿易を実現していた．やがて，サミュエル商会は1876年に日本支店を開設し，日本市場へ機械，織物類，砂糖，鉄，石油等を供給し，日本からは，茶，生糸，米，羽二重などを調達した（山内，2007）．そして1890年代に，サミュエルは石油事業に乗り出し，ボルネオ島での石油採掘事業を開始し，東アジアへの供給を実現した．1907年，サミュエル商会の石油事業が，スマトラ原油に立脚したロイヤル・ダッチと合併して，国際石油資本の一つ，ロイヤル・ダッチ・シェルが誕生した．

近代の製造業における多国籍化の嚆矢_{こうし}として知られるのは，アメリカ合衆国のコルト・パテント銃器製作所とシンガー社で，両者とも19世紀の半ばにイギリスでの現地生産を開始した．両社の製品とも，互換性部品を用いて製品規格の標準化・平準化を追求したアメリカンシステムを象徴する製品であり，このような製品分野で，いち早く対外直接投資が生じたのは興味深い．アメリカンシステムを基礎に流れ作業方式を導入したフォード・モーター社は，1911年にマンチェスターに組立工場を設置して以降，1926年までに世界の18か国に現地組立工場を進出させた．同社はブラジル・パラ州にも進出し，パラゴムノキのプランテーションを築いた．

欧州の製造業の事例として，石鹸会社リーバ・ブラザーズ社の多国籍展開が知られる．同社は，1880年代にリバプール郊外に工住都市「ポートサンライト」を建設し，その後，オランダ，ベルギーといった欧州諸国，また，カナダ，オーストラリアなどのイギリス連邦に販売代理店を設立し

た．1890年代後半以降には，各国で現地生産を開始し，日本にも進出するが，日本進出の背景には，植物性油脂の代替品としての魚油の確保というねらいもあった（山内，2007）．同社はその後，オランダの油脂製品製造業マーガリン・ユニー社と合併して，ユニリーバ社を名乗る複合国籍企業となった．同じく油脂を原料にしながらも違う製品分野を手がける両社の合併は，製品流通上のメリットに加えて，原料調達上のメリットもあった．実際，ソロモン諸島にヤシのプランテーションを有したリーバ社に対してマーガリン・ユニー社はドイツ領アフリカにヤシのプランテーションを有しており，両社の合併は原料の安定調達に寄与するものであった．

6.2.2 多国籍企業はなぜ生じるのか

上のように多国籍企業の歴史の一端を覗き込むことによって明らかになる，多国籍企業の役割の第一は，自国なり第三国なりで販売する商品の調達である．相手国で仕入れた商品を自国ないし他国に販売することで利益が期待できる．第二は，相手国で買い付けるところから一歩進んで，相手国での「開発」である．石油にせよ天然ガスにせよ，自ら（もしくは自らの監督の下で）採掘・栽培する（させる）ことで利益が期待できる場合である．第三は，自国の商品の相手国での販売である．市場を広げて販売量を増やせば利益が増大するという以上に，規模の経済によって生産性・利益率の上昇に結びついてくる．第四は，相手国での販売から一歩進んで，相手国における製造と販売である．自国で製造したものを相手国に輸出するという形態では，輸送費上の負担に加えて，高関税率が付加される場合がある．相手国に生産設備を置くことによって，こうした追加コストを克服することが期待できる．

しかし，上記の4つの役割に共通して問題となってくることは，「内部化の程度」「垂直的統合の程度」，すなわち，どの程度までを自社で行うのか，もしくは，どの程度までを自社のコントロールの下で行うのかということである．例えば，相手国から商品を仕入れたり，相手国に商品を販売したりというような貿易商であれば，初期

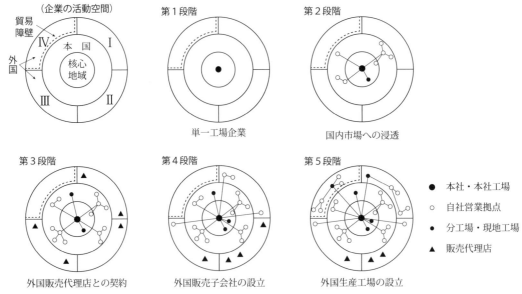

図6.1　ホーカンソンによる多国籍製造業の発展モデル（Håkanson（1979）による）

のサミュエル商会のように，自ら相手国に乗り出さなくとも，相手国の貿易商との間で取引をすれば事が足りる場合もある．あるいは相手国で採掘・栽培された一次産品を調達する場合にも，自ら鉱山や農園を保有しなくとも，市場における取引で調達すればよいという考え方も可能である．また，製造業でいえば，相手国に自ら直接投資して工場を設立しなくとも，現地企業にライセンス等を供与して供給させるという選択肢もありうるのである．実は，こうしたことは多国籍企業研究の最大の関心事であった．

こうした点に対する答えの一つは取引費用の存在に求められる．取引費用とは，取引相手を探し出す費用（探索費用），取引相手とさまざまな擦り合わせを行うための費用（調整費用）など，経済的取引に生じる諸々の費用である．いうまでもなく，国境をまたいだ取引では取引費用が大きくのしかかってくる．だとすれば，自社の現地事務所や支店を設けて現地企業と取引することで，その負担は緩和されよう．しかし，現地に支店を設置したとしても，今度は，支店と他の現地企業との間にも必然的に取引費用が生じてくる．この場合，買い付けや生産・加工を現地企業に委ねるのではなく，そうした業務までを内部化してしまうことで，取引費用を回避できるのである．

6.2.3　製造業の対外直接投資の枠組み

以下，製造業の直接投資に限定して，企業の多国籍展開のモデルをみていきたい．配当収入やキャピタルゲインなどを狙った間接投資に対して，直接投資は海外での経営に直接関与する形での投資である．製造業直接投資といった場合には，他国への工場進出と考えてよい．

a. 水平型の対外直接投資

水平型の対外直接投資，すなわち，現地市場で販売するための製品を現地で製造するタイプの直接投資の説明枠組みとしてホーカンソン（Håkanson, 1979）のモデルをみよう．図6.1上の空間は，「本国」とそれを取り囲む4つの他国よりなっており，「本国」は核心地域と周辺地域よりなっている．また，4つの他国のうち，第IV国は貿易障壁に阻まれている．こうした活動空間上で，ある製造企業が大都市に芽生え（第1段階），その郊外に分工場を配置しつつ国内に販売網を構築していく（第2段階）．国内市場に製品が浸透し成熟してくると，海外輸出が指向されるが，自社独自の流通網を築くのにはリスクを伴うため，まずは海外企業と代理店契約を結ぶことで海外輸出を実現する．この頃には，国内周辺地域にも工場を展開させている（第3段階）．輸出が軌道にのると，自社の子会社を外国に進出させ自社販売網を整え

（第4段階），やがて，現地生産を開始する（第5段階）．輸出障壁の高い第Ⅳ国に対しては，現地生産を通じて初めて供給が可能になる．

ホーカンソンの「紙芝居」的なモデルは，日本の製造業の多国籍化を回顧して説明する際にも有用である．とはいえ，すべての業種，すべての企業にわたって，こうしたプロセスで多国籍化するとは限らない．また，そもそも海外市場に進出したところで自国と同じように市場に浸透できるとは限らないし，自社ブランド品を対外的に供給するにしても，自社製造品であるべき必然性もない．このような点に着眼して，対外直接投資が生じる条件を説明したのが，次にみるダニングの枠組みである．

ダニング（Dunning, 1979）は，所有（ownership），立地（location），内部化（internalization）の3つの優位性が確保できるとき対外直接投資が生じると説明し，その3つの頭文字をとってOLIアプローチと呼んだ．まず第一に，相手国市場に参入する以上，現地市場での勝算がなければ多大なリスクを冒すことはありえない．そのためには，自社が現地市場で相手国企業や他国企業に対して優位に立ちうる何らかの特徴（品質，価格，デザイン等）を保有していなければならない．これが所有優位性である．第二に，立地優位性とは，相手国での要素投入，すなわち，相手国での原材料，労働力，先行した設備投資などが活用されることによる優位性である．相手国政府の立地上の優遇措置などもこれにあたる．第三に，何らかの優位性を持つ製品の製造や販売を他社に委ねるのではなく，自社内で行う，すなわち内部化した方が優位と判断される場合にはじめて直接投資が生じることになる．

b. 垂直型の対外直接投資

製造業の対外直接投資は必ずしも相手国市場への参入を求めたものばかりではない．自国内に供給する製品や全世界に供給する製品を製造する工場を相手国に設置する場合もある．この場合には，賃金水準などの生産費の格差が主因となった垂直型の対外直接投資ということができ，通常は相対的に先進工業国から後発工業国への投資である．

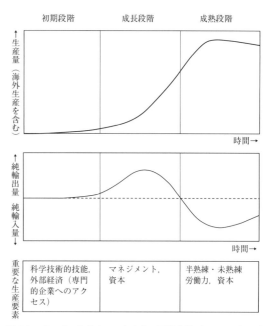

図 6.2 プロダクトサイクルと生産の国外移管（Dicken (2011) などによる）

垂直型の直接投資を説明する枠組みとして，R.ヴァーノンに由来するプロダクトサイクル論が知られる．プロダクトサイクルとは，製品の「一生」であるが，ある製品は，市場に出現した初期段階から，成長段階，成熟段階を経て，衰退段階へと至る．初期段階では，製品に改良の余地があるため開発技術者や技能者，関連産業の存在など，集積の外部経済が重要となる．開発と製造に関わる主体間で頻繁な擦り合わせが必要なため，相互に近接して位置する必要がある．製品の大量生産が進み，成長・成熟段階に達すると，製造技術が標準化して，技術者や技能者への依存性が薄れ，頻繁な擦り合わせの必要性も低下する．そうすると，当該製品の製造は集積の外部経済が得られる場所を離れて，相対的に賃金水準の低い地域へと分散する．ヴァーノンは，技術の標準化という技術変化が立地に与える影響を論じるとともに，国際貿易の観点からすると，ある国でのある製品の輸出入をみると，当初は同国からの輸出がなされていたものが，製品の成熟につれて，輸入に置き換わっていくということを述べている（図6.2）．

6.2.4 多国籍企業の現地化

　企業の多国籍展開は，グローバリゼーションの象徴的事象であり，製造技術や製品，取引や雇用のあり方の「世界標準」を作り上げていく過程にみえる．それはある程度までは間違いないのであるが，企業の本国での流儀を強引に押し付けて相手国で事業活動を行えば，現地市場で受け入れられないばかりか，取引や雇用の場面でも思わぬ摩擦が生じかねない．それを克服するためには，以下に述べるような点で，現地化を図っていなかければならない．

　まずは，製品仕様の現地化である．例えば，本国と同様の高機能・多機能製品を低開発の現地市場に供給したとしても，購買できる，あるいは関心を示す消費者は一握りの層であるかもしれない．消費者のニーズを汲み取って，製品を市場に送り出すためには，製品開発の現地化も必要である．さらには，部品を本国から輸入していては製品価格を引き下げられないため，部品調達の現地化がある程度まで必要であろう．現地企業と取引するためには商慣行の現地化が必要だろうし，現地市場にスムースに製品を普及させるためにはマーケティングの現地化が必要だろう．そして，これらを徹底するためには，管理者層を含む人材の現地化，人的資源管理の現地化が必要である．

　しかし，あらゆる面で現地化を進めていけば，いくつかの矛盾が生じてくる．本国からの駐在員なしで人材を現地化してしまえば，本国との意思疎通が困難となり，取引費用が増大していくであろう．また，すべての部品を現地調達するようになれば規模の経済が働かなくなり，製品費用は増大するであろう．さらには，すべての面で現地化してしまえば，そもそも当該企業の所有優位性は働かなくなるだろうし，当該事業を内部化している意味さえ失われかねない．

　したがって，多国籍製造業はグローバル化と現地化の「綱引き」の中で，たえず繊細な経営判断を強いられているのであり，こうした力関係の中で，新しい国際分業と，その下で非常に複雑なグローバルな供給連鎖が構築され，生産体制のグローバルな最適化が求められてきた．

6.3　グローバルな生産体制と商品連鎖，価値連鎖

6.3.1　グローバル価値連鎖論の登場

　多国籍製造業の展開が後押しして，今日の地球上では非常に複雑な生産の連鎖が生じてきた．ある工業製品の素材を製造する川上側（投入側）から，最終製品を製造する川下側（産出側），さらには消費者まで多段階にわたる連鎖が生じている．このような連鎖は，1つの国の中で相対的に完結する場合が多かったが，今日では多くの国にまたがって展開している．このような連鎖を，マネジメント用語としてはグローバル・サプライチェーン（供給連鎖），社会経済学用語としてはグローバル商品連鎖（GCC）ないしグローバル価値連鎖（GVC）などと表現する．

　こうした用語が使われ始めるのは1980年代からであり，企業の生産・在庫・物流管理をトータルに設計する概念としてサプライチェーン・マネジメントの語が登場した．一方で，経営学者ポーターは『競争優位の戦略』（1985）において，企業の事業活動を諸段階に区分し，どの段階で付加価値が生じているかを分析するための概念としてバリューチェーンの語を用いた．これらの概念は調達・物流の段階を除けば必ずしも空間的なものではなかったが，近代世界システム論の系譜の上に展開されたグローバル商品連鎖論は，企業のグローバル調達等を媒介としたグローバル規模での地域間関係の解明に重きを置いたものであった．このアプローチには後にグローバル価値連鎖の名称が用いられるようになったが，以下では両者をまとめてGCC/GVCと表現する．

　GCC/GVCは4つの側面を有しているとされる．その一つは投入・産出構造で，それは一次生産者から消費者までをつなぐ連鎖そのものである．第二は連鎖の空間的投影としての地理的分布であり，それは経済環境の変化や主導的企業の戦略変化によってたえず様相を変えていくものである．第三はガバナンス構造であり，これは連鎖上にある他企業に対して主導的企業が及ぼす影響の仕方を示している．第四は制度的フレームワーク

であるが，これはガバナンス構造に影響を与える外的な環境である．

GCC/GVC の何よりの特徴は，多国籍企業論や新国際分業論が企業内部の国境を越えた相互関係に着目するのに対し，国際間での企業間ネットワークに着目している点である．また，連鎖上にある主導的企業が有するガバナンス構造が，制度的フレームワークと相まって，サプライヤー企業の地理的分布のみならず，その企業やそれが位置する地域経済の発展の見通しに大きな影響力を持っていると捉えることも重要な特徴である．

6.3.2 生産者牽引型の連鎖と買い手牽引型の連鎖

ジェレフィ（Gereffi, 1994）らによれば，GCC/GVC はまずは，生産者牽引型の連鎖と買い手牽引型の連鎖とに大別できる（表 6.2）．前者は，自動車製造業に代表されるように最終製品を製造する企業が，企画開発力からマーケティング力に至るまで圧倒的な力を有し，サプライヤー群に対し

ても強い統率力を発揮している場合である．後者の形態の連鎖は，アパレル産業などに典型的に認められ，連鎖を主導するのが製造業ではなく，百貨店や輸入問屋，ブランド企業など，販売者であると同時に「買い手」である場合である．

生産者牽引型連鎖の場合には，設備投資規模が大きい上，特化した技術的ノウハウが必要になり，参入障壁が高い．国外での部品調達もローカル企業というよりは自社の系列企業である場合が多い．サプライヤーの地理的分布としては，グローバルにあまねく分布するというよりは，自動車の最終組立工場が進出しているような半周辺的諸国に限られる．他方で，買い手牽引型の場合には成熟技術に依存しており，設備投資規模も大きくなく，参入障壁は低い．そのため，買い手からすれば，国外の農村地域における企業家を含め必要に応じたアウトソーシングが可能である．そのため，アパレル製品などの日用消費財産業などで広範な発展途上国への浸透がみられる．

買い手牽引型の連鎖の一事例として，アメリカ合衆国のオレゴン州に本社を置くナイキ社の事例をみよう．ナイキ社は，日本のオニックスタイガー（現アシックス）製品の輸入販売業として1960 年代に始まるが，1970 年代からは日本のメーカーへ生産委託によって自社ブランド品の開発・販売を開始した．こうした履歴からわかるように同社は，製品デザインこそ自社で行うものの，自社工場を有しているわけではなく，生産はアウトソーシングによって行われている．ナイキ製品の

表6.2　グローバル商品連鎖の 2 類型

	生産者牽引型	買い手牽引型
技術的特徴	参入障壁高い 設備投資額大きい 先進的製造技術	参入障壁低い 設備投資額小さい 成熟技術
ガバナンス構造	主導的製造業者が大きな制御力	小売業や流通業に製造業者が従属
典型業種	自動車産業，先端的電子機器産業	アパレル産業，玩具産業，製靴産業，農産加工業

Gereffi（1994）ほかによる．

表6.3　ナイキ社の調達先企業の地域別・品目別構成（2017 年 2 月）

	事業所数				従業者数				ラインワーカー率（%）
	シューズ	アパレル	用具用品	計	シューズ	アパレル	用具用品	計	
東アジア*	13	10	17	40	6,722	1,188	1,062	8,972	43.4
中国	34	68	49	151	107,254	57,042	26,384	190,680	84.1
東南アジア	44	124	15	183	437,511	202,445	20,402	660,358	84.9
南アジア	6	32	6	44	24,452	52,145	12,462	89,059	75.3
北米	1	49	9	59	14	5,303	1,493	6,810	76.9
中南米	27	56	3	86	19,024	47,675	149	66,848	80.8
欧州	5	32	4	41	2,637	4,339	1,046	8,022	71.3
その他	0	14	2	16	0	10,086	811	10,897	72.1
合計	130	385	105	620	597,614	380,223	63,809	1,041,646	83.0

http://manufacturingmap.nikeinc.com/ より筆者集計．
* 「東アジア」は日本および韓国，台湾．

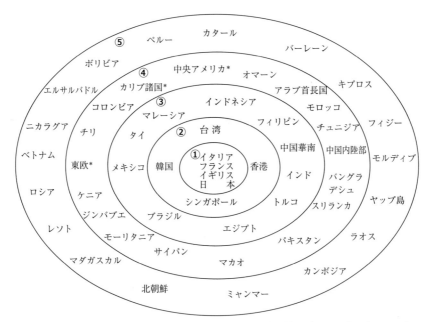

図 6.3 アメリカ合衆国のアパレル企業のグローバル調達の空間構造（Gereffi (1994) による）
「中央アメリカ」はガテマラ，ホンジュラス，コスタリカ，「カリブ諸国」はドミニカ共和国，ジャマイカ，ハイチ，「東欧」はポーランド，ハンガリー，チェコ，スロバキア，ブルガリアからなる．

表 6.4 アメリカ合衆国のアパレル関連企業の主要調達先

小売業の類型	代表的企業・ブランド	主要な調達地域*	特　徴
ファッション志向企業	Donna Karan, Polo, Ralph Lauren, Hugo Boss, Gucci	①，②	高価なデザイナーズ製品，高度な技能の必要，小ロット
百貨店，専門店，ブランド品企業	Bloomingdales, Saks Fifth Avenue, Macy's, Neiman Marcus, The Gap, The Limited, Calvin Klein	②～④	さまざまなブランドの下での高品質品
大量流通企業	Sears, Montgomery Ward, J. C. Penny	②～④	良質，中級品，大量販売
ディスカウント・ストアチェーン	Wal-Mart, Target, Kmart	③～⑤	低価格，ストアブランド品，巨大規模
小規模輸入業者	―	④，⑤	新たな供給源探索のための試験的購買

Gereffi (1994) による．
＊「主要な調達地域」は図 6.3 に対応．

生産者は，42 か国，620 工場を数え，そこで働く従業者は 104 万人に及ぶ．その分布を見るとアパレル品よりもシューズの方が生産地域は限定される．これは，必要技能や設備条件の違いからアパレル品よりもシューズの方が参入しにくい製品だということがその理由と考えられる（表 6.3）．

もう一つの事例として，図 6.3 および表 6.4 は，アメリカ合衆国市場で販売されているアパレル製品の調達地域を示したものである（ただし，1990 年代前半の状況を示している）．本図によると，ファッション志向のブランドや，ブルーミングデールズ，サックスフィフスアベニュー等の百貨店は，イタリア，フランス，イギリス，日本といった中心諸国（①）や，アジア NIEs（②）へと生産委託を行っている．一方で，ウォルマートや K マートなどのディスカウント・スーパーは，インドシナ諸国や南米への生産委託が特徴的である．このように製品の「グレード」と生産国がどこで

表 6.5 価値連鎖アプローチにおけるサプライヤーのアップグレードの類型

類型	特徴	説明
① 生産・流通過程	生産システム再編や優れた技術の導入による投入／産出の効率化	企業内部で行われる業務の効率化. 例えば, 在庫回転率や歩留まり率の向上, 多頻度・小ロット・定時配送の実現.
② 製品	付加価値の高い洗練された製品への移行	ライバル企業よりも早い新製品導入や既存製品の改良. 新製品の開発プロセスの変更も含む.
③ 機能	新たな機能の獲得, もしくは既存の機能を放棄	企業内部の業務構成を変更した付加価値増大. ロジスティック, 品質管理業務の外注, 製造から設計への中心的業務の移行.
④ 分野	既存の価値連鎖で獲得した能力に基づいた新分野（新たな連鎖）への進出	新たな価値連鎖への移行. 例えば, 台湾企業によるトランジスタラジオから, 計算機, テレビ, モニター, ラップトップ, 携帯電話への製品の変更.

鍬塚（2010）による.

あるかということに関係性を見出すことができるが, こうした関係性は一つには生産国の技能水準に帰せられ, もう一つには製品のバリエーションへの対応力にも帰せられる. 少品種大量生産品であれば製品仕様の頻繁な変化はないが, 高級品は通常は多品種少量品であるため, 買い手側との間で製品仕様に関して頻繁かつ適切な受け渡しがなされる必要がある.

6.3.3 途上国企業の「アップグレード」

ジェレフィらの GCC/GVC 論が示唆する重要な論点は, 途上国企業ないし途上国経済が「アップグレード」される見通しである. 生産者牽引型の連鎖にせよ買い手牽引型の連鎖にせよ, グローバルな連鎖が構築される中で, 発展途上国には貴重な就業機会がもたらされ, そうした国の中には, そこに住む人々の所得の向上を通じて新たな市場が成長し, その成長がさらなる資本を誘引したという例も少なくない. しかし, 別の可能性としては, 労働力をきわめて低い賃金水準で供給することに甘んじ, 成長の軌道に乗ることが困難という場合もある. 経済が成長の軌道に乗るためには, グローバル連鎖に組み込まれた地元企業が, 継続的に受注を確保しつつ付加価値を上昇させていく必要がある. ハンフリーら (Humphrey and Schmitz, 2002) は, サプライヤーのアップグレードを4つに分けて論じている（表6.5）.

その第一は, 生産・流通過程上の改善で, 製品の不良率の低下などを期待できる. 第二は, 製品それ自体のアップグレードであり, 洗練された高付加価値製品への移行を期待できる. 第三は, グローバル連鎖上における自らの機能の変化であり, 受託によるルーチンな生産に終始していた企業が製品開発力を身につけるといったことが期待できる. 第四は製品分野の変化であり, トランジスタラジオを供給していた企業が, テレビやコンピュータ製品に移行するといったような変化の事例は多数見出せる.

こうしたアップグレードは理念型というよりは現実の歴史で生起してきた出来事である. これらの局面でのアップグレードを達成した企業群の存在が, 中進国経済の躍進を作り上げてきた. 例えば, 台湾の鴻海（ホンハイ）グループは, 台北市内で白黒テレビのプラスチック部品（チャンネル）を受託製造するわずか10名の工場として1974年に創業した. 同社は1990年代後半にはPC製造を受託開始し, 2010年代に世界の系列企業に100万人近い従業者を有するようになり, やがては日本企業をも傘下におさめた.

途上国企業のアップグレードが促されるかの鍵は, 一つにはグローバル連鎖上における主導的企業のガバナンス構造にある. 単に低賃金労働力をねらいとした主導的企業から後進国企業への生産委託というのではアップグレードは見込めず, さらなる低賃金国の企業が参入してくれば困難に直面しよう. 逆に, 主導的企業からの頻繁な指導, 擦り合わせが行われれば, 技術水準の向上につながる. もう一つの鍵は, 当該地域の産業集積の状況である. 当該集積に関連・支援産業が充実していれば, 異なる製品分野への移行もスムースに行われようし, フォーマル, インフォーマルな制度

的環境は企業家精神の発揚に大きく結びついてくる.

6.3.4 グローバル連鎖に内在する諸問題

　グローバルな拡がりを有するに至った生産と供給の連鎖は,主導的企業が位置する経済と途上国経済の双方に対して,肯定的・否定的両側面で影響を行使している.また,主導的企業もまた,グローバル連鎖から多大な利益を得ると同時に,その連鎖に由来するリスクをも背負っている.

　グローバル連鎖がもたらすリスクの一つのケースは,生産連鎖上の「川上側」にある工場の操業停止がグローバル規模での操業停止を招くという構図である.2011年タイ洪水の際は,日系企業だけでも500社近い工場が被害を受けた.この洪水で,アユタヤ県に位置するホンダの工場が10月4日から生産を停止した.同工場が部品供給の一大供給拠点としての役割を担っているため,日本を含むアジア太平洋地域のホンダの完成車工場で1〜5か月間の減産という事態が生じた.ホンダにとっては,同年3月の東日本大震災による部品供給の停止による減産から回復して直後の出来事であった.

　こうしたリスクは,買い手牽引型連鎖よりは生産者牽引型の連鎖において生じやすい.なぜなら,後者では規模の経済を実現するべく部品生産を少数の工場に集約化する傾向にあるからである.また,該当部品の供給元が先進国企業の場合の方が,特化した部品を製造しているために影響がもたらされやすい傾向にある.

　グローバルな連鎖のリスクのもう一つのケースは,労務管理上の問題である.とくに労働基準や人権を度外視した過重労働や児童労働は,主導的企業の本国では回避されているとしても,供給連鎖上にある他国ではまかり通る場合がある.例えば,中国華南に進出した工場で働く出稼ぎ女性の長時間労働や賃金の不払い,火災のリスクと背中合わせの居住環境などがしばしば問題にされてきた.この場合は,進出企業が直接的に非倫理的な雇用を行っている場合であるが,一方では,サプライヤーが過重労働を強いていても,主導的企業の側がそれを認知していない場合がある.とくに

二次,三次のサプライヤーでの労務管理を掌握するのは困難といわなければならない.とはいえ,世界の名高いファッションブランドやスポーツ用品ブランドの生産が苦汁労働を伴っていたとしたら,どうであろうか.実際,東南アジアから製品調達を行う「買い手」側の倫理が問題視されている.グローバルな連鎖の中で,いかにエシカルな(倫理的に正しい)調達を行うかということが,グローバル企業にとっての社会的責任の最重要な要素になってきており,消費者の側にもグローバル連鎖を見定めたエシカルな消費が求められている.

6.4　世界経済地誌の今日的課題

　地理学的な地域研究の特徴は,当該地域の地域変容,人々の労働や日常の生活を他地域との関係性においてとらえるところにある.戦後から1970年代にかけては,経済地誌的なアプローチが重要視され,従属理論や近代世界システム論の援用によって新植民地主義下にある低開発の状況などの説明が試みられた.高等学校の社会科地理教育においても,生産力・生産手段を媒介にした自然と人間の関係性に加えて,世界の地域間分業の中での諸地域像の理解が重要なテーマとなっていた.しかし,近年の地理教育は,グローバルな社会経済プロセスの空間的な仕組みを大づかみにとらえて,その下での地域像をダイナミックにとらえるという経済地誌的視点を弱めていたといわざるをえない.大学教育においても,こうした世界経済地誌の理解が,経済学,経営学,政治学,社会学等に共通する基礎教育として非常に重要なはずであり,グローバル化時代に対応した経済地誌の再構築が求められている.

　グローバルにみても,ナショナルにみても,ある地域の人々の暮らし向きと別の地域の人々の暮らし向きとは,ますます分かち難く相互に結びつくようになっている.換言するならば,今日的なグローバル化は地球規模での地域間分業を加速させ,各地域はグローバル経済における自らの立ち位置を明瞭なものにしてきている.地球上のさまざまな地域が経済的グローバル化に直面した現代

において，地理学の最重要課題は，諸地域がグローバル経済により実質的に包摂されて，いかなるプロセスでいかなる地域変動を経験し，人々の暮らしがどうなっているのかを解明し，持続可能性という評価軸から人類社会の将来方向を見定めるための材料を得ることにある．そのためには，グローバル経済がいつ，いかにして展開したのか，また，その一つの原動力としての企業のビヘイビアが世界の地域間関係にどのような影響を与えているのかということを正しく理解することが大前提となる．本章はこのようなねらいから，①現代的グローバル化の特徴とその到来，②企業の多国籍展開のメカニズム，③グローバルな価値連鎖の形成と地域発展の可能性，そこに内在する諸問題の順に概説してきた．

本章に与えられた課題のうち十分に展開できていない事象として，グローバル企業による経済空間のフィルタリングがある．グローバル企業は単独というよりはその集合体として，地表上の経済空間を①中枢管理の場，②製品やサービスの開発の場，③技術・技能の根づいた生産の場，④ルーチンな生産の場，⑤市場空間や労働力調達の場としての後背地，⑥それ以外の経済的フロンティアなどに選別していく．その意味においてグローバリゼーションはローカリゼーションと表裏一体である．多国籍企業の世界的中枢管理機能の集まる世界都市では製造業雇用を減じさせ，大都市社会の二極化が危惧されている．先進国で製造業雇用が失われる一方で，もともとは低開発であった諸地域でも，長江デルタ，華南経済圏，バンコク周辺，デリー周辺などを筆頭に，世界的な巨大生産地帯が生じてきた．そして，こうした生産地帯を後背地とする大都市は，リージョナルな中枢管理機能を集めつつ，経済的に恵まれない農村地域から大量の人口を引きつけ，メガシティが数多く形成されるに至っている．

国家や地域の側も，グローバル企業のフィルタリングの中で，より有利な地位を得ようとする戦略を立案する．ところがそのことが，地域経済の不安定性をもたらす場合もあれば，深刻な外部不経済の問題や，地域内・地域間の格差問題を惹起

する場合もある．しかし，グローバル企業は一国家の領域を超えた立地行動をとるために，一国の政府はその行動をコントロールするには本来的に無力である．

グローバル化時代に対応させて世界経済地誌をいかに再構築するかということは，持続可能な開発目標（SDGs）に向けて，われわれがいかに努力していくかという問題を考える時に素通りできない重要な問題である． 〔小田宏信〕

引用文献

鍬塚賢太郎（2010）：アジア産業集積とローカル企業のアップグレード―インド ICT 産業の大都市集積の場合．経済地理学年報，**56**：216-233.

島田竜登（2008）：18 世紀前半におけるオランダ東インド会社のアジア間貿易．経済学論集（西南学院大学），**43**（1・2）：37-62.

ハーヴェイ D., 渡辺 治監訳（2007）：新自由主義―その歴史的展開と現在，作品社．[Harvey, D.（2005）: *A Brief History of Neoliberalism*, Oxford University Press.]

フリードマン M., 村井章子訳（2008）：資本主義と自由，日経 BP 社．[Friedman, M.（1962）: *Capitalism and Freedom*, University of Chicago Press.]

ポーター M., 土岐 坤・中辻萬治・小野寺武夫訳（1985）：競争優位の戦略，ダイヤモンド社．[Porter, M.（1985）: *Competitive advantage : Creating and sustaining superior performance*, Collier Macmillan.]

山内真斗（2007）：歴史にみる多国籍企業の現地経営―第 2 次大戦前における英国企業の対日投資を中心として．広島経済大学創立四十周年記念論文集，pp.453-479.

Dicken, P.（2011）: *Global shift : Mapping the changing contours of the world economy*, 6th ed, Guiford Press.

Dunning, J. H.（1979）: Explaining changing patterns of international production : In defence of the eclectic theory. *Oxford Bulletin of Economics and Statistics*, **41**（4）: 269-295.

Håkanson, L.（1979）: Towards a theory of location and corporate growth. Hamilton, F. E. Ian and Linge, G. J. R. eds., *Spatial analysis, industry and the industrial environment*, Wiley, pp.115-138.

Humphrey, J. and Schmitz, H.（2002）: How does insertion in global value chains affect upgrading in industrial clusters?. *Regional Studies*, **36**: 1017-1027.

Gereffi, G.（1994）: The organization of buyer-driven global commodity chains : How U. S. retailers shape overseas production networks. Gereffi, G. and Korzeniewicz, M. eds., *Commodity Chains and Global Capitalism*, Praeger, pp.95-122.

【グローバル化の下での日本の経済地理】

日本企業はグローバル経済にいかに進出していったのか．そして，日本の経済や諸地域はグローバル化にいかに巻き込まれてきたのだろうか．

まず，農業分野においては国内市場の開放という形で影響を受けてきた．その直接の契機になったのは1986年から94年にかけて開催されたウルグアイラウンドである．その通商交渉の結果，さまざまな農水産品において輸入禁止，数量制限などの非関税障壁が撤廃され，関税化が図られた．これによって日本の商社による開発輸入のものも含めて，日本の食卓には外国産の農水産物が目立ち始め，日本の農業政策の転換を促すことになった．

製造業分野では，自動車産業における対米直接投資がグローバル生産の時代に先鞭をつけた．1978年，日米貿易摩擦が表面化し，日本は対米輸出規制に迫られた．そのことが，日本の自動車メーカーのアメリカ合衆国での現地生産を促し，1985年からの第1次円高は，その動きに拍車をかけた．1990年代半ばの第2次円高期には，水平型ではなく垂直型の直接投資が，電機・電子分野においてとくに中国や東南アジアに向けて活発化した．衣類を中心とする日用消費財においても，総合スーパーや専門量販店による開発輸入が進捗し，グローバルな連鎖が築かれた．電子部品や衣服などの労働集約型産業に依存していた地域経済では，雇用機会の大幅な減少につながった．

小売業では，1980年代末に開催された日米構造協議において，小売業の市場参入に対する障壁が問題にされた．それまで大規模小売店舗法による厳しい立地規制が維持されていたが，同法は1990年代の運用緩和を経て，2000年に廃止された．結果的に，外国企業の参入は限られたが，むしろ，国内の流通企業が目覚ましい成長をみて，既存小売業を圧迫した．

現代的グローバル化と新自由主義的な経済運営の浸透は，日本の国土政策の基本方向にも影響を与えた．第四次全国総合開発計画（1987年）では，東京の世界都市化が明確に打ち出され，「21世紀の国土のグランドデザイン」（1998年）では，国際的な競争力の維持するための立地環境の創出ということが提起された．以後，日本の産業立地政策には大きな方針転換がもたらされたのである．

7

グローバル化とアグリビジネス

われわれの食生活は，地球上のあちこちから運ばれた食料によって支えられている．貿易の拡大は悪いことなのであろうか．そもそも，なぜ外国から農産物や食品を輸入するのであろうか．アグリビジネスとはどのようなもので，なぜ時々批判されるのであろうか．本章では，フードシステムのグローバル化と，その重要なプレーヤーであるアグリビジネスの役割やその立地戦略について考察する．

7.1 フードシステムのグローバル化

7.1.1 世界の穀物貿易の拡大

トランプ大統領の就任によって TPP（環太平洋経済連携協定）はいったん頓挫したが，一時的な足踏みはあったにせよ，これまで世界貿易は拡大の一途をたどってきた．穀物を含む食料貿易は，2000 年代以降，全体として約 3 倍と大きく金額が伸びている．1990 年代後半は，WTO（世界貿易機関）のウルグアイラウンドが妥結しても，世界全体として農産物貿易は足踏み状態が続いていた．2000 年代前半まで，1997 年に発生したアジア通貨危機の影響が尾を引いていたが，2004 年頃から世界の食料貿易は，急速に増加していった．

国際貿易の拡大は，国際分業の進展と表裏の関係である．個人レベルでも地域レベルでも，分業が行われるのは生産効率が高まるからである．したがって，人類が経済的繁栄を希求すれば，国際貿易は継続的に拡大することになる．工業製品と比べると農産物の輸出比率はまだまだ小さいの

で，食料貿易の伸び代は大きい．その意味でグローバル化は一時的な退潮があるにせよ，不可逆的な変化の過程といえる．

表 7.1 は世界の穀物貿易の地域的変化を示している．全体として，世界全体の貿易量は拡大してきたことがわかる．ただし，時代によって世界の穀物貿易の空間構造は大きく変化してきた．第二次世界大戦前の 1935 年では，西ヨーロッパのみが穀物の入超地域であり，アルゼンチンやカナダといった南北アメリカやルーマニアなどの東ヨーロッパから，イギリスを中心とした西ヨーロッパに小麦などが輸出されていた．

これは，西ヨーロッパで世界に先駆けて産業革命によって工業化が進行したことに起因している．人口転換によって人口が急増して，一部は新大陸の植民地に渡ったが，同時に多くの都市工業労働者が生じることになった．穀物輸入の増加は，この食料需要の拡大によるが，ここで重要なことは貿易原理が転換したことである．食料をめぐる生産・流通・消費を一体として捉える概念を

表 7.1　世界の穀物貿易（単位：万トン）

	1935 年	1950 年	1960 年	1970 年	1980 年	1990 年		2000 年	2010 年	2013 年
北アメリカ	500	2300	3900	5600	13100	12300	北米	10300	10200	7700
ラテンアメリカ	900	100	0	400	−1000	−1200	中米	−2000	−2300	−2100
							南米	300	1800	3600
西ヨーロッパ	−2400	−2200	−2500	−3000	−1600	2800	EU	2500	2000	2300
東欧・旧ソ連	500	0	0	0	−4600	−3800	ロシア	−300	1300	1700
アフリカ	100	0	−200	−500	−1500	−3100	アフリカ	−4300	−6200	−7000
アジア	200	−600	−1700	−3700	−6300	−8200	アジア	−8000	−9800	−10700
豪州・ニュージーランド	300	300	600	1200	1900	1500	豪州・NZ	2200	2000	2400

Stutz and de Souza（1998, p.253）の表および FAOSTAT 2000〜2013 年のデータによる．
マイナスの数値は入超，プラスの数値は出超を示す．

フードシステムといい，グローバルなフードシステムは香料貿易の時代からみられた．ただし，その貿易は自然条件の相違による生産物の補完に基づくものであった．しかし胡椒と異なり，小麦は西ヨーロッパでも生産できる作物である．輸入が拡大したのは，もちろん，そのほうが安いからである．かくして，貿易原理は比較優位に基づくものになった．

戦後から1980年頃までは北アメリカ，とくにアメリカ合衆国（以下，アメリカ）が世界の穀物輸出を主導していた．アメリカは第二次世界大戦の被害がほとんどなかったことに加え，生産主義に基づく農業が最も早くから進展したからである．生産主義農業には，集約化，集中化，専門化の3つの側面がある（Ilbery and Bowler, 1998）．集約化とは，農業生産に必要な投入が自家労働から外部調達に置き換わることであり，具体的には機械化や化学化（農薬・化学肥料の利用）があげられる．集中化とは，少数の経営体が生産を担うようになることである．競争に耐えられずに撤退した農場を買収することで，農場の規模が拡大していった．専門化とは，特定の作目に絞り込むことであり，農場レベルのみならず，地域レベルや国レベルでもみられる．アメリカの地域レベルでは，コーンベルトやコットンベルトといった形で，産地形成が進められていった．このように，集約化による分業の利益，集中化による規模の経済（生産規模が大きくなるほど，1単位当たりのコストが下がり，生産効率が上がること），専門化によるコスト削減の相乗効果によって，アメリカ農業は大きな競争力を持つことになったのである．

1980年代以降になると，世界の穀物貿易には，輸出地域と輸入地域の二極化といった特徴が見出される．1990年には西ヨーロッパでは輸出が輸入を上回るようになり，21世紀に入ると東欧やロシアでも穀物の生産が拡大し，輸出が急増するようになった．また，アルゼンチンやブラジルなどの南アメリカも，大きく輸出を拡大している．一方，輸入が多い地域は，アジア，アフリカ，中部アメリカ（カリブ海地域を含む）であり，こう

した地域の輸入量は継続的に増加している．アジアで純輸入量が多いのは，日本，中国，韓国，台湾などの東アジアと，サウジアラビアやイランなどの西アジアである．東アジアでは，工業化の進展ともに，穀物輸入が増加した．日本は工業化が早かったので，1960年代から穀物輸入が多かったが，その後他の東アジア諸国で工業化が進展し穀物輸入が増加した．とくに，中国はかつては穀物の輸出国であったが，現在では輸入国に転じ，その輸入量も日本に迫っている．このような輸入増加は，工業化に伴う農業の競争力の相対的な低下と，所得水準の向上による食生活の変化に伴う需要拡大，すなわち畜産飼料需要の拡大である．

アフリカの場合は，状況が少し異なる．ネリカ米の導入などで食糧生産が伸びている国がある一方，ナイジェリアやコンゴ民主共和国のように，国内の食糧生産が人口増加に追いつかないことがあげられる．中部アメリカの中で，量的に輸入量が拡大したのは，メキシコである．1990年代と2010年代を比べると，年によって変化があるが，トウモロコシの輸入量はおよそ3倍増加した．これは，1994年に発効したNAFTA（北米自由貿易協定）によって，段階的に貿易の自由化が進められたことに起因している．トウモロコシは，メキシコ人にとってトルティーヤなど主食となる穀物であり，乾燥豆などとともにセンシティブ品目と位置づけられた．しかし，無税の輸入割当枠の拡大と，割当量を超える輸入に対する関税の段階的引き下げが求められ，2008年には完全自由化に移行した．

7.1.2 貿易拡大の問題点

フードシステムのグローバル化が進展すると，農業の生産者に大きな影響を与える可能性がある．理論的には，輸入品が国内市場に流入すると，供給が増えるので価格が低下することになる．したがって，国際競争力の低い生産者は，グローバル化に否定的である．貿易の自由化は，マクロ経済的にはメリットがあるが，それは労働力が比較優位を持つ部門にスムーズに移動する場合である．地域の特性には地理的慣性が働くので，容易には変更できない．そこに大きな軋轢が生じて，

68　　7．グローバル化とアグリビジネス

地域問題として顕在化する．

NAFTAについては，交渉中から賛否両論の議論が伯仲していた．推進派の中には，NAFTAによってメキシコでは，以前より高賃金の雇用が創出され，アメリカへの移民が減少するとさえ主張する人もいた．一方，反グローバル化を唱道する人たちは，アメリカからの安いトウモロコシが輸入されることで，メキシコの貧しい農民は競争していけなくなり，大きな痛手を被るとして反対した．NAFTAの結果，農産物価格の低下によって貧困農民は生活の維持が困難となり，都市のスラムに流入し，さらにはアメリカへの不法移民増加を招いたともいわれる（フィッティング，2012）．

しかし，NAFTAがメキシコの農村や農業を壊滅させたという主張は，やや一面的すぎるであろう．2000年から2013年にかけてのメキシコの食料貿易の推移をみると，輸入総額は2.8倍に増えたが，輸出総額は3.2倍に増加した．アメリカからメキシコに輸出されるトウモロコシは，ほとんどが黄トウモロコシで，食用としてメキシコで生産されてきた白トウモロコシとは品種が異なる．メキシコの農村では，確かにトウモロコシの作付面積は減少し，とくに条件が不利な圃場では耕作放棄が進んだ．しかし，農業の近代化が進展することで単収が増加し，生産量は年によって変動が激しいが，1990年代前半と同水準かやや増加している（図7.1）．メキシコの農業は，自給的な穀物生産から輸入黄トウモロコシを利用した豚・鶏の畜産にシフトしつつあるのだ．しかも，農業の近代化によって，必要となる投入労働力が減少したことも，人口移動のプッシュ要因である（Keleman et al., 2009）．NAFTAがなくても早晩，工業化と近代化によって，貧困農民は変化の荒波に直面したであろう．したがって，貿易自由化というグローバル化は，メキシコの農業を直接破壊したというよりは，農業・農村社会の構造変化を促進したといったほうがよい．

7.2 アグリビジネスの諸相

7.2.1 アグリビジネスの概念

現代において，グローバル・フードシステムの重要なプレーヤーが「アグリビジネス」である．アグリビジネスという用語は，「農業関連産業」として理解されており，高等学校の地理の教科書にも記されている．しかし，この言葉は一般社会では多義的に用いられている．単に企業的な経営を行う農業であるとか，農業部門が他の部門を取り込む六次産業化などもアグリビジネスと称している場合もみられる．

実際，この訳語の「関連」の意味がわかりにくいことが混乱を招いている（髙柳，2014）．農業の「関連」であるので，農産物の生産部門（すなわち農業そのもの）はアグリビジネスに含まれないと理解するのが，通常の解釈だと思われるが，地理教育においても一般社会でも，「アグリビジネスが農業を経営する」といった表現がよくみられる．たとえば，アグリビジネスの代表的企業の一つとみなされているドールは，パイナップルやバナナを生産する農園を経営しているので，このような表現は間違いというわけではない．

アグリビジネスという用語は，農業（agriculture）と事業（business）を合わせた造語であり，アメリカで1950年代にデービスとゴールドバーグの共著で最初に登場した（Davis and Goldberg, 1957）．食料等が生産されて消費者に届くのに農家だけが関与しているのではなく，投入部門から，生産・加工・流通などの部門までの産業を包括的に捉えようとしたのである．したがって，本来，アグリビジネスの概念はマクロ経済的なもの

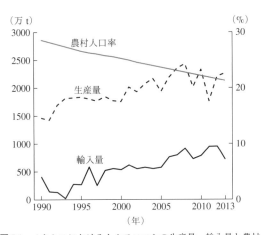

図7.1 メキシコにおけるトウモロコシの生産量・輸入量と農村人口率（FAOSTATによる）

であり，そこには農業部門も含まれている．

　一方，アグリビジネスは，上記部門の個別企業も指し，ミクロ経済的にも捉えられてきた．厳密には「アグリビジネス企業」というべきところを，「ビジネス」と「企業」が同義反復的なニュアンスを持つことから，「企業」を省略した形でも広く用いられるようになったのではないかと考えられる．地理学においては基本的に後者の捉え方がなされてきており，「農産物加工・流通企業がもっぱらアグリビジネスとして研究されてきた」（後藤，2013, p.18）．これは，企業と農家の関係が空間的に可視化されやすいものを研究対象に設定された（同上）ことに加えて，地域論的な研究方法が多い日本の農業地理学において，産業組織や産業構造を問題にするという発想に乏しかったことも関係している．

　ゴールドバーグらの概念は，あくまで「産業」として捉えるものであるが，同書の冒頭でアグリビジネスを企業として捉えていく際の重要な示唆も与えている．19世紀の農業は自給的であり，生産に必要なものを農家が購入することはほとんどなく，農家は農産物を生産しているだけではなかった．つまり，農業生産に必要な肥料，道具，役畜も生産し，自給用を除いた余剰分を近隣に販売もしていたのである（Davis and Goldberg, 1957, pp.1-2）．資本主義が発達するにつれて，各部門の専門化が進展していった．これは，農業生産に必要な労働力が農家以外から充当（appropriate）されることを意味する．つまり，自家生産していた堆肥の代わりに化学肥料を購入するようになったり，牛馬耕の代わりにトラクターが用いられるようになったりした．

　このようにみると，アグリビジネスの概念を考える際，農業・食料産業の労働力を誰が担うのかが問題になる．理論的には，できる限り分業化を進めたほうが効率が高まる．しかも，規模の経済を得るためには，それぞれが大規模に生産したり，販売したりする必要がある．かくして，農業の投入部門や流通部門では，大企業が市場を支配するようになった．

　このような状況で，家族経営農家は生き残れる

のかという問題がある．産業全体をみると，製造業では伝統工芸品を生産する職人や機械金属関係の町工場は減少の一途をたどった．商業においても，スーパーマーケットなどの量販店やチェーン店が市場を席巻し，パパママストアと呼ばれる家族経営の小さな商店は，ますます減少している．しかし，農業では日本をはじめ，多くの国において，大企業が経営する農場は限定的である．最も資本主義が発展していると考えられるアメリカでさえ，家族経営農家が農業部門の大半を担っている（高柳，2014）．

　家族経営農家が消滅しなかった要因としては，主として2つのことがあげられる．第一に，労働力配分の柔軟性である．農繁期と農閑期という言葉があるように，農業は必要労働力の季節による差がきわめて大きい．企業的経営で雇用労働力に依存するとなると，最も忙しい時期に合わせて労働力を雇用しなければならない．そうすると，農閑期に仕事がないが，それでも雇っている以上，給料を支払わなければならないという問題が生じる．一方，家族経営農家だと，その点柔軟に対応できる．たとえば，長野県のレタス農家の場合，夏には深夜3時から日暮れ過ぎまで農作業を行っている人がいる．超長時間労働であるが，残業代もなければ，労働基準法の規制も一切受けない．その代わり冬は仕事がなく，ほとんどずっと余暇に当てている．また，生き物を扱う畜産業は，文字通り四六時中の対応を迫られる．たとえば，牛の繁殖農家の場合，発情も分娩もいつ始まるかわからない．深夜の出産も少なくないが，雇用労働力で対応するのはほとんど不可能である．稲作農業などでも，田植えや稲刈りといった忙しい時期には家族総出で農作業を行うこともできる．農家には，定年もなければ，児童労働の問題も基本的には「ない」のだ．

　第二に，家族経営農家の強靭性である（岩元，2013）．農業は，第二次産業や第三次産業と比べると，自然の影響を強く受け，それだけリスクが高い．自然災害によって不作になったり，作物や家畜が病気にかかったり，収穫間近な野菜や果実が獣害の被害を受けたりする．一方で，豊作に

よって価格が低下し，生産コストもまかなえない場合もある．農業は収入が不安定なのだ．また，そもそも植物や動物を育てるのに時間がかかるうえ，事業として軌道に乗るには数年かかることも多い．日本の農家の場合，今でも販売目的の作物のほかに，米や野菜を栽培して自給していることが少なくない．企業は，実質的（会計的にではなく）に赤字だと存続が困難である．しかし農家は，たとえ所得がほとんどなくても，食べ物があれば糊口を凌ぐことができる．さらに，農業で儲からなくても，兼業所得で生活を支えることも可能だ．法律で副業が禁止されている公務員でも，「大規模に経営され客観的に営利を主目的」（人事院規則14-8）としない限り，実家の農業を手伝うことは可能である．逆にいえば，企業経営では，利益が出ない事業には冷淡である．儲からないとあれば，農業ビジネスから簡単に撤退してしまう．オムロン，ファーストリテイリング，日本たばこ（JT）などの例は有名であり，投資を取り戻そうとしてずるずると撤退時期を引き延ばしてしまう．サンクコスト（埋没費用）の呪縛からいち早く抜け出るのは，企業としてきわめて合理的な判断だ．近年，異業種から農業への参入する企業が増えているが，実際には多くが赤字とみられ，休眠状態か潜在的に撤退の可能性のある企業も少なくないと考えられる．

以上のことから，アグリビジネスの概念は，本来は農業に関係する一群の産業を全体として捉えようとしたものであるが，地理学および関連分野では，その部門に関係する事業体としても捉えられてきた．アグリビジネス企業は，農業の生産部門を直接経営することは全体として少ないが，その場合は工場のように労働のサイクルが比較的一定で，災害・病気や供給過剰による価格低下のリスクを可能な限り回避できることが条件である．ただし，その事業体には，小農である農家は含まれないとするのが適当であろう．

7.2.2 アグリビジネスの範囲

農業に関連する産業とは，具体的にはどのようなものが含まれるのであろうか．まず，農業だけではなく，林業や漁業を含めることが多い．いずれも第一次産業として，共通点が多いからである．産業は網の目のように関わり合っているので，それらに関連する産業は際限なく広がるが，一体として捉えるのに意義のある範囲にとどめる必要がある．その意義は対象とする地域や時代によってさまざまであるので，アグリビジネスの範囲も異なってくるが，大きく分けると前方連関と後方連関の部門に分けられる．

前方連関は，農業の投入部門である．前述の肥料や農業機械のほかにも，種苗，農薬，飼料などを生産する産業が含まれる．一方，後方連関は，第一次産業の生産物を直接利用する産業であり，食品製造業，食品流通業，外食産業などが含まれる．第一次産業は食料だけを生産しているわけではないので，ゴールドバーグらの研究では，木材加工業や繊維産業もアグリビジネスに含まれていた．現代の日本で，アグリビジネスとみなす範囲の一つの基準は，農林水産省が提示している農業・食料関連産業の経済計算と産業連関表である．これには，非食品の木材加工業や繊維産業が含まれていないが，これらの原料の自給率が低いことに加えて，一体として捉える意義が小さいからである．逆にいえば，食品でなくても一体として捉えることに意義のある品目は含まれており，たとえば花卉があげられる．花卉は，青果物や水産物とともに，卸売市場で取引されているし，スーパーマーケットでも販売されていることからもわかるように，流通構造に食品との類似性が認められるからである．

2011年現在，前述の産業連関表によると，農業・食料関連産業の国内生産額は98兆円，全産業の10.5％を占めている．農林漁業は1.2％しか占めておらず影が薄いが，第一次産業を含めたアグリビジネスは，日本経済やわれわれの生活に果たす役割はもちろん小さくない．ただし，アグリビジネスとして捉えても，国内生産額全体に占める割合は1975年の時点では16.4％あったので，低下している．輸入農産物が増加して，国内農業の規模が小さくなったことに加え，サービス経済化が進み，他部門のウェイトが増したからである．

7.2.3 アグリビジネスの集中化

アグリビジネスに関する重要な論点の一つが，企業組織の巨大化に伴う支配構造の強化である．とくにアメリカでは，早くから少数の企業によって，寡占化が進行していた．その指標として一般的によく用いられる上位4社集中度（CR4）をみてみよう．表7.2は，農業・食品産業分野のCR4の変化を示している．2012年現在で，トウモロコシ・ウェットミル（化学的処理によるでんぷん等の抽出）の86％や牛肉パッカー（処理場）の85％を筆頭に，大豆などの油料作物加工79％，羊肉パッカー65％，豚肉パッカー64％，七面鳥パッカー53％，ブロイラーパッカー51％で，市場出荷額の5割を超えている．

このようなアグリビジネスの市場支配に対して，数々の批判がなされてきた．フードシステムを川の流れにたとえて，農産物の生産部門を川上，加工部門を川中，販売部門を川下というが，寡占化しているのは川中の部分である．川上である農産物の生産者は，アメリカにおいても減少傾向にあるとはいえ，2012年現在で210万農場もある．したがって，アグリビジネスの寡占の問題は，川下に対してと川上に対しての2方面から捉える必要がある．川下に対しては，市場の競争が起きないことで販売価格が高止まりし，消費者の厚生を損なうことである．自由競争が歪められ，社会全体として死荷重損失（deadweight loss）を被ることになる．一方，川上に対しては買い手寡占

が問題となる．買い手寡占は，発展途上国においてしばしばみられ，売り手が多数であるのに対し，買い手が少数になるので，生産者にとって不利な価格形成がなされる．また，日本やアメリカにおいては，アグリビジネス企業によるフードシステム各部門の垂直的統合として研究されてきた．そこにおいて生産者は経営の自由度がほとんどなく，「実質的に下請け労働者化」（後藤，2013）されているのである．

アメリカにおいて多くの農産物部門で，近年ますます集中度が上昇しているが，実は今に始まったことではない．歴史的に古くから寡占状態にあったのは，食肉処理場である（写真7.1）．19世紀後半から「少数の大企業が独占する全国的産業に発展した」（スタル・ブロードウェイ，2004）．1917年には，スイフト，アーマー，モーリス，ウイルソン，カダヒーのビッグファイブと呼ばれた5社で55％の市場を握っていた（シュローサー，2001）．これらの企業は，当時，鉄道・鉄鋼・タバコなど多くの産業部門でみられたように，ビーフトラスト（牛肉流通の企業合同）を構成していた．農家はパッカーの言い値で売却せざるをえない状況になった．それ以上に問題となったのが，屠畜場の労働問題であった．シンクレアの社会主義的小説『ジャングル』（1906年）で告発されたように，低賃金で劣悪な労働環境を甘受せざるをえなかったのは移民労働者であった．こうした社会問題への反発もあって，反トラスト法が食肉業界に比較的厳しく適用された．

1960年代になると，アメリカ食肉業界は大きく構造変動をみることになった．ビッグフォー（モーリスは1923年にアーマーに吸収）の牛肉シェアは低下したが，新たな挑戦者によって各社は大きく動揺することになる．スイフトからスピンアウトした2人によって設立されたアイオワ・ビーフ・パッカーズ社（IBP）である．IBPは2つの点で食肉業界に革新をもたらした．

第一に，食肉処理工場の立地移動である．ビッグファイブの時代，食肉処理工場は『ジャングル』の舞台であるシカゴをはじめとして，ニューヨーク，カンザスシティー，オマハ，セントルイスな

表7.2 アメリカにおける農産物上位4社への集中度の変化（単位：％）

	1982年	1997年	2012年
肉牛（去勢雄牛・未経産牛）	41	78	85
豚	36	54	64
ブロイラー	22	41	51
七面鳥			53
羊	44	62	65
飼料	20	23	30
小麦製粉	40	48	39
精米	—	52	47
トウモロコシ（ウェットミル）	74	72	86
大豆・油料作物加工	61	80	79

U.S. Census of Economy 各年版，Annual Report Packers and Stockyads Program 各年版，および Ollinger *et al.* (2005) による．

写真 7.1　オクラホマ・ナショナル・ストックヤード
（2013 年 12 月，筆者撮影）

どの都市に主として立地していた．とくにシカゴは鉄道交通の要衝であり，各地から貨車で家畜を運び，解体して枝肉を再び冷凍貨車で全国さらにはヨーロッパに出荷していた．その中心が 1865 年に設立されたユニオン・ストックヤードで，ここでは牛だけではなく豚や羊も運び込まれ，缶詰やソーセージなどの加工品も生産されていた．それに対し IBP は，1961 年アイオワ州西部の農村地帯デニソンに新工場を設立した．フィードロット（肥育場）に近接することで，輸送費を抑制できた．この輸送を支えたのがインターステートハイウェイであり，1956 年から全米で整備が進められていた．また，食肉業界ではたびたび労働争議が起こっていたが，アイオワ，ネブラスカ，カンザスなどの州は労働規制が緩いことも，経営者側にはメリットであった．

第二に，技術革新による効率化である．従来の食肉処理場は 4〜5 階建てであったが，平屋でレイアウトした．そこで，アセンブリラインによる解体工程の流れ作業化（disassembly line）を図った．これにより，未熟練労働力が活用され，労働賃金水準を引き下げることが可能となった．また，1967 年からネブラスカ州のダコタシティの工場で生産が始められたのが，箱詰め牛肉（boxed beef）である（矢ケ﨑ほか，2003）．これは部位ごとに切り分けた部分肉を真空パックにして，それを箱に入れたものである．部分肉にすることで，骨や脂肪などの余計なところを取り除くことで軽量化し，さらに箱はかさばらないので，輸送費を削減できた．部分肉での流通は，フードシステムの川下にも影響を与えた．スーパーマーケットで精肉にするための労働力を節減することできるので，新たな需要を喚起した．

ビッグフォーの 4 社の経営は全体として低迷し，破綻・解体や買収が繰り返されてきた．ウイルソンは何度か名称が変わった後 1983 年に破綻，ファームステッド・フーズに買収されたが，この会社も 1990 年に破綻して，カンザス州のシーボード・コーポレーションが買収，さらに 1995 年に全米最大の生産者協同組合であったファームランドが買収した．しかし，このファームランドも 2002 年に米国破産法第 11 章を申請，スミスフィールドに買収された．アーマーは，副産物で生産した石鹸事業が好調であったが，1970 年に長距離バス会社のグレイハウンドが一時期所有，その後何度か親会社が変わり，アーマーのブランドは 2007 年にコナグラからスミスフィールドに移った．カダヒーも 1964 年に牛肉の屠畜事業から撤退，1971 年にフィラデルフィアの会社に買収された後，1984 年以降はスミスフィールドが親会社となり，1988 年には豚肉の屠畜事業からも撤退したが，サラミやベーコンなどのブランドとして残っている．スイフトは 1980 年代初頭，全米有数の牛肉・豚肉パッカーであったが，グレイハウンドを親会社とするアーマーに買収され，1987 年以降は穀物メジャーのコナグラの傘下に入った．その後 2002 年に，コナグラは同社の株式を投資会社に売却，2007 年にはブラジルの食肉企業大手の JBS がスイフトを買収，世界最大の食肉業界の多国籍企業が誕生した．

食肉業界の再編は，これにとどまらない．ビッグフォーの経営を揺るがした IBP は，豚肉部門にも参入，1990 年には世界最大の処理工場を設置して，豚肉部門でも全米一となった（矢ケ﨑ほか，2003）．しかし，2002 年には家禽事業が主体であったタイソンに買収された．また，シカゴで創業しウィチタで牛肉事業を展開していたエクセルは，1970 年代に合併・買収を繰り返した後，1979 年に穀物メジャーとして名高いカーギルの傘下に入ったが，2015 年にはカーギルの豚肉部

表7.3 牛肉・豚肉パッカー上位5社のシェアの変化（単位：%）

	牛肉 1992年		牛肉 2015年			豚肉 1992年		豚肉 2013年	
1	IBP	35.9	タイソン	23.6	1	IBP	16.9	スミスフィールド	27.2
2	エクセル	20.5	JBS (USA)	22.1	2	コナグラ	12.5	タイソン	17.9
3	コナグラ	20.0	カーギル	18.8	3	ファームランド	7.7	JBS (USA)	11.6
4	ファームランド	4.4	ナショナル・ビーフ・パッキング	9.8	4	エクセル	6.9	カーギル	8.7
5	パッカーランド	4.4	アメリカン・フーズ	5.3	5	スミスフィールド	6.1	ホーメル	8.0

U.S. Meat Export Federation, Cattle Buyers Weekly, および Missouri Rural Crisis Center の資料による.

門はJBSに買収された．一方，スミスフィールドは，2013年に中国河南省漯河市に本拠を置く双匯国際控股（現在の親会社は香港の万州国際）に買収された（表7.3）．

以上のように，アメリカの食肉業界では，生き残りを賭けた企業戦略として，あるいは競争に敗れた結果として，M&A（合併・買収）が行われていった．こうした動きがとくに活発化したのは，1980年代以降である．牛肉パッカーのCR4は1970年代までは20%台，豚肉の場合でも30%台にとどまっていた（Hall and MacBride, 1980）．1980年代以降にM&Aがアメリカで広く行われるようになったのは，反トラスト法の規制緩和のためである．「双子の赤字」に苦しみ，米国企業の国際競争力強化を図ろうとしたものであるが，皮肉にも今や三大食肉企業のうち2社は外国企業の傘下に入っている．

7.3 アグリビジネスの立地

食肉のパッカーは，無闇に買収を行ってきたわけではない．いうまでもなく，利益が見込めそうな会社を傘下に収めるのである．豚肉パッカーの処理工場の立地から，その点を確認してみよう．

図7.2をみると，現在，処理工場はアイオワ州とその周辺州の州境付近に集中している．アイオワ州は伝統的なコーンベルトの中心に位置し，穀物栽培と養豚を組み合わせる混合農業が行われてきた．養豚の生産費の約半分は飼料費であるの

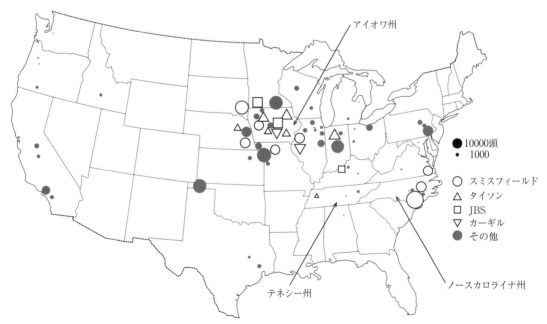

図7.2 アメリカ合衆国における豚肉処理場の分布（2016年，全米豚肉協会（National Pork Board）の資料による）
ハワイ州とアラスカ州にはない．

で，経営内部もしくは近接したところから飼料を調達することは合理的である．一方，ノースカロライナ州にもスミスフィールドの大規模な処理工場が立地している．とくに1992年，ターヒールに設立した工場は世界最大規模で1時間に2000頭の処理能力を持つ．ノースカロライナ州の養豚業は，飼料費ではコーンベルトより若干コストがかかるものの，施設費や労働費で優位性を持つ（大江，2002）．もともと，ノースカロライナ州はアメリカ最大の葉タバコ産地であったが，健康志向の高まりや輸入増加などにより，生産者は不振にあえいでいたことも，ノースカロライナ州への立地移動の一因である．

　上位4社の処理工場は規模が大きい．唯一の例外がテネシー州ニューボーンにあるタイソンの処理工場であり，ここでは，廃用雌豚が屠畜され，主としてソーセージに加工されている．それ以外は，1日当たりの処理能力が8000頭以上であり，その規模の工場は上位4社以外では6工場しかみられない．

　このようにアグリビジネス企業は，小規模な工場や核心地域から離れたところの工場に対しては関心がないか，仮に買収したとしても，事業見直しの過程で閉鎖される．かくして，アグリビジネス企業の台頭によって，地域が再編成されるのである．また，スミスフィールドの場合は，1980年代から養豚事業にも積極的に乗り出すようになった．垂直的統合を経営内部で図ろうという戦略である．それも既存事業者の買収という形で行われていった．近代的な養豚は，環境調節された豚舎で，機械的に給餌され，工場の生産と変わらない．だからこそ，直営が成立している．ただし，この養豚事業も地域的に集中化させており，ノースカロライナ州には293か所の農場を所有している．隣接のバージニア州は23か所，サウスカロライナ州は1か所しかない（スミスフィールド社のウェブ資料）．

　こうしたことは，一国内部にとどまらない．スミスフィールドはヨーロッパにもビジネスを広げている．1999年にはポーランド，2004年にはルーマニアの事業者を買収，EUの東方拡大を見据え

て進出した．これらの国は，労働賃金水準が廉価であり，環境規制も緩いことが企業としてはメリットである．

　以上のように，アグリビジネスのグローバル化は，とどまるところを知らない状況である．グローバル化は農産物の貿易を増大させたが，その農産物を取り扱うアグリビジネス企業自体が，国際的に売買されるようになった．その結果，アグリビジネス企業の国籍は複雑化した．ポーランドの食肉事業者アニメックスは，アメリカのスミスフィールドの傘下にあるが，そのスミスフィールドも中国企業に買収され，その中心は香港にある．文字通り，弱肉強食の世界が，アグリビジネスのグローバル化なのである．

7.4 公正な競争とアグリビジネスへの対抗

　グローバル化は，経済的には国際競争の激化を意味する．農業者が国外の事業者と競争するといっても，競争条件が同じようなものではないと不公正である．グローバル化を進めるか保護主義に戻るべきかという議論が問題ではない．前述のとおり，中長期的にグローバル化は不可避である．だとすれば，どのように競争条件を整えていくかといった議論のほうが生産的であろう．

　競争条件を考えるうえで，重要なキーワードが環境である．一つは，農業が環境に負荷を与える側面である．徹底的なコスト削減を図っていけば，競争に打ち勝つことができるが，環境に対する配慮がなおざりにされる．世界中の農業者は，同時に大地で働く生活者でもある．土地は動かせないので，多くの農業者は耕作している現住地を簡単には離れることができない．一方，企業の従業員は生活者であるが，企業自体は必ずしも土地に根ざす必要はない．このような点で批判が強いのは，高密度家畜飼養経営体（Concentrated Animal Feeding Operations；CAFO）である．CAFOでは，豚や鶏を畜舎で極限まで詰め込み，規模の経済を高める畜産ビジネスの形態である．スミスフィールドなどの養豚もCAFOの形態である．

家畜を大規模に飼養する際，課題となるのが家畜排泄物の処理である．小規模なら堆肥に還元することも比較的容易であるが，大規模となるとふん尿を貯めた池（ラグーン）から周囲への流出を防ぐなど，慎重な配慮が求められ，その対応は生産コストに跳ね返ることになる．アグリビジネス企業の中には，このような環境コストを適切に負担しない企業がしばしばみられ，労働賃金水準が低く，環境規制の緩い地域に進出して，周辺住民との間でトラブルになることが多い．競争条件を等しくするために，環境規制をグローバル規模で実行力を持たせる必要がある．

　もう一つは，農業は自然環境に働きかける産業であるので，生産費は立地の周辺環境に大きく左右される．とくに競争上足枷となるのが，中山間地域のような条件不利地域である．ヨーロッパでは，1973年のイギリスのEC加盟に伴い共通農業政策として条件不利地域への直接支払いが行われていたが，1990年代になると農業の多面的機能という概念が登場した．農業の生産物供給機能以外の側面を外部経済効果として評価し，その貢献分を補償するというロジックが広く受け入れられるようになった．生産を刺激するような農業政策は，貿易を歪曲する可能性がある．たとえば補助金を支給して生産量を増やせば価格は低下するので，国際競争力は増すことになる．そこで，生産や価格に直接影響を与える方法と，農家の所得の向上を図る方法とを切り離すデカップリングが求められるようになった．環境保護という甘言は，納税者の理解も得られやすい．日本においても中山間地域等直接支払制度が2000年から導入され，農地の維持や農業者の確保という点で一定の効果がみられる．しかし，中山間地域の農業が依然として厳しい状況に置かれていることに変わりはない．多くの産地では，アグリビジネス企業と商品としての農産物の市場競争を避けざるをえない．だからこそ，農村空間の商品化や地域ブランド，有機農業や直売といったオルタナティブ・フード・ネットワークの確立といった次元で，別

の価値観から地域を振興していく必要性がある．

〔高柳長直〕

引用文献

岩元　泉（2013）：現代農業における家族経営の論理．農業経営研究，**50**（4）：9-19.

大江徹男（2002）：アメリカ食肉産業と新世代農協，日本経済評論社．

後藤拓也（2013）：アグリビジネスの地理学，古今書院．

シュローサー E.，楡井浩一訳（2001）：ファストフードが世界を食いつくす，草思社．[Schlosser, E.（2001）：*Fast food nation：The dark side of the all-American meal*, Houghton Mifflin Company.]

シンクレア U.，大井浩二訳（2009）：ジャングル（アメリカ古典大衆コレクション5），松柏社．[Sinclair, U.（1906）：*The jungle*, Doubleday, Jabber & Company.]

スタル D.・ブロードウェイ M.，中谷和男訳（2004）：だから，アメリカの牛肉は危ない！―北米精肉産業恐怖の実態，河出書房新社．[Stull, D. and Broadway, M.（2004）：*Slauterhouse blues：The meat and poultry industy in North America*, Wadsworth.]

高柳長直（2014）：遺伝子組み換え食品表示問題をめぐるアメリカ西部の直接民主主義．新地理，**62**（2）：32-41.

フィッティング E.，里美　実訳（2012）：壊国の契約―NAFTA下メキシコの苦悩と抵抗，農山漁村文化協会．[Fitting, E.（2010）：*The struggle for maize：Campesinos, workers, and transgenic corn in the Mexican countryside*, Duke University Press Books.]

矢ケ﨑典隆・斎藤　功・菅野峰明編（2003）：アメリカ大平原―食糧基地の形成と持続性，古今書院．

Davis, J. H. and Goldberg, R. A.（1957）：*A concept of agribusiness*. Division of Research, Graduate School of Business Administration, Harvard University.

Hall, L. and MacBride, M（1980）：Boxed beef in the meat marketing system：A summary appraisal. *Agricultural Economic Research*, **80**（14）.

Ilbery, B. and Bowler, I.（1998）：From agricultural productivism to post-productivism. Ilbery, B. ed., *The Geography of Rural Change*, Longman, pp.57-84.

Keleman, A., J Hellin, J. and Bellon, M. R.（2009）：Maize diversity, rural development policy, and farmers' practices：Lessons from Chiapas, Mexico. *The Geographical Journal*, **175**（1）：52-70.

Ollinger, M., Nguyen, S. V., Blayney, D., Chambers, B. and Nelson, K.（2005）：Structural change in the meat, poultry, dairy, and grain processing industries. *Economic Research Report*, **3**, USDA.

Stutz, F. P. and de Souza, A. R.（1998）：*The world economy：Resources, location, trade and development*, third edition, Prentice Hall.

【地域団体商標と地理的表示】

　外国農産物やアグリビジネスに，家族経営農家や中小企業の生産者が対抗していく方法の一つとして，地域ブランドがあげられる．価格競争を避けて，優れた品質をアピールしようとするものである．ただし，食品の品質は糖度や柔らかさなど，計測できる指標だけに基づくものだけではない．同じ食べ物でも，いつ，どこで，誰と食べるのかによって味が異なることがあるように，味覚には心理的側面がある．また，われわれは，いつ，どこで，誰が，どのように食べ物を作ったのかということを気にする．つまり，農産物や食品に付随する「情報」を消費しているともいえる．この「情報」を端的に示すものが地名である．われわれは地名からある種のイメージを想起させる．たとえば，江戸，京，飛騨，加賀といった昔の都市名や旧国名は，なんとなく伝統を感じるであろう．そのため，地域ブランドの呼称には地名が用いられることがとても多い．

　しかし，苦労して地域ブランドを作り上げてきても，偽物が登場すると，利益は損なわれるばかりか，ブランドそのものへの信頼も揺らぎかねない．そこで，地域ブランドを保護する仕組みが必要である．ブランドという知的財産権を保護する代表的な制度として，商標登録があげられる．登録が認められれば，国から商標の独占的使用権が付与される．しかし，地名は特定の事業者が考案したわけではなく，地域のみんなのものである．したがって，原則として地名は登録できなかったが，組合などの団体が登録できるようにしたのが 2006 年から開始された地域団体商標である．一方，2015 年から日本で登録が開始されたのが地理的表示制度である．これは，農産物や食品の品質に重点を置いたものである．一定の伝統（25 年以上）が要件の一つとなっており，登録の際には，特性と関係する品種や製法，出荷規格などの記載が必要である．国による品質認定ともいえるが，それがブランド化に寄与するためには，地理的表示制度への消費者の認知が必要であろう．

8 食文化の多様性と標準化

世界を旅すると，食材や食文化の多様性を実感する．世界には驚くほどおいしい料理もあれば，一見奇異に感じる料理もある．食事の作法も国や地域によって異なる．その一方で，世界中どこに行っても，似たようなチェーン店が軒を連ねている．世界の食文化は，いまなお多様なのだろうか？ それとも標準化しつつあるのだろうか？ 本章では，ヨーロッパと東南アジアの国々を取り上げながら，各地の伝統的な食材や食文化を，地誌的な背景を踏まえながら紹介する．また，各国における食の標準化の現状や，食を取り巻く諸問題を考察する．

8.1 世界の食文化

8.1.1 地理学からみた食文化

食べるという行為は，生活の基本である．食の嗜好は人それぞれであり，それが場所の環境条件（自然環境，社会・経済環境，歴史・文化環境など）とともに食料の生産・利用・調理・消費に反映されて，さまざまな食の形態をつくりだしてきた（菊地，2002）．「世界の人々は，何をどうやって調理し，どのように食べるのか」．この問いに答えるには，地域の自然環境やそこで展開される農耕，食をめぐる歴史，宗教，人々の食の好みなどを，多面的に読み解く必要がある．食と食文化は，まさに地理学的なトピックである．

世界には，実に多様で，ときには奇妙にも感じられる料理や風習が数多く存在する．地域固有の食を楽しむことは，海外を旅する醍醐味の一つである．その一方で，どの国にも同じようなチェーン店が軒を連ね，若者が似たようなファストフードを食べている．世界の食材や食文化は多彩であるが，そのバラエティは縮小している．

本章の目的は，世界のいくつかの地域を取り上げて，地域固有の食材と食文化の多様性，および標準化しつつある食材・食文化の現状を，統計資料や現地での体験談から紹介することにある．本章で紹介する地域は，イギリス，フランス，およびベトナム，ミャンマーである．

8.1.2 世界の多様な食材と食文化

食材や食文化の多様性は，地理の教科書でも紹介されている．食材や食文化を構成する重要な要素の一つが，主食の文化圏である．世界の農耕は，それぞれの自然環境に適した有用植物を栽培化し有用動物を家畜化することで発達してきた．また，農耕は自然環境に依拠するため，類似した自

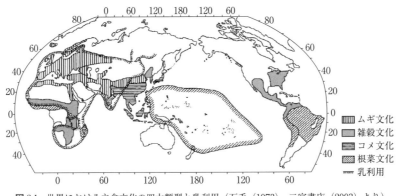

図 8.1 世界における主食文化の四大類型と乳利用（石毛（1973），二宮書店（2003）より）

然環境下に，類似した農耕が展開された．世界を俯瞰すると，主食の食文化は4つに大別される（図8.1）．すなわち，ムギ文化，コメ文化，根菜文化，雑穀文化である．ムギ文化とは，パンやナン，パスタなどのムギを原料とした食材を主に食する文化である．インドからヨーロッパにかけて広く分布する．コメ文化は稲作を中心とした食文化圏であり，おもにアジアが該当する．根菜文化は，ヤムイモやタロイモ，ジャガイモなどを主食とする文化圏である．太平洋の島々や南アメリカなどに，同文化が広がっている．また，イギリスなどの国々でも，イモはよく食べられている．雑穀文化は，モロコシやミレットを食するアフリカと，トウモロコシを主体としたアメリカから構成される．現在では，ムギ，コメおよびトウモロコシの栽培面積が世界の耕地面積の3分の1を占めるため，これらが世界三大主食と称されることが多い．また，家畜の乳を食材に用いる文化圏は，ヨーロッパをはじめとしたユーラシア大陸やアフリカ大陸の広範囲に及んでいる．しかし，東アジアや東南アジアは，乳の利用圏には含まれない．

ミクロな視点からも，食材や食文化の地域的特徴を見出すことができる．たとえば暑い国と寒い国では，人々が好む味付けは異なる．手の込んだ調理を好む国民性の国もあれば，合理的な栄養摂取を希求するお国柄もある．一般家庭で誰がキッチンに立つのかというジェンダー的な問いも，食文化と深く関わってくる．

8.1.3 食の標準化

その一方で，1990年代に始まるICT技術の革新は，世界の標準化を急速に進めた．食材や食文化も，その一つである．1990年代以降，欧米を中心とした小売企業は，世界各地に店舗網を拡大している．なかでも，アジア市場への参入が顕著である（Dawson et al., 2003）．その代表例が，ファストフードやスーパーマーケットのチェーンである．ファストフードの店に行けば，単調ではあるがおいしい食事を，いつでも手軽に食べることができる．また，スーパーの店頭には，画一的な品ぞろえの調理済み食品（冷凍食品）が山積みされている．安価でおいしい食材の安定供給を可能に

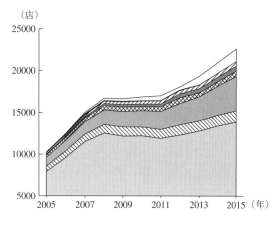

図8.2 スターバックスの地域別店舗数とその推移（スターバックス年次報告書による）

した点で，こうしたチェーンが果たした功績は大きい．その一方で，食材の安全性や，地域固有の食文化の喪失に対する危惧も高まっている．このことは，食の標準化を警告するリッツアの『マクドナルド化する社会』（1999）が，世界的なベストセラーとなったことからもうかがえる．

図8.2は，スターバックスの店舗数を示す．スターバックスは，アメリカ合衆国のシアトルに本拠地を構える，世界的なコーヒーショップのチェーン企業である．同店は，2015年現在，全世界に2万2627店舗（直営店およびライセンス契約店）を展開している．そのうち61％は，アメリカ合衆国（1万2521店）やカナダ（1358店）などの，北アメリカ地域で占めている（年次報告書）．一方，アジア諸国にも店舗網は広がっている．東アジアには4129店（日本1131店，中国1616店など），東南アジアには617店（タイ237店，フィリピン264店など）が存在する．緑茶の文化圏であるアジアでも，シアトル式のコーヒーは多くの人に愛好されている．

表8.1は，アジアにおける欧米系小売企業の進出年，および店舗数を示す（川端, 2005）．1990年以降，東アジアでは，欧米資本のスーパーマーケットが増えている．日本の西友と提携したウォルマート（アメリカ）や，中国本土で店舗網を広

表 8.1 欧米系主要小売業のアジア市場参入

業態 企業名	母国	タイ	マレーシア	シンガポール	インドネシア	フィリピン	ベトナム	日本	中国 (大陸)	中国 (香港)	台湾	韓国
ハイパーマート												
カルフール*	フランス	1996 (20)	1994 (8)	1997 (2)	1998 (15)			2000 (8)	1995 (351)**	1996 (4)	1989 (34)	1996 (27)
オーシャン	フランス	1997 (1)							1999 (13)		2000 (19)	
カジノ	フランス	1999 (42)									1998 (13)	
ブルボン	フランス						1998 (5)					
スーパーストア (スーパーセンター)												
テスコ	イギリス	1998 (140)**	2002 (6)					2003 (104)	2004 (32)		2000 (5)	1999 (38)
ウォルマート	アメリカ				1996 (2)			2002 (404)	1996 (43)	1994 (3)		1998 (16)
ホールセールクラブ												
コストコ	アメリカ							1999 (5)			1997 (3)	1994 (5)
プライスマート	アメリカ					2001 (4)			1997 (13)			
キャッシュ・アンド・キャリー												
マクロ	オランダ	1989 (29)	1993 (8)		1992 (15)	1995 (12)			1996 (5)		1989 (8)	1996 (4)
メトロ	ドイツ						2002 (4)	2002 (2)	1996 (24)			
食品スーパー												
デレーズ	ベルギー	1997 (36)		1999 (35)	1997 (42)							
アホールド	オランダ	1996 (47)	1995 (42)	1996 (14)	1996 (21)					1996 (15)		

川端（2005）による.

4桁の数字は参入年，括弧内の数字は店舗数.

店舗数は 2004 年末の数値を基に一部更新．網掛けは撤退.

* カルフールは 1999 年にプロモデス（フランス）と合併している.

** カルフールの中国 351 店の内訳は，ハイパーマート 59 店，食品スーパー（Champion）8 店，ハードディスカウント（Dia）184 店.

テスコのタイ 140 店の内訳は，ハイパーマートが 52 店，その他の小型店（Express, Talad, Value）が計 88 店.

げるカルフール（フランス），韓国のサムスンと提携したテスコ（イギリス）などが，代表的な例である．近年では，東南アジア諸国にも店舗網は広がっている．欧米のスーパーの参入は，ヨーロッパ式の食材や食文化，購買スタイルなどを，ホスト国に持ち込んだ．これにより，地域固有の食材を地場の市場で購入して調理していたアジアの人々の食生活に，大きな変革がもたらされた．これも，食の標準化の一例といえよう.

8.1.4 本章で紹介する地域

本章では，ヨーロッパと東南アジアという異なる文化圏を取り上げ，それぞれ代表的な 2 つの国を紹介する．ここで取り上げるのは，イギリス，フランス，およびベトナム，ミャンマーである．イギリスとフランスはヨーロッパの国々であるが，食文化は対照的である．イギリス料理は総じてシンプルであり，ファストフードという印象が強い．一方，フランス料理は世界三大料理の一つに数えられ，世界無形文化遺産にも指定されている．ベトナムとミャンマーも対照的である．ベトナムはかつてのフランスの植民地であり，その食文化は中国とフランスの影響を強く受けている.

また，同国は東南アジアでも屈指の経済成長国であり，外資系のスーパーやファストフード店も多い．一方，ミャンマーはかつてイギリスの植民地であり，その食文化は中国，インドおよびイギリスの影響を強く受けているとされる．ミャンマーは民主化が相対的に遅れた地域であり，ベトナムと比べると外資系企業は少ない．

8.2 ヨーロッパの食文化

ヨーロッパの食文化は，ムギやブドウ，オリーブといった植物性の食材を用いたローマ的食文化と，乳製品や肉などから構成されたゲルマン的食文化の融合である（南，1998）．パンやパスタなどを主食とし，ワインを飲みながら，牛肉やチーズを調理した主菜を食する．

ヨーロッパ料理と聞くと，豪華な宮廷料理を連想しがちである．しかし，実際には，ヨーロッパの食は長らく貧しいものであった．19世紀前半までは，肉や野菜などの主菜・副菜を口にできたのは，一部の特権階級のみであった．労働者層は，パンと紅茶しか食することができなかったという．また，料理は大皿に盛られ，手づかみで食されていた．肉などの動物性食品が一般家庭の食卓に上るようになったのは，食品の保存・輸送技術が進展した，産業革命期以降である．

8.2.1 イギリス

a. イギリス料理の特徴

イギリス料理の特徴は，効率性を重視する点にある（ホープ，2005）．イギリス人は手の込んだ調理をあまりせず，食材を単純に加熱する（煮る，揚げる）ことが多い．また，食べる人が好みで塩や酢などを加えることを前提としているため，調理の段階ではあまり味付けをしない．そのため，イギリス料理はシンプルに感じられる．

イギリスはムギ食を中心とした文化圏であるが，イモが食の重要な位置を占めている．主菜の付け合わせとして添えられるチップス（フライドポテト）やベイクドポテト，マッシュポテトなどが，実質的な主食である．一方，新鮮な野菜や魚を用いた料理は，総じて少ない．イギリスで広く消費される魚は，後述のフィッシュ＆チップスに

写真8.1 フル・ブレックファースト（イギリス北部 エディンバラ，2016年2月，筆者撮影）

用いられるタラやウナギなど数種類のみである．イギリスのスーパーマーケットは，生鮮野菜や鮮魚の品ぞろえは日本よりも乏しいが，ジャガイモ売場は充実している．イギリスを代表する料理は，ローストビーフやフル・ブレックファースト，フィッシュ＆チップスなどである．

b. イギリスの食文化

フル・ブレックファーストとは，イギリスの伝統的な朝食である．ホテルやB&B（民宿）に泊まると，必ずといってよいほど食卓に上る（写真8.1）．内容物は地域ごとに若干異なる．一般的には，淹れたての紅茶やコーヒーに始まり，フルーツジュース，卵料理（スクランブルエッグか目玉焼き），ベーコン，イギリス風ソーセージ，ベイクドビーンズ，トマト（生または焼き），マッシュルーム，魚の燻製などが，1枚のプレートに盛り付けられる．一緒に供される食パンは，食べ放題であることが多い．たとえばスコットランドでは，ここに伝統料理のハギス（羊の内臓のミンチ）が加わる．品数は豊富だが，調理にさほど手間はかからない．

なお，B&Bとは，一般世帯が空き部屋に客を泊める民宿である．朝食は，その家の食堂で食べる．イギリスでは男性（おもに夫）が調理を担当する家も多く，男性が宿泊客に給仕をする光景もしばしば見かける．B&Bに宿泊すると，イギリスの伝統食だけでなく，食習慣やマナー，一般家庭の雰囲気なども学ぶことができる．

写真 8.2 アフタヌーン・ティ（イギリス北部 エディンバラ, 2016年3月, 筆者撮影）

写真 8.3 スーパーの食料品売場（イギリス北部 エディンバラ, 2015年10月, 筆者撮影）

イギリスにはファストフードが多い．その代表がフィッシュ＆チップスである．フィッシュ＆チップスとは，タラやウナギなどの白身魚のフライにチップスを添え，塩か酢で味付けした料理である．フィッシュ＆チップスが普及したのは，食品の冷凍や輸送技術の向上により，魚が安価に市場に出回るようになった，1960年代以降である．手軽に十分な栄養を摂取できるフィッシュ＆チップスは，労働者層を中心に広まっていった．街なかには，数多くのフィッシュ＆チップス専門店が存在する．新聞紙に包まれたフィッシュ＆チップスを歩きながら食べるイギリス人も多い．

アフタヌーン・ティも，イギリスの食文化である．アフタヌーン・ティとは，紅茶とともに，サンドウィッチやスコーン，ケーキなどを食する喫茶習慣である（写真8.2）．もともとは，上流階級の女性たちが，オペラなどを鑑賞する前の腹ごしらえするための習慣であった．最近では，優雅なティータイムを楽しむという英国のイメージは，観光資源となっている．カフェやレストランでは，アフタヌーン・ティを注文する外国人観光客をしばしば見かける．その一方で，のんびりティータイムを楽しむイギリス人は少ない．

c. 調理済み食品の増加とフードデザート問題の拡大

先進国では，1980年代以降，工場で大量生産された調理済み食品（冷凍食品やレトルト，缶詰など）が市場に出回るようになった．調理済み食品は生鮮食品よりも栄養価が低く，かつ調理のレパートリーも単調である．こうした食材の増加は，伝統的な食文化の喪失も誘引しうる．しかし，調理済み食品の消費量は，年々増加している．この傾向は，イギリスで顕著である．イギリスでは，週末に自家用車でスーパーに向かい，日持ちの良い食品を買いだめする人々が多い（写真8.3）．

調理済み食品市場が拡大した要因として，下記の4点が挙げられる．第一は，食品の長期保存技術の進歩である．第二は，1980年代におけるヨーロッパの経済不況と，女性の社会進出である．共働き世帯にとって，安価で簡便に食事ができる調理済み食品は魅力的である．第三は，スーパーによる調理済み食品のPB（プライベートブランド，自社開発ブランド）化である．PBは利益率が高く，小売企業に大きな利潤をもたらす．第四は，モータリゼーションの進展とスーパーの郊外化である．これにより，週末に自家用車で郊外の大型店に出かけ，冷凍食品を大量購入するという消費者行動が一般化した．

食生活の変化は，フードデザート（食の砂漠）を誘発する．フードデザートとは，生活環境（買い物，雇用，教育，住民の相互扶助など）の悪化により，住民の健康的な食生活維持が阻害された，街なかの一部エリアを意味する．イギリスでは，フードデザートに住む低所得者層（外国人労働者，シングルマザーなど）において，いわゆる

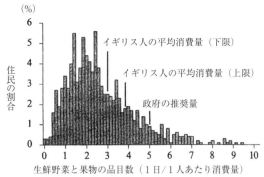

図 8.3 リーズ市シークロフト地区の住民における生鮮野菜と果物の消費量（Wrigley *et al.*, 2003）

ジャンクフードの蔓延と食生活の悪化が顕在化している（図 8.3）（Wrigley *et al.*, 2003）．食生活の悪化は，肥満や腎不全などの健康被害を拡大させる．近年では，アメリカや日本などでも，フードデザート問題が確認されている（岩間，2017）．フードデザートは，飽食時代を迎えた今日における，新たな食糧問題である．

8.2.2 フランス
a. フランス料理の特徴

フランス料理とは，16世紀にフランス王国の宮廷料理として確立した献立の総称である（ピット，1996）．豊かな食材の使用と洗練された調理法が特徴である．また，地域固有の食材を用いた郷土料理も多数存在する．フランス料理の原型は，ルネサンス期のイタリアにあるとされる．イタリアからフランス王室に嫁いだ姫たちに同行した料理人が，フランス料理の確立に大きく貢献した．フランス革命以後は，宮廷から職を追われた料理人たちが街角でレストランを開業したことで，市民もフランス料理を口にするようになった．

b. フランスの食文化

フランス料理はマナーに厳格である．『ミシュランガイド』に名を連ねる高級レストランで食事をする際には，服装や食事の作法に気を配る必要がある．店内は静かで，上品な雰囲気に包まれている．一方，パリには，アットホームな雰囲気の大衆レストランも多い（写真 8.4）．こちらの食事客は普段着であり，ワインを片手に，にぎやかに食事を楽しんでいる．給仕をしてくれるスタッフも，陽気に話しかけてくる．

写真 8.4 エスカルゴ料理で有名な大衆食堂（フランス パリ，2016年7月，筆者撮影）

カフェも，フランスの食文化である．フランスの街なかには，数多くのカフェが存在する．地元の人々は，朝はクロワッサンとコーヒー，昼はランチ，夜にはワインを飲みながら，カフェで余暇を過ごす．カフェはフランスの歴史や文化に深く根付いている．17世紀のカフェは，貴族や芸術家たちの社交場であった．ヴォルテールやルソーといった著名な作家や思想家たちも，カフェを愛用した．また，18世紀には革命家たちがカフェに集まり，フランス革命の火種となる議論を交わしたという．

フランス人のコーヒー好きは，統計データからも読み解ける．図 8.4 は世界のコーヒー消費量を示す．コーヒー消費量は，アメリカとブラジルが高いが，フランスも第6位に位置している．なお，日本は世界4位の消費国であるが，缶コーヒーやコンビニ・コーヒーの消費量が大きい．コーヒーを飲むという習慣が，ヨーロッパ諸国の植民地であったエチオピアやインドネシア，ベトナムなどに根付いている点も，興味深い．

c. 調理済み食品の蔓延と食育の強化

イギリスと同様に，フランスでも，調理済み食品やファストフードの消費量が増加している．カフェのチェーン店化も進んでいる．これらは，フードデザート問題の拡大や食文化の喪失を誘引する．

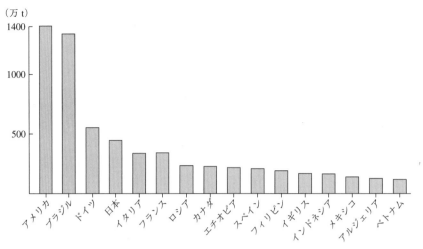

図8.4 コーヒー豆の消費量（2015年，International Coffee Organization 資料による）

表8.2 ブルターニュ地方ナント市の小学校，味覚週間の給食メニュー（2012年）

	前菜	メイン	デザート
月曜日	ジャガイモと*イワシのサラダ	*ガレット（主食用クレープ）とグリーンサラダ	ヨーグルト（有機）
火曜日	マッシュ野菜のサラダとゆで卵半分	*アンスニ（地域名）の鶏肉ソテーのカリフラワー添え	*発酵牛乳を使用したプチプール（ブルターニュのビスケット）
水曜日	フォアのパテ（有機）	*ブリエール（地域名）風ポトフ	カマンベールチーズとブドウ
木曜日	ビートの千切りサラダ	*ブータンノワール（豚の血入り腸詰めソーセージ）と*ヴァンデ（地域名）の白いんげん豆	*キュレ・ナイテチーズとリンゴ（有機）
金曜日	*チーズのガレット	*魚の白バターソースのニンジン添え	トムチーズ（有機）と洋梨

戸川（2016）による．
*印は地方の特産物および料理．

こうしたなか，フランスでは，食文化の伝承に力を入れている．フランスの学校では，味覚教育や栄養教育を全国規模で実施している（戸川，2016）．味覚教育とは，全国民がフランス料理のすばらしさを発見，学習する場である．毎年10月の第3週は，フランス味覚週間に位置づけられている．料理人たちが全国の小学校を訪れ，フランス料理全般の知識の修得や，五感を用いたフランス料理の表現方法，地域の農産物と食の関係などを教える．また，同期間中は，自国の食文化の意識を高めるために，地元の特産物を用いた郷土料理が給食の献立に上る（表8.2）．さらに，栄養教育についてもさまざまなプログラムが組まれている．

8.3 東南アジアの食文化

東南アジアの自然環境は多彩である．東南アジアの北部は，ヒマラヤから続く高地である．一方，メコンやチャオプラヤ，エーヤワディといった大河の下流には，広大なデルタが広がる．また南部には，火山島や非火山島が広範囲にわたって分布している．こうした自然環境の多様性が，バリエーションに富んだ東南アジアの食文化を育んできた（森枝，1997）．

東南アジアはコメ文化圏である．標高が高い北部の山岳部では，陸稲が卓越する．棚田も多い．コメが育たない高地では，トウモロコシなどの作物が食されている．大河の中流域では，川から灌漑用水を引いた水田が卓越する．デルタ地域では，大規模な水田耕作が行われている（写真8.5）．東南アジアで栽培されているコメの多くは，長粒種のインディカ米である．また，ミャンマー（ビルマ）の一部地域や，日本向けの稲作が行われている地域では，短粒種のジャポニカ米が栽培されている．もち米を栽培する地域も散見される．コメの食べ方も多様である．一般には，日本と同様

写真 8.5　メコン河デルタ（ベトナム南部 カントー，2010 年 2 月，筆者撮影）

写真 8.6　牛肉が入ったフォー・ボー・タイ（ベトナム北部 ハノイ，2010 年 2 月，筆者撮影）

に白く炊き上げたコメが食されている．チャーハンや粥を食べる地域も多い．ベトナムのフォーやビーフン，春巻きの皮（ライスペーパー）も，原料はコメである．

食文化は，旧宗主国の影響も受けている．1940 年代の東南アジアでは，ミャンマーやマレーシア，ブルネイはイギリス領，ベトナム，カンボジア，ラオスはフランス領であり，緩衝国としてタイが独立を保つ構図であった．また，インドネシアはオランダ，フィリピンはアメリカが統治していた．パンを例にすると，フランスの植民地であったベトナム，カンボジア，ラオスでは，バゲットが普及している．一方，緩衝国であったタイやイギリスの影響を受けたミャンマーでは，今でも食パンが広く食されている．

8.3.1　ベトナム

a．ベトナム料理の特徴

ベトナムでは，パクチー（コリアンダー）に代表される香草類や，魚醤ヌックマムなどが，料理の重要なエッセンスとなっている．ヌックマムに砂糖，ニンニク，酢などを混ぜたヌックチャムという調味料も広く食される．ベトナム料理は脂っこくなく，味はマイルドである．生野菜を多く用いるため健康的でもある．ベトナム料理は，日本人の愛好者も多い．

b．ベトナムの食文化

代表的な料理としては，ライスヌードルのフォー（写真 8.6）や，太麺のブン，生春巻き，エビや豚肉などが入ったお好み焼きバインセオなどが挙げられる．フォーは屋台で食されることが多い．屋台のテーブルには調味料（パクチー，ヌックマム，ヌックチャム，砂糖など）が置いてあり，お好みで味付けする．麺類に砂糖を加えるのは，東南アジア特有の習慣であろう．熱い地域では体が糖分を欲するため，甘い料理が頻繁に食される．日本と同様に，ベトナムでも料理は基本的に箸で食べる．なお，麺をすすって食べるのは，東南アジアではマナー違反である．

ベトナムコーヒーも，食文化の一つである．ベトナムはもともと飲茶文化圏である．ベトナムにコーヒーを持ち込んだのは，フランス人宣教師であった．フランス統治時代，コーヒーはフランス人のための飲料であったという．しかし，ベトナムでコーヒー豆が栽培されるようになると，ベトナム人の間にも，コーヒーを飲む習慣が広まった．現在では，ベトナムは世界第 2 位のコーヒー豆生産国である．ベトナムコーヒーは，紙のフィルターを使わずに，金属製のドリッパーで淹れる．また，暑さに弱い生乳の代わりに，コンデンスミルクを用いる．そのため，ベトナムコーヒーは総じて味が濃く，甘さが強い．

郷土料理も多彩である．なかでも，ベトナム中部の古都フエの宮廷料理は，特筆に値する（写真 8.7）．フエは，ベトナム最後の王朝である阮（グエン）朝の首都であった．当時の都には，全国から一流の料理人が集められていた．そのため，高級食材をふんだんに使い，かつ野菜などで花や動物を形づくって盛り付けた，フエ独特の宮廷料理が誕生した．今日では，こうした宮廷料理を，巷のレストランで食することができる．

8.3　東南アジアの食文化　　85

写真 8.7　フエの宮廷料理（ベトナム中部　フエ，2010 年 8 月，筆者撮影）

写真 8.8　黒モン族の伝統家屋にて（ベトナム北部　サパ近郊，2011 年 9 月，筆者撮影）

少数民族が集まる北部の山岳地域にも，固有の食文化が存在する．大地の精霊を崇拝する黒モン族では，家に床板を張らず，土間で生活している（写真 8.8）．キッチンや食堂も土間である．家には部屋を仕切る壁がなく，吹き抜けの構造である．ガスはなく，囲炉裏が切ってある．黒モン族は大家族であり，大勢でにぎやかに食事をする．家事全般は女性の仕事である．黒モン族の料理は，中華と同様に炒め物が多い．食材の多くは自家製である．黒モン族は，先祖伝来の棚田での農耕を大切にする．なかでも女性たちは，農耕の働き手として期待されている．彼女たちは早婚であり，高等教育を受ける人は少ない．また，結婚相手は親同士が決めるという．

近年，保守的な黒モン族の生活にも変化が生じている．外国人客の増加とともに，観光収入が彼らの重要な収入源になりはじめている．学校に行っていない黒モン族の女性たちは，読み書きが苦手である．しかし，外国人観光客に接する機会が多い彼女たちは，独学で英語を身につけている．黒モン族の女性たちは働き者であり，野菜を洗ったり豆のヘタをとったりと，一日中忙しく働いている．しかし，彼女たちは，手を忙しく動かしながらも，男性たちが理解できない英語で夫の悪口を言い合い，陽気に盛り上がっていた．どの地域でも，女性たちは強くてたくましい．

c.　小売企業の海外進出と食の標準化

前掲の図 8.2 や表 8.1 で示したとおり，1990 年代以降，アジアでは，欧米を中心とした小売企業が相次いで進出している．ベトナムでも，ブルボンやメトロなどの欧米系スーパーが開業している．また，スターバックスやマクドナルド，KFC（ケンタッキーフライドチキン）なども多い．同国では，若者の 53％ が，週に 1～2 回以上は，マクドナルドなどのファストフード店で食事をしている（W&S, 2015）．また，現地の若者たちは，伝統的なベトナムコーヒーよりも，カフェラテなどを好む傾向にある．多彩な食文化を誇るベトナムでも，間違いなく食の標準化が進んでいる．

8.3.2　ミャンマー

ミャンマー料理は，日本ではあまり馴染みがないかもしれない．ミャンマーは中国とインドに接しているため，料理も両文化圏の影響を強く受けている．また，かつての宗主国であるイギリスからも，食文化の影響を受けているとされる．ミャンマー料理は，油と香辛料をふんだんに使う点に特徴がある．そのため日本人の中には，ミャンマー料理を苦手とする人も見受けられる．

a.　ミャンマー料理の特徴

ミャンマーを代表する料理は，ヒンと呼ばれるカレー風味の主菜である．ヒンは，具材とスパイスを入れた鍋に大量の油を投入し，水分が蒸発するまで煮込む，「油戻し煮」という調理法で作られる．そのため，油味が強く，インドや日本のカレーとは異なる味わいである．ヒンには，牛肉や鶏肉，マトン，ベジタブルなど，さまざまな調理法が存在する（写真 8.9）．また，屋台ではモヒンガーがよく食べられている（写真 8.10）．モヒン

写真 8.9　バラエティ豊かなヒン（ミャンマー中部 マンダレー，2015 年 2 月，筆者撮影）

写真 8.10　屋台でモヒンガーを食べる人々（ミャンマー中部 マンダレー，2015 年 2 月，筆者撮影）

ガーとは，ライスヌードルと魚介スープを組み合わせた麺料理であり，ミャンマーの国民食である．魚介の風味が強いがさっぱりしている．朝から屋台で食事をする食文化は，中国や台湾，ベトナムなどと共通する．一方，中国系のシャン族が経営する店では，中華風の料理を食べることができる．こちらはわれわれが慣れ親しんだ味であるため，日本人にも人気である．なお，ミャンマーでは麺類を食べるときには箸が使われるが，米料理には主にフォークとスプーンが用いられる．

ミャンマーでは，日本と同様に納豆が食されている．納豆の文化圏は，日本以外にも，ラオスやタイの北部，ミャンマー中・北部にかけて広がる（横山，2014）．納豆の起源には諸説あるが，納豆文化圏と照葉樹林帯の分布域と重なっている点が興味深い．ただし，納豆の食べ方は地域ごとに異なる．ラオスやタイの北部では，日本と同様にひき割り状の納豆を食する．一方，ラオスからタイ，ミャンマーにかけては，乾燥センベイ状の納豆が主流である．ミャンマーでは，乾燥センベイ状のほか，粒状の納豆も食される．こちらはあまり糸を引かず，風味も日本の納豆とは異なる．

b. 食の標準化の可能性

ミャンマーは長らく鎖国状態が続いていたため，東南アジアの他の国々と比べると，現在でもファストフード店やスーパーは少ない．その分，伝統的な食文化が今なお根付いている．しかし，ミャンマーにも国際化の波は押し寄せている．2011 年の政権交代以降，欧米や東アジアの企業が，相次いでミャンマーに進出している．外国人も増えた．2011 年の外国人観光客は 81 万人であったが，2015 年には 468 万人に増加した（政府資料）．2015 年には，ヤンゴンに KFC の 1 号店もオープンした．伝統的な食文化が残るミャンマーでも，近い将来，食の標準化が進むと予想される．

8.4　食文化の地誌

食文化はまさに地誌である．世界各地でみられる固有の食文化は，農耕文化や宗教，歴史などに深く根ざしたものである．その一方で，食文化の多様性は確実に縮小している．食文化の標準化は時代の必然であるが，地理学を学ぶ私たちにとっては，寂しい限りである．　　〔岩間信之〕

引 用 文 献

石毛直道（1973）：世界の食事文化，ドメス出版．
岩間信之（2017）：都市のフードデザート問題―ソーシャルキャピタルの低下が招く街なかの「食の砂漠」，農林統計協会．
川端基夫（2005）：アジア市場のコンテキスト―グローバリゼーションの現場から 東南アジア編，新評論．
菊地俊夫（2002）：食の世界―私たちの食を考える，二宮書店．
戸川律子（2016）：フランスの小学校における食文化を取り入れた食育の多様な試み．斎藤　修監修，茂野　隆・武見ゆかり編，現代の食生活と消費行動，農林統計出版，pp.175-190．
二宮書店（2003）：詳説 新地理 B，二宮書店．
ピット J. R., 千石玲子訳（1996）：美食のフランス―風土と歴史．白水社．〔Jean-Robert Pitte（1991）: Gastrono-

mie française : Histoire et géographie d'une passion, Librairie Artheme Fayard.]

ホープ A., 野中邦子訳 (2014)：ロンドン食の歴史物語—中世から現代までの英国料理，白水社．[Hope, A. (2005)：*Londoners' larder : English cuisine from Chaucer to the present*, Mainstream Publishing.]

南　直人 (1998)：ヨーロッパの舌はどう変わったか—十九世紀食卓革命，講談社．

森枝卓士 (1997)：図解 東南アジアの食，河出書房新社．

横山　智 (2014)：納豆の起源，NHK 出版．

リッツア G., 正岡寛司訳 (1999)：マクドナルド化する社会，早稲田大学出版部．[Ritzer, G. (1993)：*The Mc-* *Donaldization of society*, Pine Forge Press.]

Dawson, J. *et al.* (2003)：*The internationalisation of retailing in Asia*, RoutledgeCurzon.

W&S Indonesia Market Research (2015)：Comparative report on fast food study in Thailand, Indonesia and Vietnam in 2015. http://www.slideshare.net/nusaresearch/comparative-report-on-fast-food-study-in-thailand-indonesia-and-vietnam-in-2015（最終閲覧 2017 年 1 月 25 日）

Wrigley, N. *et al.* (2003)：Deprivation, diet, and food-retail access：Findings from the Leeds 'food deserts' study. *Environment and Planning*, **A35**：151-188.

【世界の食文化を体験する】

　世界の食文化を学ぶには，現地に赴くことが一番である．日本国内にも外国のレストランは多いが，現地で食べる料理が間違いなく一番美味しい．伝統料理は，その土地の風土や歴史を色濃く反映している．現地で，地元の人たちに紛れて食事をしていると，その土地の地誌を少し理解できたような気がしてくる（写真8.11）．また，見慣れたチェーン店を海外で目にすると，グローバリゼーションを実感する．

写真 8.11 路地裏の屋台での食事（ベトナム南部 ホーチミン，2010年2月，筆者撮影）
真夏のベトナムは35℃を超えるが，湿度が低いため日陰は涼しい．喧騒のなかで食べるアツアツのフォーは，また格別である．

　食べることの意味を考えさせられることも多い．日本の大学生たちを連れて，カンボジアの小学校を訪問したことがある．ポルポト派の残党がまだ残っているともいわれる，北部の貧しい農村であった．木造の校舎には，地雷注意のポスターが貼ってあった．その村には，電気も水道もひかれていなかった．当然ながら，スーパーもコンビニもなかった．私たちは，生きた鶏を地元の市場で買ってきて，自分たちで捌き，カンボジア式のチキンカレーを作った（写真8.12）．カンボジアの子どもたちにとって，肉はごちそうである．私たちが作ったカレーを，子どもたちは本当に美味しそうに食べてくれた．子どもたちの家族まで，カレーを食べにやってきた．鶏を捌くという経験もショッキングであったが，それ以上に，「貧困という現実」と「食べることのありがたさ」を学んだことが，印象深かった．

　海外の食を挑戦する際に，いくつかの注意点がある．危険な場所には行かないことが，旅の前提条件である．食中毒にも注意しなければならない．旅で疲れた人間が，不慣れなものを食べると，腹痛を起こす．露店に並んだカット・フルーツや佃煮などは（写真8.13），長時間外気に晒されて傷んでいる可能性がある．過度な警戒は興ざめであるが，露店の食べ物が作りたてであることは，確認した方がよい．体調を崩すと，せっかくの旅が台無しになる．

写真 8.12 鶏を捌く日本人学生（カンボジア北部 アンロンベン，2010年2月，筆者撮影）
最初は鶏に触れるのを躊躇していた大学生たちも，じきに慣れて，手際よく鶏肉を調理し始めた．

写真 8.13 店頭に並んだ昆虫類の佃煮（カンボジア北部 アンロンベン，2010年2月，筆者撮影）
昆虫は貴重なタンパク源である．ただし，不慣れな人間が不用意に口にすると，腹痛を起こすことがある．

9

グローバル化時代のツーリズム

ツーリズムは人類史と同様に古い歴史を持っているが，グローバル化とともにその規模はますます増大している．ツーリズムは日常生活圏を離れるという移動を伴うために，さまざまな交通手段を利用することになる．交通手段は技術の進歩とともに徒歩から，船舶，自動車，航空機などと利用可能な手段は多様化している．通信手段の技術進化も顕著で，目的地に関する情報や交通・宿泊の予約に関する制約はますます縮小している．また，グローバル化のもとで他文化理解も進みつつあり，可処分所得の増加とともに国外への旅行，すなわち国際ツーリズムを発展させている．本章では，グローバル化時代におけるツーリズムの特徴をさまざまな面から理解してみよう．

9.1　観光からツーリズムへ

日本語の「観光」は，ほとんどの国語辞典で「他の国や地方の風景・史跡・風物などを見て回ること」などと定義されている．類似の意味を持つ用語として，「行楽」や「遊覧」「遊山」「探勝」などをあげることができよう．つまり，風光明媚な滝や湖，著名な城跡や寺社，教会，歴史的建造物や街並みを見て楽しむことが観光ととらえられており，この意味に最も近い英単語は sightseeing であろう．

しかし，現在，われわれが持つ「観光」の言葉イメージはこうした「見て回る」行動だけにはとどまらない．温泉地で癒されること，山岳リゾート志賀高原でのスキー，西表島でのカヌー，筑波山へのトレッキング，ご当地ラーメンを目指した旅行，日常生活圏外での買い物なども観光と認識している．一方で，前文にあげた多様な活動は，「観光」とは異なった行動としての分類や解釈も進んでいる．それは，すなわち，それらの多様な活動と「観光」とを合わせたものを「ツーリズム」ととらえる理解である．それは，国連世界観光機関（UNWTO）による定義，すなわち，「連続して1年を超えない期間で楽しみやビジネスを目的として日常生活圏以外の場所を訪れ滞在すること」と合致する．このように観光やツーリズムの意味，さらにはそれに含まれるものは変化しているが，これについては後に説明する．

一方で，観光産業や観光に関する情報なども ツーリズムの一部であるとするとらえ方もある．それも含めた考え方の一つに，ツーリズムの「構造」がある．ツーリズムの構造を構成する要素として，「主体」としての観光者，「対象」としての観光資源や観光施設，「媒介」としてのメディアや情報，旅行会社をあげることができる．主体はゲストであり，一方の対象はホストであり，それらを媒介が結びつける役割を果たしているのである．

9.2　ツーリズムの変化

先述のようにツーリズムは変化しており，その変化の多くは多様化とみることができる．その傾向はおおまかには次のように理解される．

9.2.1　伝統的ツーリズム

信仰と療養は，ツーリズムの最も古い動機であり，これに商人による交易も含めることができよう．いずれも，それぞれの目的のために日常生活圏を離れて一時的な移動がみられたのである．キリスト教の巡礼，四国八十八箇所巡り，江戸時代に発展した伊勢参り，富士講などは信仰に基づいたツーリズムの原型であろう．スペイン，サンティアゴ・デ・コンポステーラへの「聖ヤコブの道」，紀伊半島の「熊野古道」などの巡礼路は，今日でも人気が高い．日本では，伊勢参りなどの機会に複数の目的地を見て回る物見遊山（見物して遊び歩くこと）が定着し，それが後年の周遊旅

行へと継承されていった.

温泉地での療養もヨーロッパや日本で盛んに
なされていた. 江戸時代の日本では, 療養に加えて
湯治が普及し, 温泉番付などの温泉地のランク付
けもなされた. その一形態として, 農民が農閑期
に近隣の温泉地に滞在して休養していた例をあげ
ることができる.

教養旅行もまたツーリズムにおける古い形態で
ある. イギリス貴族の子弟によるグランドツアー
は, フランスやイタリアなどでヨーロッパの伝統
的文明や先端的文化に触れるための旅行であっ
た. 日本の修学旅行も教養目的の旅行であると認
識される.

休養することもツーリズムの重要な動機である
が, それが重要になるのは産業革命以後である.
産業革命は工業化のみならず都市化を促進させ,
その過程で大都市内部では大気汚染や水質汚濁な
ど環境悪化が顕在化していった. 悪化した環境下
で結核が蔓延し, そのためにスイスの山岳地域に
位置するダヴォスなどの気候療養地に滞在して結
核療養をする形態もみられるようになった. ヨー
ロッパ・アルプスの気候療養地は, 後に, 都市の
喧噪から逃避する保養者や避暑の人々も多く受け
入れ, これらはいずれも現在では山岳リゾートと
して機能している. 同じように静かな海浜地域に
も保養のために多くの都市住民が滞在した. イギ
リスの海岸リゾート, ブライトンはその典型例で
ある. こうしたリゾートにおいて, 当初の休養の
担い手は富裕層であり, それゆえにそこには高級
ホテルなどの宿泊施設と並んで別荘が整備され,
後者が集積した別荘地域も現れた.

休養が自然環境のもとでなされることによっ
て, そこでのレクリエーションも盛んになった.
すなわち, 山岳地域での登山, トレッキングやス
キー, 海岸地域を拠点とするヨットなどのマリ
ン・レクリエーションなどである. こうした自然
地域でのレクリエーションには, アメリカ合衆国
に始まる, 国立公園制度も関係している. 自然地
域の環境を保全し, その一部の地域で観光者が解
説者と回りながら学習する形態も出現した.

9.2.2 マス・ツーリズム

第二次世界大戦後になると, 欧米諸国では1950
年前後以降に, 日本では1960年前後以降に, 多
くの人々が旅行に出かけるような現象, すなわち
マス・ツーリズムが生じた. その背景には, 所得
の上昇に基づいた可処分所得の増加, フランスに
始まったバカンス制度の拡充, それと並行する休
日の増加などがある. 欧米諸国では, 夏季にバカ
ンスを取得し, 海岸地域で長期にわたり休養する
形態が大量に発生した. それゆえ, 海岸リゾート
は大きく発展した. 夏季休暇者の一部はヨーロッ
パ・アルプスなどの山岳地域を訪問するようにな
り, そこでは冬季にスキーを楽しむバカンス者も
受け入れるようになった. そのようにして, 山岳
リゾートはスキーリゾートとしての性格を持つよ
うに変化した.

一方, 日本では, 高度経済成長期に生じたパッ
ケージ周遊旅行が目立っていた. それは職場等の
団体旅行に代表されるように, 風光明媚な滝や
湖, 著名な神社仏閣などの観光資源を見て回り,
温泉地に宿泊するものであった. つまり, 先述し
た国語辞典で示される「観光」の実践がなされて
いたのである. そこでは, 明治時代後半以降に生
じた一部の大都市近郊温泉地でみられた傾向 (山
村, 1998) と同様に, 「歓楽性」の強調されたツー
リズムが重視された. 観光者の滞在地では, 観光
施設, スキー場, ゴルフ場, 別荘などの開発が急
速に進行し, また「歓楽性」に対応した施設や
サービスが整備された.

日本では, 石油危機などの経済後退を契機とし
てマス・ツーリズムの発展はやや停滞した. しか
し, 1980年代, とくにその後半には, バブル景気
や貿易黒字縮小のため内需拡大の政策といった条
件のもと, 再びマス・ツーリズムの性格が強まっ
た. 「歓楽性」の重要性は継続されたものの, 新
たに「リゾート」という用語が脚光を浴び, 観光
者としての女性をターゲットとした戦略も重視さ
れた. その受け皿として, スキー場, ゴルフ場,
マリーナ, リゾートマンションなどのリゾート開
発が急速になされた. そうした開発を助長する
「総合保養地域整備法」(通称, リゾート法) や「ふ

るさと創成事業」などの政策も存在した．しかし，バブル経済が崩壊すると，民間事業者による開発のほとんどは中止された．

テーマパークもマス・ツーリズムの目的地として大きく発展した．類似する形態として最も古いものには，都市内や近郊に立地する遊園地がある．その後は，富士急ハイランドのように鉄道会社が沿線の郊外に開発する形態も出現した．1983年の東京ディズニーランド開業を経てバブル経済期には，倉敷チボリ公園やハウステンボスのように全国各地でテーマパークの開発が進行した．

9.2.3 オルタナティブ・ツーリズムの成長

マス・ツーリズムの性格が強まっていくと，観光者の集中する目的地は混雑したり，開発が進行して環境破壊が進むような現象が顕在化した．海岸リゾートでは，砂浜には人がひしめくように寝転がっていたり，食事時にはレストランで席に座るために長時間並ばなければならなかったりと，休養のために滞在したリゾートで逆にストレスがたまるような環境を嫌う人々が現れた．1970年代にすでに，マス・ツーリズムが有するそうした「負」の部分が問題視され，マス・ツーリズムに代わるツーリズム（オルタナティブ・ツーリズム）を志向する動きがヨーロッパで開始された．その目的地となった場所の一つが農村である．それ以前にもアルプス地域で標高が高いなど条件に恵まれた農村では，ペンションなどの宿泊施設が整備されていたが，安価な滞在地という性格が強かった．しかし，オルタナティブ・ツーリズムが徐々に勢力を増していくと，条件の良い農村のみならず多くの農村がルーラル・ツーリズムの目的地として成長した．そこには環境に対する意識が高く，自然の中でのんびりとゆっくりするような，またトレッキングで植生などを観察することに興味を持つような人々が訪問するようになった．

1970年代，とくに1980年代以降は，マス・ツーリズムも存在しているものの，同時にオルタナティブ・ツーリズムも成長し，ツーリズム全体では後者の比重が高まってきた．自然環境を対象としつつも，学習という内容を含み，地域振興と環境保全をもたらすエコツーリズムやジオツーリズムはその典型例である．また，うどんなどの特定の食べ物やワイン，日本酒などの食文化を目的とするフード・ツーリズム，アニメやメディアに登場したストーリーそのものやそれに関する場所などが対象とされるコンテンツ・ツーリズムの成長も著しい．博物館・美術館訪問，都市の歴史文化，まち歩き，買い物を楽しむアーバン・ツーリズムも注目され，大都市内部の工業地区がジェントリフィケーションでツーリズムの目的地となったり（ロンドンのドックランズなど），稼働中・操業終了後の工場見学（写真9.1），公園散策なども人気がある．このように，オルタナティブ・ツーリズムは，観光者の興味が多様化する傾向の中で，それ自身も非常に多様化している．

世界遺産は，ユネスコの「世界の文化遺産及び

写真9.1　ハッティング（Hatting）の製鉄工場跡（ドイツ ルール地域，2010年12月，筆者撮影）
ハインリッヒ製鉄工場は1854年に操業開始し，2003年に完全に稼働停止された．現在では工業博物館として一部が公開されている．

自然遺産の保護に関する条約」（世界遺産条約,1972年）に基づいてリストに登録された，人類が共有すべき「顕著な普遍的価値」を持つものを指す．2017年現在，文化遺産814，自然遺産203，複合遺産34で，合計して1052の世界遺産が存在する．こうした世界遺産の多くはマス・ツーリズムの目的地として認識され，卓越した知名度ともあいまって多くの人々が訪れる．しかし，そうした大量訪問による保存状態や環境の悪化を避けるために，持続可能な利用形態が求められる．それゆえに，世界遺産の管理にはサステイナブル・ツーリズムの視点が重視される．

ビジネス旅行も伝統的ではあるものの，「観光」という枠組みでとらえられることはあまりなかった．日本についてみれば，参勤交代などの武士による旅行，商人の旅行，富山の薬売り，官僚出張などはツーリズムという枠組みでとらえ直せば重要な地位を占めていた．さらに，今日では，経済活動のグローバル化によって世界中を役人やビジネスマンが飛び回っている．インターネットの普及で多くの情報が瞬時に世界中を駆け回る一方で，MICEなどを通じた対面接触による情報交換も重視されているためである．MICEとは，meeting（会議・研修），incentive（招待旅行），conference（会議）またはconvention（集会），exhibition（展示会）の4つの頭文字を合わせてつくられた造語で，ビジネスに関連して多数の人々が1か所に集まるイベントである．規模によっては数千，数万人規模の人々が集まる．MICEも含めたビジネス・ツーリズムは経済的な効果が小さくなく，その重要性を評価する動きが高まっている．ビジネスの出張も交通手段や宿泊施設，飲食店などの利用といった側面でツーリズムに含みうる側面を併せ持っているからである（森本，2004）．

9.3 グローバル化と国際ツーリズムの成長

9.3.1 グローバル化と国際ツーリズム

マス・ツーリズムが発展すると，国境を越えた国際ツーリズムも同時に発展する．とくに，ヨーロッパでは比較的小規模な国家が多いために，国境を越えた国際ツーリズムは頻繁になされてきた．また，旅行ガイドブックの説明や写真のみならず，テレビで外国の映像に接する機会が多くなるにしたがって，外国への興味も増していく．もちろん，国境を越える国際列車や高速道路の整備，国際航空便の整備，格安航空券や安価なチャーター便の登場などによって国際ツーリズムは大きく発展する．最近では，インターネットなどの通信インフラ整備を通じて，目的地に関する写真やおすすめ情報などがSNS（ソーシャル・ネットワーキング・サービス）で拡散したり，世界中の主要な宿泊施設の予約プラットフォームが利用しやすくなり，国際ツーリズムへの障壁はますます低くなりつつある．加えて，ビジネス・ツーリズムもグローバル化とともに規模を拡大させている．

9.3.2 世界の国際ツーリズム

先述したように，全世界でツーリズムは大きく発展している．しかし，その総数を把握することは難しい．それは，とくにそれぞれの国・地域内での旅行，さらには日帰り旅行の規模を正確に把握できないためである．一方，国境を越えた宿泊旅行については，国境や宿泊施設で人数に基づいた統計数値（観光者到着数）が各国の統計局でまとめられていることが多く，それらをUNWTOが集計している．これはインバウンド・ツーリズム（外国人が訪れてくる旅行）を量的に把握するものであるが，国・地域によって得られる数値に，国境を越えた外国人の人数（日帰りを含む，または含まない），宿泊施設での到着数（ホテルと類似施設のみ（安価なゲストハウス等は含まない），または全宿泊施設）などの違いも存在する．

国際ツーリズム到着数の世界での総数は，1960年時点では1億人に満たなかったが，1970年代前半に2億人を超え，1980年には2億8000万人弱に達した（UNWTO, 2016）．その後も到着数は順調に増加し，2015年には11億9000万人になっている（図9.1）．この数値は2020年には14億人へ，2030年には18億人へと増加すると見積もられている（UNWTO, 2016）．2015年時点の世界人口を70億人と見積もり，同一人物の複数

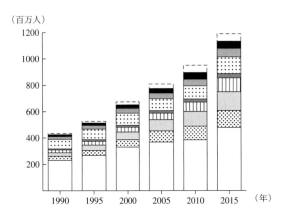

図9.1 世界の国際ツーリズム到着数の推移（1990〜2015年，UNWTO（2016）による）
「ヨーロッパ」はEU 28か国を除く．「アジア・太平洋」は北東・東南アジアを除く．

回旅行を無視して単純に計算すれば，その約17%にあたる12億人が国境を越えた旅行に出かけていることになる．世界の主要地域別にみると，中国を含む北東アジア，さらには東南アジアにおける増加が顕著である（図9.1）．また中東，EU 28か国を除くヨーロッパも増加しており，このような，これまで主要な旅行先にはならなかった地域への旅行が人気を博し，グローバル化による目的地分散が進んでいるとみることができる．一方で，依然としてEU 28か国が到着地域としては最大規模であり，その到着数も堅実な増加傾向を示している．しかし，1990年には，その到着数は世界全体の50%を超えていたが，その相対的割合はしだいに低下し，2015年では40%にまで落ち込んでいる．

次に，国際ツーリズムのもう一つの側面であるアウトバウンド・ツーリズム（自国から外国へ出かける旅行）に注目しよう．この規模は，到着数のデータを出発地域別に集計し直したものによってみることができる（表9.1）．いずれの地域でもアウトバウンド・ツーリズムの規模は増加している．その規模はヨーロッパで最も大きく，約5億9000万人に達する（2015年推計値）．この数値をヨーロッパの総人口（約7億4000万人）と比べて考えると，ヨーロッパ人のおよそ10人に8人が2015年に国境を越えた旅行をしたことになる．

表9.1 地域別国際ツーリズム到着数の推移（1990〜2015年，単位：百万人）

	1990年	1995年	2000年	2005年	2010年	2015年*
出発地域						
ヨーロッパ	250.7	304.0	390.3	452.3	497.0	594.1
	(57.7)	(57.7)	(57.9)	(55.9)	(52.3)	(50.1)
アジア・太平洋	58.7	86.3	114.1	152.8	205.9	289.5
	(13.5)	(16.4)	(16.9)	(18.9)	(21.7)	(24.4)
米州	99.3	108.1	130.6	136.5	156.0	199.4
	(22.8)	(20.5)	(19.4)	(16.9)	(16.4)	(16.8)
中東	8.2	8.5	12.8	21.4	33.3	36.3
	(1.9)	(1.6)	(1.9)	(2.6)	(3.5)	(3.1)
アフリカ	9.8	11.5	14.9	19.3	28.3	35.4
	(2.3)	(2.2)	(2.2)	(2.4)	(3.0)	(3.0)
地域特定なし**	7.9	8.6	11.1	26.7	29.8	31.5
到着地域						
出発地域と同じ	349.1	423.1	532.9	632.3	728.9	912.7
	(80.3)	(80.3)	(79.1)	(78.2)	(76.7)	(76.9)
その他の地域	77.6	95.3	129.8	149.9	191.5	242.0
	(17.9)	(18.1)	(19.3)	(18.5)	(20.2)	(20.4)
地域特定なし**	7.9	8.6	11.1	26.7	29.8	31.5
世界総数	434.6	527.0	673.8	808.9	950.2	1186.2

UNWTO（2016）による．
括弧内は世界総数に占める割合（単位：%）．
 * 2015年は推計値．
 ** 「地域特定なし」は特定の出発地域に分類できなかった場合（到着数のデータに基づくため）．

ただし，世界総数に占めるヨーロッパの割合は1990年には58%であったが，2015年には50%にまで減少している．一方，増加傾向が著しいのはアジアである．1990年からの四半世紀の間に5900万人から2億9000万人へと増加し，世界総数に占める割合は同期間に14%から24%へと上昇した．中国や東南・南アジアの急激な経済発展がその背景にあることは想像に難くない．

アウトバウンド・ツーリズムの目的地に注目すると，9億1000万人が出発地域と同じ範囲に出かけている（表9.1）．国際ツーリズム到着者総数の11億9000万人の約77%が，国境を越えた旅行を

しているとはいえ，ヨーロッパやアジアなど，それぞれの地域内で移動していることになる．つまり，比較的短距離の外国旅行が大半を占めているのである．ただし，「その他の地域」への旅行規模も増加傾向にあり，より長距離の旅行も増えつつあることが示唆される．

9.4　ヨーロッパにおけるツーリズム

9.4.1　ヨーロッパにおけるツーリズム流動

現在，ヨーロッパのEU 28か国およびスイスにおいて，1年間に，1泊以上の国外・国内旅行を合わせて約11億7000万の旅行がなされている

表9.2　EU諸国およびスイスにおける旅行規模（2015年）

国・地域名	旅行数（千）			全旅行数に対する割合（%）				旅行参加率（%）
	全旅行	短期	長期	国内短期	国内長期	国外短期	国外長期	
ドイツ	247,876	132,625	115,251	45.0	21.2	8.5	25.3	76.3
フランス	199,157	105,353	93,804	49.5	38.5	3.4	8.6	71.3**
イギリス*	159,414	89,976	69,438	49.9	17.3	6.6	26.2	64.3
スペイン	136,411	96,703	39,708	67.8	23.0	3.1	6.1	62.1
ポーランド	50,777	26,330	24,447	47.7	30.8	4.1	17.4	54.0
イタリア	50,769	26,437	24,332	45.5	34.6	6.6	13.3	41.6
オランダ	41,691	21,503	20,188	41.0	17.0	10.6	31.4	81.7
スウェーデン	40,215	27,566	12,649	59.8	18.6	8.8	12.8	81.7
フィンランド	38,073	28,266	9,807	62.1	14.5	12.1	11.3	88.2
デンマーク	33,290	24,560	8,730	62.4	10.8	11.3	15.5	80.2
チェコ	29,819	18,279	11,540	56.4	24.0	4.9	14.7	80.5
オーストリア	21,715	12,034	9,681	36.4	14.6	19.0	30.0	75.7
スイス	20,145	9,300	10,845	22.2	10.3	24.0	43.5	83.1**
ハンガリー	18,080	12,167	5,913	52.5	17.4	14.8	15.3	53.7
ルーマニア	16,748	10,300	6,448	60.8	33.1	0.7	5.4	26.0
ポルトガル	15,785	10,890	4,895	65.4	24.2	3.6	6.8	38.5**
ベルギー	13,958	5,971	7,987	16.7	6.6	26.1	50.6	58.7
アイルランド	12,883	7,903	4,980	44.9	8.8	16.4	29.9	74.6
スロヴァキア	8,372	4,927	3,445	49.1	17.8	9.8	23.3	60.1
クロアチア	6,617	3,431	3,186	32.9	28.2	19.0	19.9	43.3
ギリシャ	5,815	1,805	4,010	28.5	59.4	2.6	9.5	36.4
リトアニア	4,523	2,848	1,675	48.9	10.0	14.1	27.0	58.2
スロヴェニア	4,393	2,613	1,780	27.2	7.7	32.2	32.9	62.6
ラトヴィア	4,214	3,228	986	63.1	7.4	13.5	16.0	54.2
エストニア	3,954	2,972	982	61.4	7.0	13.8	17.8	66.1
ブルガリア	3,071	1,661	1,410	49.2	33.5	4.8	12.5	28.4
キプロス	2,412	1,353	1,059	45.7	8.3	10.4	35.6	67.3
ルクセンブルク	1,727	756	971	0.9	0.6	42.9	55.6	82.9
マルタ	598	276	322	29.1	4.6	17.0	49.3	50.7
EU 28か国	1,172,357	682,731	489,626	51.0	23.8	7.3	17.9	60.0**

EUROSTAT（http://ec.europa.eu/eurostat/statistics-explained/index.php?title=Tourism_statistics&oldid=236177，最終閲覧2017年5月30日）による．
15歳以上のみの数値．「短期」は1〜3泊，「長期」は4泊以上．
*　イギリスの数値は2013年．
**　旅行参加率（スイス，フランス，ポルトガル，EU 28か国）の数値は2014年．

(表 9.2)．そのうちの半分以上（6 億 8000 万）は短期旅行（1〜3 泊）が占める．さらに，グローバル化が進んだとはいえ，全体としては国内旅行が 4 分の 3（約 8 億 8000 万）を占めている．その結果，全体としては国内短期旅行がほとんどの国で半分程度に達している．週末などを利用した短期の旅行先として，近隣の国内目的地が選ばれていると思われる．一方，4 泊以上滞在する長期旅行のほとんどは，バカンスを利用した旅行である．これは，国ごとに国内志向と国外志向に大きく分かれている．すなわち，ドイツやイギリス，オランダ，オーストリア，スイス，ベルギーなどのゲルマン系を中心とする国々では，バカンスの旅行先として国外が多くを占めている．夏季に地中海などの砂浜を求めて南へと移動する旅行，冬季に一部の国ではアルプス地域のスキーリゾートへの旅行が多いことが想定される．一方，フランスやスペイン，イタリアなどのロマンス系の国々，もしくは地中海などに海岸リゾートを有する国々では，国内でバカンスを楽しむ傾向が強い．つまり，例えば，フランス人の多くは夏にプロバンス地方やラングドック地方などの海岸リゾートで，冬はフランス・アルプスのスキーリゾートでバカンスを楽しんでいるのである．

1989 年の東欧革命以後は，東欧諸国が EU に加盟したことでグローバル化が進行している．ポーランドやチェコ，ハンガリーは比較的旅行の規模も大きく，オーストリア・アルプスの主要なスキーリゾートでは重要な顧客としての地位を獲得してきている（呉羽，2017）．また，東欧諸国も他の EU 諸国の人々にとって，短期の旅行先として重要になっている．とくに，プラハやブダペストなどの大都市は，アーバン・ツーリズムによって多くの観光者をひきつけている．そこでは旧市街の街並みや著名な教会，王宮，博物館，劇場などが都市内の魅力ある目的地となっている．

グローバル化はヨーロッパ内の目的地への訪問者数を増加させている．観光資源の性格によって訪問者数の増減には差があるが，ロンドンやパリ，バルセロナ，ミラノ，ウィーンなどの大都市や，知名度の高いローマやベネチアなどでは訪問者数の増加が著しい．ユネスコの世界遺産登録はそうした有名目的地の知名度をますます高めている．しかし，こうした目的地の一部では，訪問者数の増加によって住民の生活環境の悪化などの問題が生じている．ベネチアやバルセロナでは，訪問者数を制限するような動きがすでに開始されている．ユネスコの世界文化遺産に登録されたハルシュタット（オーストリア）（写真 9.2）では，アジア系を中心とした訪問者が 2010 年代前半以降急激に増加した．その結果，ゴミや騒音，撮影のための居住地侵入などが問題視され，2017 年にはそれらに関する注意をうながした 4 か国語（ドイツ語，英語，中国語，韓国語）での掲示がハルシュタット首長名でなされた．

9.4.2 オーストリアにおけるインバウンド・ツーリズム

オーストリアは，スイスなど，他のアルプス地域に位置する国々に比べてインバウンド・ツーリズムの重要性が高い．それは同国内のチロル州やザルツブルク州などのオーストリア・アルプス内の地域において，また首都ウィーンにおいて外国人宿泊者がかなり多数を占めるからである．

オーストリア・アルプスでは，まず 1950 年代頃から夏季リゾートが発展した．それは，とくに標高の高い山岳を有する地域や氷河湖を有する地域でみられた．国土中央部のザルツカマーグート（写真 9.3）は，多くの氷河湖や展望の良い山地がある地域として著名である．オーストリア・アル

写真 9.2 ハルシュタットの撮影スポット（オーストリア，2017 年 9 月，筆者撮影）
ハルシュタットの象徴であるプロテスタント教会（中央の尖塔）とカトリック教会（右側）や家並みを北側から見る人気の高い展望地点で，訪問者のほとんどは中国人や韓国人である．

写真 9.3　ザルツカマーグート，ハルシュタット湖（オーストリア，2016 年 8 月，筆者撮影）
ザルツカマーグートには氷河湖が多数あり，夏季に外国人観光者が多い．湖畔の町ハルシュタットは，ユネスコ登録世界文化遺産の一部にもなっている．

写真 9.4　チロル州，イシュグルのスキー場（オーストリア，2017 年 2 月，筆者撮影）
イシュグルのスキー場は，スイス，サムナウンのスキー場と連結されている．写真の標識は国境の位置であることを，ドイツ語，フランス語，ロシア語，オランダ語，英語で表示している．

プスにおける夏季宿泊者の多くはドイツ人であり，ドイツ語が使える安心感や比較的安価な宿泊施設の存在が彼らをひきつけた．しかし，1970 年代半ば頃からは，地中海沿岸リゾートへのバカンス旅行についてチャーター便などによって安価なパッケージ商品が登場し，それらとの競合の結果，アルプスへの夏季の訪問者数は停滞するようになった．すなわち，多くのドイツ人が，夏季のバカンス先としてスペインのマヨルカ島やカナリア諸島などを選ぶようになったのである．

一方，冬季については 1960 年代半ば頃から多くのスキーヤーで賑わうようになった．夏季のように競合相手となる山地が少なく，主要なスキーリゾートでは今日まで発展傾向が続いている．冬季もドイツ人が卓越しているが，その宿泊数は過去 20 年から 30 年は停滞している．その間に増えているのはオランダ人やスイス人などであり，まあ加えてポーランドやチェコ，ロシアなどの東ヨーロッパからのスキーヤーである．このように多様な国からの外国人スキーヤーが増えていることで，チロル州やザルツブルク州の主要スキーリゾートは，スキー場を大規模化させながら（写真 9.4），リゾートタウンにおける施設を充実させながら，また地球温暖化傾向で不安定な積雪という悪条件を人工降雪で補いながら，発展傾向を維持させている．

ウィーンには旧王宮，宮殿，教会，博物館，劇場などの文化的要素が多くあり，夏季を中心に多くの観光客が世界中から訪問している．これに音楽やそれ以外の芸術，飲食文化が組み合わされ，また高級商品の販売店の集積なども観光者の人気を高めている．年間の宿泊数は 1500 万泊弱（2016 年）に達し，1980 年代半ば（500 万泊）から増加を続けている．その大半は外国人が占め，彼らの多様なニーズに合わせるように，さまざまなクラスの宿泊施設の整備が継続的に進んでいる．

こうしたツーリズムに加えて，ウィーンではビジネス・ツーリズムも重要である．それは IAEA（国際原子力機関）などの多数の国連関係機関や OPEC（石油輸出国機構）など，多くの国際関係機関が存在するためである．関連する諸機関も付随的に立地するため，もちろんオーストリア企業の本社の多くもウィーンに立地し，グローバル企業の支社もウィーンを本拠とすることが多いため，結果として多くの外国人ビジネスマンが出張で訪問している．

9.5　日本をめぐる国際ツーリズム

9.5.1　インバウンド・ツーリズムとアウトバウンド・ツーリズム

現在，日本ではインバウンド・ツーリズムが非常に注目されている．しかし，第二次世界大戦前には，同じようにインバウンド・ツーリズム推進政策がなされており，その後はアウトバウンド・

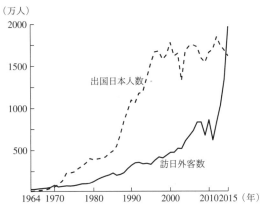

図9.2 出国日本人数および訪日外客数の推移（1964～2015年，JNTOによる）

表9.3 訪日外客数の国・地域別順位変化（単位：千人）

順位	2006年 国・地域名	外客数	2015年 国・地域名	外客数
1	韓国	2,117	中国	5,000
2	台湾	1,309	韓国	4,002
3	アメリカ合衆国	817	台湾	3,677
4	中国	812	香港	1,524
5	香港	352	アメリカ合衆国	1,033
6	イギリス	217	タイ	797
7	オーストラリア	195	オーストラリア	376
8	カナダ	157	シンガポール	309
9	タイ	126	マレーシア	305
10	フランス	118	フィリピン	268

JNTO (2016) による．

ツーリズムが急激に成長した．以下では，これらについて説明しよう．

第二次世界大戦前，外貨獲得のためにインバウンド・ツーリズムの推進が重視された．1887年に政府が設立した貴賓会は，外国人のための地図やガイドブックで宣伝をしていた．また，外国人のために国際観光ホテルを建設したり（砂本，2008），国立公園も整備したりと，さまざまな政策を展開していた．

1964年になされた海外旅行自由化以降，日本人の海外旅行は成長してきた．1980年代に格安航空券が登場すると，円高の傾向や，マスメディアの影響のもと海外旅行は大きく発展した（図9.2）．団体旅行やパッケージツアーに加えて，バックパッカーを中心とした個人旅行が存在したが，重心は徐々に個人旅行へと移り，女性による海外旅行が増加するとともに大学生による海外旅行も一般化した．しかし，1990年代半ばに，日本人による海外旅行総数が1600万程度に達すると，その後は重症急性呼吸器症候群（SARS，サーズ）やリーマンショックによる景気後退などともあいまって停滞が続いている．

その一方で，訪日外客数が少ないまま維持されてきたことや（図9.2），とくに日本人によるアウトバウンド・ツーリズムとの大きな較差が続いていることが，2000年前後から問題視されるようになった．日本をめぐる国際ツーリズムの大きな赤字を解消するために，2003年にインバウンド・ツーリズムを推進する政策（ビジット・ジャパン事業）が導入された．外国人が訪日しやすいように，ビザの条件を緩和したり，日本国内で外国語案内を増やしたり，また海外での宣伝を積極的に行うなど，さまざまな施策を実施してきた．中国人による買い物を主目的とした訪日旅行の激増，経済成長を背景とした東南アジアからの旅行者の増加などによって，東日本大震災後は訪日外客数が急激に増加し，日本人による海外旅行総数を上回った（図9.2）．2000年代半ばの段階では，東アジア諸国に加えて欧米諸国からの来訪が目立っていたが，2015年になると，後者の相対的地位は下がり，代わってタイやシンガポール，マレーシアなどの東南アジア諸国の地位が上昇している（表9.3）．アジア諸国では日本への旅行がブームになっており，独特の文化や四季で変わる自然環境，おもてなしや高い安全性などの魅力を備えた日本への旅行に対する人気はますます高まっている．

9.5.2 日本におけるインバウンド・ツーリズムの地域的特性

外国人観光者による訪問地域は偏在している．訪問地域で大半を占めるのは東京と大阪・京都，さらには名古屋といった大都市である．これらの地域，とくに東京と大阪は外国人の日本国内へのゲートウェイとしても機能している．入国者数を入国港別にみると，成田（31%），関西（25%），羽田（13%）で約70%を占め，これに続くのは福岡（7%），那覇（5%），新千歳（5%）である（2015年）．日本の大都市には，さまざまな観光

資源があり，そこへの訪問や飲食が外国人の主要な目的である．東京を例にとれば，浅草などで文化的要素に触れたり，銀座や新宿，渋谷などで飲食や買い物を楽しんだり，展望台や好みの博物館を訪問したり，東京ディズニーリゾートを訪問するなどの周遊型の行動パターンをとる．とくにアジア系の観光者に人気が高いのは，「ゴールデンルート」と呼ばれる東京と大阪間を移動するルートであり，途中で富士山に立ち寄る例も多くみられる（金, 2009）．そうしたルートに北海道や九州，沖縄訪問が組み合わされる場合もある．

一方で，東北地方や中国・四国地方では訪問者数がかなり少ない．また，中国・四国地方には欧米人による広島訪問（平和記念公園と宮島）が目立って多いことなど，外国人の出発地による目的地選好にも地域的偏りがみられる．ただし，次項で述べるような外国人の訪日動機の多様化によって，目的地は分散するようになる可能性もある．

9.5.3　日本におけるインバウンド・ツーリズム目的地の特性と今後の課題

先述のように，日本におけるインバウンド・ツーリストの主要目的地は大都市である．大都市への訪問者の集中はさまざまな問題を顕在化させている．例えば，大都市では宿泊施設が不足する傾向にあり，それによって日本人ビジネス利用者の予約困難や価格上昇，また不法営業の民泊経営が増えるなどの問題を引きおこしている．京都では，外国人旅行者の増加が観光スポットでの混雑や交通渋滞をもたらし，それによってバス利用が不便になったり，祭りなどのイベントが中止されたりなど，市民の日常生活が脅かされる事態も生じている．

近年，外国人による日本国内の行動はますます多様化している．例えば，コンテンツ・ツーリズムであったり，中山道や熊野古道の踏破であったり，着物の一日レンタル試着など，日本人にはまったく想定されない行動パターンをとる場合が多い．その一つとしてあげられる例が，オーストラリア人をはじめとする欧米諸国からの外国人によるスキーリゾートでの長期滞在である．外国人による長期滞在に基づく異なった文化が導入されたために，北海道ニセコ地域，とくに倶知安町ひらふ地区は大きく変化している（章末コラム参照）．

ニセコ地域以外では，長野県の白馬村，野沢温泉村，新潟県の妙高市赤倉温泉などのスキーリゾートで外国人スキーヤーが急増している．スキー観光が不振である日本では，外国人スキーヤーの増加は救いの神ではあるが，日本のスキー場が一般には認めていないスキーコース外滑降を好むなどの点で文化摩擦も生じている．こうした文化摩擦を解消していく仕組み作りが重要な課題である．

先述したオーストリア・アルプスのスキーリゾートでは外国人が卓越するものの，類似した文化を持つドイツ人を受け入れていることは，インバウンド・ツーリズムとはいえ，日本のスキーリゾートのそれとは状況は大きく異なっている．つまり，日本のインバウンド・ツーリズムでは，文化の異なる観光者をどのように受け入れることによって目的地が持続的に発展できるのかを常に考えなければならない．

2020年の東京オリンピックに向けて訪日外国人数はさらに増加することが予測される．今後は，インバウンド・ツーリズムの数的増加のみならず質的な部分も考慮した受け入れ政策が，目的地の地域振興にとって重要な鍵になるであろう．さらに目的地の持続性やレジリエンスという点では，日本人による利用も念頭に置いた整備が求められる．　　　　　　　　　　　　〔呉羽正昭〕

引用文献

金　玉実（2009）：日本における中国人旅行者行動の空間的特徴．地理学評論，82：332-345.

呉羽正昭（2017）：スキーリゾートの発展プロセス—日本とオーストリアの比較研究，二宮書店.

砂本文彦（2008）：近代日本の国際リゾート—1930年代の国際観光ホテルを中心に，青弓社.

森本　泉（2004）：観光・トゥーリズム．杉浦芳夫編，空間の経済地理，朝倉書店，pp.152-177.

山村順次（1998）：新版 日本の温泉地—その発達・現状とあり方，日本温泉協会.

JNTO（2016）：日本の国際観光統計2015年，JNTO.

UNWTO（2016）：Tourism Highlight 2016 Edition 日本語版．UNWTO. http://www.e-unwto.org/doi/pdf/10.18111/9789284418367（最終閲覧2017年5月13日）

【北海道ニセコ地域のインバウンド・ツーリズム】

　北海道のニセコ地域，とくにひらふ地区には，2000年頃からオーストラリア人スキーヤーが多数訪問するようになった．その媒介を果たしたのは，夏季に近隣の尻別川などで日本人相手にラフティングの観光経営を開始したオーストラリア人移民である．オーストラリア人に，主峰ニセコアンヌプリに展開する複数のスキー場における世界屈指のパウダースノーが高く評価され，また自国に比べて安価な滞在費に基づいて，アメリカやカナダのスキーリゾートの代替目的地となった．

　オーストラリア人をはじめとする欧米人は，スキーリゾートで1週間から長い人では2週間程度長期滞在する習慣を持つ．その宿泊施設として，1980年代以降，「アパートメント」の人気が非常に高まっている．アパートメントは，日本の都市でみられるマンションの1ユニットのように，寝室のほかに居間と台所（冷蔵庫，コンロ，鍋，食器等完備）やバス・トイレ等を備えたユニットである．apartment（英語），Ferienwohnung（ドイツ語），appartement（フランス語）などの名称で呼ばれている．アパートメントでは，狭いホテルの1室とは異なり，日常の居住空間と類似した，もしくはより広い空間で過ごすことができる．

　しかし，当初，ひらふ地区にはそのような施設はなかったため，2005年頃から一部のオーストラリア人が起業家となってアパートメントを建設し，オーストラリア人に販売したり，所有者が利用しない時期には賃貸宿泊施設として経営する事業を開始するようになった．アパートメントの内装はオーストラリアから輸入されるなど，彼らにとっての快適空間が創造されている．日本全体でスキーブームは低迷しており，土地所有者や元宿泊施設経営者などによる土地売却・賃貸が相次いだ．アパートメントは投資物件として，オーストラリア人のみならず，近年では香港，シンガポール，中国の人々にも人気が高い．その結果，ひらふ地区にはアパートメントが200棟ほど林立する景観が出現した（写真9.5，9.6）．

　現在，ひらふ地区では冬季のスキーヤーのほとんどがオーストラリア人を中心とした外国人である．飲食店や商業施設にも外国人経営者が多くおり，日本語がほとんど通じない例もあるという．札幌からも飲食店の進出がみられる．オーストラリア人にとっては，スキーリゾート滞在中の外食，とくに飲酒も重要である．ひらふ地区には飲食店が依然として少ないため，倶知安市街地まで出かけるスキーヤーもいる．そのために深夜のバス運行もなされている．

　グローバル化によって外国人スキーヤーは増え，スキー場や関連産業には経済的な利益もあるものの，不動産経営などの事業者の多くが外国人であることは地元の倶知安町やニセコ町への関与を少なくさせている．土地所有者のほとんどは不在地主であり，固定資産税の徴収にも問題がある．またリゾートタウンのインフラなどの整備方針の意思決定にも問題が生じている．ニセコ地域の事例は，インバウンド・ツーリズムをいかに地元の経済振興や地域振興につなげていくかを考える視点の重要性を示唆している．

写真9.5 ひらふ坂のアパートメント景観（北海道 ニセコひらふ地区，2017年3月，筆者撮影）
スキー場直下のひらふ坂にはマンションタイプのアパートメントが林立する．その1階部分は飲食店やスキー用品店にも利用されている．

写真9.6 ペンションヴィレッジのアパートメント景観（北海道 ニセコひらふ地区，2017年3月，筆者撮影）
スキー場からやや離れたペンションヴィレッジにはコテージ形式のアパートメントが多い．さまざまな建築様式のコテージが並んでいる．

10

グローバル化と宗教・信仰

本章では，グローバル化が進展する現代社会における宗教文化について理解することを目的とする．宗教を地理的な視点からみたときにグローバル化が宗教にどのような影響を与えているのか，さらにはグローバル化という現象を宗教というプリズムからみたときにどのように映るのか，検討してみたい．

10.1 宗教史にみるグローバル化

本章で対象とする宗教は，日本人にとってグローバル化を具体的に体感させるトピックであろう．訪日外国人・在留外国人の増加により，彼らの宗教文化も確実に日本の社会に浸透している．マレーシアやインドネシアなどイスラーム文化圏の人々とのつき合いにより，マスジド（モスク）やハラルフードの存在は身近なものとなった．一方でIS（イスラム国）や宗教組織を名乗る集団による国際的なテロリズムの発生により，恐怖と憎悪によって歪められた宗教観が定着していることも否定できない．バレンタインデーやクリスマスが，宗教性を離れた一大イベントとして消費される日本では，宗教が断片的，選択的な情報に基づいて理解されていることを忘れてはならない．

宗教とグローバル化について考えるうえで大切なことは，グローバル化は近代以降に特有の現象ではなく，人類の宗教史のなかで不断に進行してきた現象として理解することである．グローバル化を，「人やモノ，技術，情報，資本などが越境することによって，地域間の結びつきが強化され，世界が縮小し地域が変化する一連の過程」と考えるならば，グローバル化自体は現代特有の現象ではなく，洋の東西を問わず古来より観察される現象である．後述するように仏教，キリスト教，イスラームをはじめとする世界の諸宗教はそれらの発祥地であるローカルな共同体を離れ，広く世界に伝播していった．したがってグローバル化は宗教史の展開とパラレルに進行してきた．しかし重要なことは，現代社会はそれ以前の時代と比較して，各種テクノロジーの革新的発展，例えばインターネットに代表される通信技術や，大量・高速移動を実現した交通体系の飛躍的な進化を遂げており，グローバル化の動きが加速していることである．日本で生活する私たちの肌感覚はそれを実感として伝えてくれる．日常生活の中で，外国（あるいは世界）を意識せずに過ごす日が果たしてあるだろうか．スーパーマーケットは外国産の食材にあふれ，東京や大阪といった大都市でなくても，日々の暮らしの中で外国からの観光客や労働者，留学生を見かけるのは当たり前のこととなった．スマホにアクセスすれば，各種全世界の情報が間断なく手元に送り届けられる現代は，20世紀にはSF的世界として描かれていた未来社会の一部が確実に実現されているのである．本章では，宗教的世界の多様性に目を向けながら，グローバル化する社会を考えてみよう．

10.2 世界の宗教分類と分布

10.2.1 世界宗教と民族宗教

宗教を類型化する試みはいろいろとあるが，神観念，伝播範囲，宗教集団の構造などで分類することが知られている（村上，1987）．

神観念による分類では，各宗教の神観念により，唯一神を立てる一神教（ユダヤ教，キリスト教，イスラームなど）に対して，多神崇拝である仏教，ヒンドゥー教，神道などを多神教という．伝播範囲による分類とは，歴史上の宗教の広がりに着目し，民族宗教（エスニックレリジョン）と世界宗教（ワールドレリジョン）のように区分する方法である．

宗教集団の構造による分類では，宗教集団の形成過程に注目し，民族宗教と創唱宗教に大別する．民族宗教とは，宗教集団がその宗教を営んでいる社会集団と一致する宗教で，特定の地域やそこに居住する民族に根差した宗教である（村上，1987）．ユダヤ教やヒンドゥー教，道教（中国）や神道などが代表例である．これらの民族宗教は，その民族特有の祭儀などの伝統や，生活習慣，文化風習などと密接に結びついており，しばしば民族固有の神話や象徴的世界を持っている（渡辺，2015）．世界宗教とは，民族宗教とは異なり，特定の地域や人種や階級に限定されることなく，人類すべてを対象とする普遍的な救済を説き，民族や文化の相違を超えて世界的に信徒を集めている宗教を指す（山我，1994）．キリスト教やイスラーム，仏教などが代表的な例である．これらの世界宗教は，その教義において地域・民族・文化を超えた普遍的性格を有するとともに，創唱者である開祖が存在し，特定の悟りや啓示といった宗教的体験を出発点にして，新たに創始されたものだという点である．また，布教によって広がる伝道宗教であり，信仰の共通性のみを紐帯とする宗教的共同体（サンガ，教会，ウンマなど）を組織することに特徴がある（山我，1994）．

いずれの分類にも一長一短があるが，地理学の世界では伝播範囲による分類が最もポピュラーであろう．

10.2.2 世界の宗教別人口と分布

図 10.1 は地理の教科書や地図帳でおなじみの，現代の世界における主な宗教の起源地と伝播を示した世界地図である．民族宗教の例としてユダヤ教，ヒンドゥー教，シーク教，世界宗教の例としてキリスト教，イスラーム（イスラム教），仏教が各宗派別に示されている．

キリスト教は約 23 億人の信徒を有しており，世界で最大の信徒数を持つ宗教である（2012 年）．このうちローマ・カトリックが 12 億人，プロテスタント 4 億人，東方正教会 2 億 5000 万人である．イスラーム（約 16 億人），ヒンドゥー教（約 10 億人），仏教（約 5 億人）などと比較しても，その信徒数の多さは卓越しているが，世界人口に占める割合は 3 割強で，20 世紀以降ほぼ横ばいである（表 10.1）．キリスト教は，ラテンアメリカ諸国やノルウェー，フィンランド，ポーランド，ギリシャ，ポルトガル等のヨーロッパ諸国，フィリピンといった国々で 90％以上の割合を占めている．キリスト教は信徒数が最大であるだけではなく，その分布が世界各地に広がっている点でも特徴的である．イスラームが西アジアから北アフリカにかけての地域，ヒンドゥー教がインド，仏教が東アジア，東南アジア地域に分布が比較的集中しているのに対して，キリスト教はヨーロッパ，アングロアメリカ，ラテンアメリカを中心として，中南アフリカやオセアニア諸国に広く分布している（図 10.1）．イスラームやヒンドゥー教が浸透した地域ではキリスト教徒の分布は希薄であるが，仏教徒が卓越する東アジア，東南アジア地域においても，フィリピンや韓国のようにキリスト教徒が卓越している国もみられる．

7 世紀初頭，アラビア半島のメッカで生まれたイスラームは，その後の布教活動と帝国の発展とともに拡大する．発祥地である西アジアから北アフリカのアラブ諸国をはじめ，トルコ系やイラン系民族の居住地である内陸アジアの諸国やサハラ以南のアフリカ，東南アジア，南アジアの諸国にも多くのイスラーム信徒が居住している．世界の宗教人口に占める割合の増加はとくに顕著であり，2025 年には約 20 億の信徒数を有すると推計されている．

紀元前 5 世紀後半にインドで成立した仏教をみると，紀元前 3 世紀から 5〜6 世紀にかけて，スリランカからミャンマー，タイ，ラオス，カンボジアをはじめとする東南アジア諸国に上座部仏教が伝播した．一方，シルクロードを経由して中国，朝鮮半島，日本へと大乗仏教が伝えられた．

ヒンドゥー教は民族宗教に分類されるが，パキスタンやバングラデッシュ，ネパールといった近隣諸国をはじめ，シンガポール，インドネシア，アフリカ東海岸諸国など主としてインド系住民の居住地域に分布が広がっている．

10.2.3 宗教の拡大とその要因

このように世界宗教に限らず，民族宗教や新宗

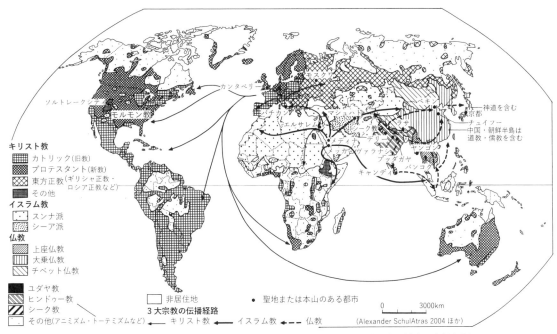

図10.1 世界の宗教分布（2004年，二宮書店編集部（2007）より作成，製図協力：宮坂和人）

表10.1 主要宗教別人口分布と割合（1800〜2025年）

	1800年 人口	比率	1900年 人口	比率	2000年 人口	比率	2012年 人口	比率	2025年 人口	比率
キリスト教	204,980	22.7	558,131	34.5	1,991,602	32.5	2,325,507	33.0	2,727,153	34.1
イスラーム	90,500	10.0	199,818	12.3	1,279,859	20.9	1,583,783	22.5	1,951,389	24.4
ヒンドゥー教	108,000	12.0	202,973	12.5	821,948	13.4	969,602	13.7	1,108,202	13.8
仏教	69,400	7.7	126,956	7.8	418,963	6.8	473,818	6.7	546,590	6.8
シク教	1,800	0.2	2,962	0.2	20,542	0.3	24,585	0.3	29,326	0.4
ユダヤ教	9,000	2.0	12,292	0.8	13,744	0.2	14,921	0.2	16,004	0.3
民族宗教*	402,000	44.5	497,611	30.8	669,302	10.9	731,768	10.4	735,832	9.2

2012年における推計値．人口は単位：千人，比率は単位：%．
*中国民俗宗教（儒教や道教など）を含む．
小島（2013）による．

教も民族や国境，社会といった領域を超えて，周辺地域から世界各地に広がっている．現代世界における宗教分布は，当該宗教の起源地（発祥地）と歴史的背景や自然環境，信仰者となった民族と使用言語などとの関わりから説明がなされることが多く，世界宗教の場合はとくに，民族移動や布教，国家政策（国教化）など伝播と定着要因が議論されてきた．こうした宗教分布の拡大の要因として，以下の5つのパターンを指摘することができる（井上，2012）．

①近隣地域への伝播：ある社会で展開した宗教が，地理的に連続する周辺地域に及んでいった場合である．ヨーロッパにおけるキリスト教，インド周辺や東南アジアにおける仏教，中近東へのイスラームの広がりなどが該当する．道教や儒教といった中国の宗教の朝鮮半島や日本への伝播も同様である．通婚や交易，文化摂取，個人的感化などの契機が介在する．異教徒との接触による改宗により生じるもので，接触性拡大伝播に相当する．

②布教による伝播：布教・宣教の意図を持った宗教組織が布教のための宗教者を遠隔地に派遣して，その地に拠点が築かれる場合．③植民地化に伴う伝播：植民地化の結果，宗主国の文化システ

ムがもたらされ，その一環として宗教が植民地にもたらされた場合．②と③は複合することも多いが，15世紀以降のキリスト教の南北アメリカ大陸やアフリカ，オセアニアへの拡大が典型例である．また新宗教の国外布教は②のパターンである．宣教師の派遣による布教は階層性拡大伝播の一種といえよう．

④移民に伴う伝播：一定規模の移民がなされた結果，その移民が母国において信仰・実践していた宗教が，移民した国で彼らの子孫を中心に継続された場合であり，中国系，インド系移民による中国宗教やヒンドゥー教の伝播はよく知られている．信者の移住による信仰の移転伝播の類型である．

⑤ボーダーレスな伝播：グローバル化・情報化の進行に伴って生じている新たな形の宗教の越境であり，20世紀後半から顕著になった情報化社会により，人や組織による組織的な布教を介さずに，ボーダーレスに信仰が伝播していくものである．SNS等の普及がこうした傾向に拍車をかけていることは言うまでもない．

宗教におけるグローバル化の進展は，これらの5つのパターンが複合的に生じる現象として理解することが可能である．

10.3 宗教文化圏の歴史的理解——キリスト教文化圏を例に

10.3.1 キリスト教の成立と伝播

続いて世界最大の宗教文化圏を持つキリスト教を例に，歴史的背景を手がかりにグローバル化する世界宗教を考えてみよう．キリスト教は紀元1世紀の初頭，ナザレ人であったイエス（紀元前4頃〜紀元30頃）によるユダヤ教の改革運動から興った宗教である．神の国の到来を予言したイエスの運動は，当時ローマの支配下にあったユダヤの民衆に急速に浸透したが，ユダヤの聖職者やローマの官憲に危険視されたイエスはエルサレムで十字架の刑に処せられることになる．

キリスト教では，イエスの十字架による死は人類による罪の贖罪の死とされ，イエスをキリストと信じることにより，罪からの解放が約束される

ものとみなされている．信徒にとって，イエスの死と復活が決定的な意味を持つ出来事として提示される．このイエスの復活信仰はユダヤ人を超えて，次第にローマ帝国内に受容されていく．イエスの弟子であったパウロは小アジア（アナトリア半島）からバルカン半島にかけて伝道活動を行い，やがて帝国内の各地に教会が設立されていった．信仰が伝播し各地で教会が設立されるようになると，教義が次第に聖典（聖書）としてまとめられるようになる．キリスト教の聖典はユダヤ教の聖典である『旧約聖書』と第三回カルタゴ公会議（397年）で定められた『新約聖書』である．皇帝崇拝を拒否したキリスト教は当初ローマ帝国に激しく弾圧されたが，2世紀初頭には帝国のほぼ全域に浸透し，やがてミラノの勅令により公認（313年）を受け，380年にはローマ帝国の国教となった．

一般に創唱宗教において，カリスマ的な教祖や指導者の死後，信仰の理解と後継の地位をめぐって，（正統派からみた）異端や分派活動が生じてくることが知られている．キリスト教においても，多くの異端問題を抱えていた．これに加えて，当時のヨーロッパの政治的・軍事的状況——東西ローマ帝国の分裂（395年）と西ローマ帝国の滅亡（476年）——を契機として，キリスト教はローマ・カトリックと東方教会に分裂するとともに多様化が進む．

東方教会は皇帝が教皇を兼ね，東ローマ帝国の繁栄とともに勢力を伸張し，キリストや聖母マリアのイコン（聖画像）に対する崇敬といった独自の宗教伝統を保持した．東方教会はローマ・カトリックと比較して布教活動に熱心ではなく，ドナウ川以南の東ローマ帝国内に進入してきたスラブ系民族に対する教化が中心であった．南方のスラブ系民族は東方教会（ギリシャ正教）に改宗したが，セルビアでは正教徒が卓越しているのに対し，クロアチアやスロベニアでは後にローマ・カトリックの宣教師によって改宗が進んだ．ドナウ川以北における布教活動は，6世紀から11世紀にかけて東から進入してきたアジア系の騎馬民族によって妨げられ，飛地的に信仰が伝播するにと

どまった（図10.2）．信仰は主として階層性伝播によりもたらされた．宣教師による地域支配者に対する改宗がなされた後，その支配者による布告によって臣下に信仰が受容されていった．スラブ系民族におけるギリシャ正教の影響は言語にも明瞭に表れている．ギリシャ正教が伝播した際に，言語学者であった宣教師・キュリオスが，当時文字を持たなかったスラブ民族のために新たな文字（キリル文字）を作り，スラブ語への聖書の翻訳もなされた．

地中海世界の西側では，4世紀から5世紀にかけて急速にキリスト教が浸透した．北方からの侵入者であったゲルマン民族においても，主として接触性拡大伝播によりキリスト教化が進行し，ローマ・カトリックの勢力は6世紀末にはスコットランドまで及んだ．ゲルマン人に続いて，スカンジナビア人，スラブ系ポーランド人にキリスト教がもたらされ，東西教会が分裂していた11世紀の頃には，すでにヨーロッパの大部分の地域にはキリスト教が浸透していた（図10.2）．浸透の遅れていたロシアやスカンジナビア半島でも，それぞれ東西双方の教会による伝道団が布教活動を行っており，リトアニアにおけるバルト人の改宗（1386年）により，ほぼヨーロッパ全域がキリスト教を受容することになった．ローマ・カトリックの宣教師たちは，異教徒への布教の際にラテン語のアルファベットをもたらした．カトリックの布教地域では，現在でもラテン文字が用いられている．

北方に着実に教勢を伸ばした一方で，イベリア半島から北アフリカ，中東にかけての地域は7世紀以降，イスラーム帝国の支配下となる．キリスト教徒がイベリア半島の国土回復（レコンキスタ）に成功するまでには700年を要している．

10.3.2　植民地化と世界への拡大

大航海時代の到来とともに，キリスト教は15世紀以降，宣教師の布教活動により世界の各地で布教を進めていった．16世紀初頭から，メキシコから南アメリカにかけての広大な地域がポルトガルとスペイン両国によって植民化されるとも

図10.2　ヨーロッパにおけるキリスト教の伝播（1400年頃，ジョーダン（2005）より）

に，カトリックが被征服地において浸透していくこととなった．この動きは苛烈でインカ帝国やアステカ帝国などにおける現地の宗教的遺物は徹底的に破壊され，イエズス会を中心としてカトリックの信仰が強要されていった．日本にキリスト教を伝えたのもイエズス会のフランシスコ・ザビエルであった（1549年）．

一方で16世紀になると，聖職者の特権階級化や倫理観の低下など教会の肥大化に伴う腐敗も表面化してきた．聖職者による免償権の乱用が続く中，マルティン・ルターらによる宗教改革が起こった．ドイツに始まった宗教改革の動きはツヴィングリやカルヴァンらに引き継がれ，「信仰義認」「聖書主義」「万人司祭主義」で知られるプロテスタントの運動は，ドイツ，スイスを中心に北欧諸国にかけて広がっていった．こうした影響を受け，イングランドでは国王を首長とする英国国教会（聖公会）が成立した．英国国教会から分離したバプティスト派やメソディストをはじめ，福音派やペンテコステ派など，プロテスタント教会（新教）からはさまざまな諸教派が誕生した（図10.3）．

17世紀以降になると，ポルトガル，スペインに代わってオランダ，フランス，イギリスといった西洋列強が強大な軍事力を背景に世界を植民地化していく．プロテスタントの諸国はイエズス会のような特別な伝道組織を持たず，キリスト教の布教は植民地社会に強要される側面は小さかったものの，19世紀以降，膨大な数の宣教師たちが中国，インド，アフリカなどの諸地域に派遣され，カトリックとともにキリスト教への改宗者を増加させてきた．ラテンアメリカではカトリック教会，アングロアメリカではカトリックと正教会にプロテスタント諸教派が共存する形で浸透した．さらには宗教的迫害などの理由で新大陸に移住するプロテスタント教派（メノナイトやハテライトなど）もあり，現代のキリスト教文化圏は形成されていった．

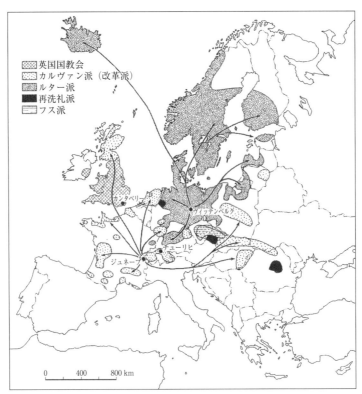

図10.3 ヨーロッパにおけるプロテスタントの伝播（1570年頃，ジョーダン（2005）より）
ヴィッテンベルク：ルター，1517年　　チューリヒ：ツヴィングリ，1523年
ジュネーブ：カルヴァン，1530年代　　カンタベリー：ヘンリー8世，1534年

106　　10．グローバル化と宗教・信仰

10.4　宗教のグローバル化とその影響

10.4.1　土着化する世界宗教——グローカリゼーション

このようにキリスト教の分布は起源地を離れ，ヨーロッパ，南北アメリカ大陸から，アフリカ，アジア，オセアニアへと拡大したが，分布域内での信徒数には変化も生じている．1900〜2025年（将来推計）におけるキリスト教徒数の変化と予測をみると，ヨーロッパの比率が激減（68%から21%へ）するのに対し，アフリカとアジアの比率が高まり，2025年には両地域で42%を占めると推計されている（山中，2012）．

宗教人口の比率でみると，カトリックは南アメリカ諸国では人口の9割以上が信徒である．これは16世紀以降，先住民やその後アフリカからブラジルへ連れてこられた黒人奴隷に対しても，カトリックへ強制的に改宗が進められたためである．しかし，先住民やアフリカ系の黒人は，表面的にはカトリックに改宗したようにみえるが，実際には彼ら独自の宗教や世界観からカトリックの教えを理解したものであり，公的宗教としてのカトリックと共存する形でインディオ（先住民）の宗教やアフリカの宗教とカトリックの融合した習合宗教が民衆宗教として信仰されている（北森，2012）．このような宗教形態は民衆カトリシズム（フォークカトリシズム）と呼ばれており，アフリカやフィリピン，日本などでもみられる．

民衆カトリシズムの例として聖人信仰が挙げられる．なかでもメキシコシティーにあるグアダルーペの聖母は有名である．テペヤックの丘でカトリックに改宗したばかりのインディオの前にグアダルーペの聖母が出現するという奇跡が起き，その場所に聖堂が建てられ，多くのインディオやメスチソたちの信仰を集めた．グアダルーペの聖母はスペインからの独立戦争時に国家統合のシンボルとなり，当初「悪魔の発明」として認めなかったカトリック側もその後，グアダルーペの聖母を南北アメリカの守護聖母として認め，現在では一大巡礼地となっている．テペヤックの丘は，本来アステカの母神であり豊穣神であったトナンツを祀っていた場所である．このようなカトリックの伝統を在地の宗教に読み替えることによって融合した宗教として受容されていく例は，世界の各地でもみられる．このようにローカルな宗教伝統を持つ世界の表面をカトリックのようなグローバルな宗教が覆うとき，ローカルな主体によるグローバル化への抵抗と読み替えによって宗教のローカル化（土着化）が生み出されるといえる．

10.4.2　消費される宗教——宗教とツーリズム

宗教的な営みが第一に信仰の問題として，人間の生のあり方そのものに関わることはいうまでもないが，一方で心の問題としてのみ捉えられるのではなく，彫刻や絵画，音楽といった芸術や祭礼やイベントあるいは慣習などの文化現象としても表現される．グローバル化社会において，こうした文化現象としての宗教は，しばしば消費財として対象化され，消費されていくことが知られている．

クリスマスは本来，キリストの降誕を祝うものとしてキリスト教の祭日であったが，現代日本では宗教・宗派を問わず年末の一大イベントとしてとくに若者たちの間で定着している．こうした文化現象として宗教が消費される際に，信仰や儀礼などが当該宗教において有していた本来の文脈から切り離され，消費者（とくにツーリスト）のまなざしを意識した選好的消費がなされる．宗教的な祭礼は本来，聖なる時間・空間において斎行されることに意味があるが，担い手やツーリストの便宜により日時や場所が変更されることも珍しくない．こうした宗教のイベント化が進む背景にはさまざまな社会・経済的要因があるが，本節ではツーリズムの影響に注目しよう．

聖地巡礼は，古今東西，世界各地でみられる現象である．イスラーム文化圏の人々にとって，メッカ巡礼（ハッジ）は，すべてのムスリムに課せられた信仰行為である五行（信仰告白・礼拝・喜捨・断食・巡礼）の一つであり，イスラーム暦（ヒジュラ暦）の巡礼月になると，毎年200万人以上の巡礼者が預言者ムハンマドの生誕地であるメッカを訪れる．キリスト教では，聖地エルサレム，バチカン，サンティアゴ・デ・コンポステー

ラ（スペイン）が三大巡礼地として有名である．とくにエルサレムは同時にユダヤ教やイスラームにとっても重要な聖地であり，世界中から数多くの人が巡礼に訪れている．キリスト教ではこの他にも，ルルド（フランス）や先述したグアダルーペ（メキシコ）のように，聖母マリアの出現地として知られる巡礼地があり，奇跡を求める巡礼者が後を絶たない．チベット仏教の聖地・カイラス山（標高 6655 m）では五体投地（両手・両膝・額を地面に投げ伏して行う礼拝）による巡礼者を現在でもみることができる．ヒンドゥー教であれば，ヴァラナシィ（インド）にて，聖なる川・ガンジスで沐浴する多数の巡礼者をみることができるし，日本の伊勢参りや四国八十八箇所巡り，観音霊場巡りなども聖地巡礼の例である．

こうした聖地巡礼は信仰心に基づく宗教的な行為であると同時に，居住地を離れた場所で行うある種の体験として消費活動と考えるならば，ツーリズムの視点からみることも可能である．とくにメッカ巡礼のような大規模な巡礼は，ツーリズムビジネスにおいても大きな影響力を有している．巡礼とツーリズムの親和性は，現代に特異な現象ではない．このことは，伊勢参りの道中記として有名な十辺舎一九の『東海道中膝栗毛』（1802 年）に描かれた弥次さん，喜多さんの旅にもその一例をみることができる．

10.4.3　拡散化する宗教

ツーリズムの進展はグローバル化と密接に関連している．グローバル化を生み出した大量・高速交通機関の発達や情報化社会の進展により，聖地巡礼もまた活況を呈している．一方でツーリズムの進展は，聖地巡礼の脱宗教化，または非宗教的事物の宗教化ともいうべき現象を生み出している．

現代の聖地巡礼はもはや，神社仏閣や霊山といった宗教的な聖地に限定される行為ではない．ある人にとって，何らかの特別な意味を持った場所，その理由はさまざまであるが，共通点として何か人をひきつける魅力を持った場所を総称して聖地と呼ぶことが，一般化している．スポーツの聖地，音楽の聖地，恋人たちの聖地……．競技者や演奏家，観客，カップルにとって，特別な意味

を持つ場所が存在し，「〜の聖地」などと呼称される．ときに原爆や戦争，被災地の傷跡といった負の歴史を持つ場所も聖地化される．聖地の概念は拡張され，現代社会はあらゆるものが聖地になりうる時代ともいえる．同時に，これらは聖地巡礼による交流人口の増加を期待する地方自治体によって促進されている面も看過できない（松井，2017a）．

聖地創造を伴う地域政策のなかでも，アニメを活用した聖地巡礼による観光振興は近年顕著に増加している．アニメ聖地巡礼とは，アニメに描かれた場所を聖地とみなし，そこを訪れる行動を指す（岡本，2012；2013）．アニメ聖地巡礼者はアニメの舞台を探し出し，訪問し，写真撮影をして，ブログや SNS といったインターネット上でのメディアを介して情報発信を行う．するとその情報が後続の巡礼者たちへ伝わり，追随者が現れる．アニメの視聴者は，聖地に関する情報を得て聖地巡礼に赴く．巡礼中には，現地で地域住民との出会いや，ファン同士の交流がなされ，さまざまな相互交流が生まれることが知られている．こうした現象は，テクノロジーの劇的な進化に呼応して，われわれの生活に変革をもたらす．同時にこれまで宗教のカテゴリーではとらえられなかった現象が宗教的側面を帯びたり，反対に本来有していた宗教的な意味が希薄化して，イベントや観光資源として消費されたりするという現象が，グローバル化が進む現代社会では顕著になっている．

10.5　グローバル化を宗教から考える

以上本章では，グローバル化が進展する現代社会における宗教文化の特徴について検討してきた．グローバル化は古来，人類の宗教史において絶えず進行してきた現象である．その結果，世界の三大宗教をはじめとする多くの宗教が世界の諸地域に信仰を拡大・伝播し，現代世界にみられるような複雑かつ多様な宗教文化圏が構築された．近代以降，人，モノ，カネ，情報などの流動速度と密度が増加し，それによって宗教にも大きな影響が及ぶこととなった．

本章をまとめるにあたり，グローバル化と宗教とのかかわりを考えるうえでの留意点を最後に指摘したい．宗教学者のベックフォード（2016）によれば，グローバル化が宗教に与えた影響としては，①地球規模の通信メディアの発達によって，宗教的な考え，実践，そして組織的形態の広がりが加速されたこと，②世界全体で移動する移民，労働者，亡命希望者，難民，そして巡礼者や観光者によって，それぞれの国における宗教的多様性が広がったこと，③「オンライン宗教」や「ネット上での宗教」の登場によって，宗教が一国家の規制に縛られずに国際的に展開することが可能になったこと，④宗教にとっての機会が広がったことで，宗教が新しい形態をとったり，お互いに協力もしくは対抗しあったりすることが可能になり，また宗教運動が出自国の制約から自由になれるようになったこと，等が挙げられる．こうした議論はさまざまな学者によってなされているが，宗教と地域とのかかわりをみる際に留意すべき点としてとくに次の2点を挙げたい．

　第一に，グローバル化に関する議論では，国民国家を超えて世界規模で生じる文化の均質化・画一化に焦点が当てられる一方で，そうした動きへの反動として，世界の国や地域，民族などが個別性や独自性を主張する動きが現れるが，その際に宗教が重要なアイテムとして用いられることである．世界各地でみられる民族主義の勃興やファンダメンタリズム（宗教原理主義）の台頭といった現象がその顕著な例である（ロバートソン，1997；岩井，2007）．グローバル化は世界基準（それはしばしば欧米基準と同意であるが）で普及する価値の平準化であるが，グローバル化がローカルな価値を平準化させる可能性を持ちつつも，ローカルの価値を再評価し活性化させるダイナミズムとして働いており，グローバル化が世界を同質化し個別性を抹消させると考えるだけでなく，本質的内在的に個別主義を推進する過程でもある（ロバートソン，1997；山田，2007）．荒木（1994）によれば，「かつて「世界の中心」を構成し，世界をリードし支配していた近代西洋が，もはやただ一つの中心ではなくなり，世界のいたる所に多くの中心が出現し，それぞれの中心が断片的に自己を主張する現代の状況下で，人類（史）の宗教の全体の理解の問題，並びに他者の理解という問題が新しい形で課題になっている」のであり，こうした西洋中心主義からの脱却が宗教を含めて世界における文化的な多様性への積極的な評価と結びつくのである．宗教は本質的に人の生死にかかわる根源的な営みであるがゆえに，宗教に対する抑圧が非常に強い暴力的な抵抗運動として表出することも稀ではない．アメリカ・ニューヨークで発生した同時多発テロ（2001年9月11日）はイスラーム過激派（タリバン）による憎むべき犯罪であるが，背景にはこうした問題も横たわっていることを忘れてはならない．

　第二に，グローバル化により宗教の拡散化ともいえる現象が同時に生じていることに留意する必要がある．宗教の拡散化とは，宗教と非宗教との境界線がますます曖昧になることを指す．制度的な宗教が社会的影響力を喪失するのとは対照的に，一見すると宗教とは無関係にみえる現象，例えば，文学，マンガ・アニメ，映画などに宗教的メッセージが込められ，これらのメディアを通して宗教性が拡散され，また読者や観客も，そこに何らかの宗教性を感じるという現象である（岩井，2007）．岩井によれば，スピリチュアリティや霊性などと呼ばれるものの普及も，グローバル化によって宗教的思想の断片やコピーが，さまざまな分野に浸透した結果であると考えられる．宗教が意味するものは，時代によっても地域によっても異なる．キリスト教やユダヤ教のように超越的・絶対的な神観念を持つ宗教もあれば，仏教のように絶対神を持たない宗教もある．イスラームは信仰の世界にとどまらず，政治・経済・社会・文化等，人々の生活全般の規範でもある．各種統計調査によれば，信仰を自覚的に有している日本人の割合は20％程度に過ぎないが，初詣や七五三では神社に参り，厄除け祈願や葬式を寺院で行う人は多い．伝統・慣習としての宗教の影響は強くみられるのである．グローバル化が進む現代社会では，宗教（的なるもの）はさらに拡散し，いよいよ宗教の実態を捉えることは容易ではな

い．冒頭部で「宗教というプリズム」という比喩的な表現を用いたのは，宗教の持つこのような多義的な性格に由来する．宗教はグローバル化を考えるよい指標となろう．

〔松井圭介〕

引用文献

荒木美智雄（1994）：宗教学とは何か．井門富二夫ほか編，世界「宗教」総覧，新人物往来社．

井上順孝（2012）：越境する宗教．山折哲雄監修，川村邦光ほか編，宗教の事典，朝倉書店．

岩井　洋（2007）：経営のグローバル化，住原則也編，グローバル化のなかの宗教，世界思想社．

岡本　健（2012）：アニメと観光．安村克己・堀野正人・遠藤英樹・寺岡伸悟編，よくわかる観光社会学，ミネルヴァ書房．

岡本　健（2013）：n次創作観光，NPO法人北海道冒険芸術出版．

北森絵里（2012）：ラテン・アメリカの宗教．山折哲雄監修，川村邦光ほか編，宗教の事典，朝倉書店．

小島　宏（2013）：世界の宗教別人口のデータと将来推計．早瀬保子・小島　宏編，世界の宗教と人口，原書房．

ジョーダン T. ほか，山本正三ほか訳（2005）：ヨーロッパ—文化地域の形成と構造，二宮書店．

二宮書店編集部編（2007）：高等地図帳 改定版，二宮書店．

ベックフォード J.（2016）：グローバル化時代における宗教と宗教研究の社会学的パースペクティブ．宗教研究，89，19-22．

松井圭介（2006）：文化地理としてのキリスト教．歴史と地理，175，19-32．

松井圭介（2017a）：観光戦略としての宗教—長崎の教会群と場所の商品化（POD版），筑波大学出版会．

松井圭介（2017b）：「地理総合」と生活・文化から見た世界の多様性．新地理，65（3）：106-116．

村上重良（1987）：世界宗教事典，講談社．

山我哲雄（1994）：世界宗教史の流れ．井門富二夫ほか編，世界「宗教」総覧，新人物往来社．

山田政信（2007）：グローバル化と宗教的価値の展開．住原則也編，グローバル化のなかの宗教，世界思想社．

山中　弘（2012）：キリスト教．山折哲雄監修，川村邦光ほか編，宗教の事典，朝倉書店．

ロバートソン R., 阿部美哉訳（1997）：グローバリゼーション，東京大学出版会．

渡辺和子監修（2015）：オールカラーでわかりやすい！ 世界の宗教，西東社．

【潜伏キリシタンの島を歩く】

　長崎県内には，長崎市外海地区や平戸島，五島列島などの沿岸部の集落を中心に数多くのカトリック教会がある．聖フランシスコ・ザビエルによる平戸布教（1550年）以来，日本で最も長いキリスト教の歴史を有する長崎県は，教会数（134）や信徒率（約4.4%）などの指標をみても日本で最もカトリックの信仰が浸透した地域といえるだろう．

　五島列島は中でも独自の信仰形態を持つ潜伏キリシタン（カクレキリシタン）の息吹が色濃く残る島々である．五島にキリスト教が伝わったのは1566年のこと．1570年代にはキリシタンの信仰が広まり福江島には複数の教会が設立され，約2000人の信者がいたという．しかし豊臣秀吉による「伴天連追放令」（1587年）以降は厳しく弾圧され，多くの殉教者を出した．

　18世紀末，大村藩によるキリシタン弾圧の厳しさと人口減少に悩む五島藩による移住政策により，対岸の大村藩領外海地方から潜伏キリシタンたちが五島列島内の各島に移住を開始した．合計で3000人もの潜伏キリシタンが移住したといわれるが，耕地もない山間地や漁に不便な海浜に散住することを余儀なくされ，経済的な貧困や社会的差別も大きかった．1873年に禁教令が廃されようやく信仰の自由を勝ち得た明治中期から大正期以降，島内には信者らの手によりカトリックの教会堂が建てられていった．久賀島もその一つである．

　厳しい監視下に置かれていた潜伏キリシタンの人たちはどのような思いで，この地に暮らしていたのであろうか．懇意にさせて頂いているNPO法人長崎巡礼センターのIさんのガイドで現地を歩く機会があった．1960年代には3000を超える人口があった島も現在では400人弱と10分の1近くまで減少した．2016年現在，島の小中学校は1校，児童・生徒は11人（うち4人は島留学）に過ぎない．北側に開いた馬蹄形をした久賀島は，天然の良港を持たず漁業には不向きであり，人々は島の中央部の入り江を干拓してコメ作りをしてきた．しかし，この耕作地が広がる中心の集落にはカトリック教会はない．コメ作りの場にはカトリックはいないのだ．

　牢屋の窄殉教記念教会は，1868年，12畳の牢に島内全戸のキリシタン男女約200人が8か月あまり幽閉され，42人が亡くなった「五島崩れ」の犠牲となった殉教者を顕彰するために建てられた教会である（写真10.1）．12畳に200人とは満員電車を超える密度だ．立錐の余地のない牢屋の中で，糞尿にまみれ，生きながらウジに食べられたキリシタンの姿が石板に刻まれている．カトリックへの弾圧は明治期以降も続いていた．弾圧者は誰であったのか．それは政府（役人・為政者）ではない．住民同士の差別が根底にあったのではないか，とIさんは語る．決して豊かではない島に移住者として入ってきたキリシタン（「居着き」）は，先住者（「地下」）の人々の生活を圧迫していたのだろうか．貧困がもたらす強い憎しみが差別意識を引き起こしていたのではないか．

写真10.1　牢屋の窄殉教記念教会，殉教者の慰霊碑（2016年10月，筆者撮影）

　何ともいえない気持ちを胸に私たちは世界遺産候補である旧五輪教会へ向かった．教会へ向かう未舗装の道は，対向車とのすれ違いも困難なほど．途中に設けられた駐車場に車を置き，五輪集落へ向けて歩く．潜伏キリシタンの人たちが五島列島に移住してきたとき，可耕地にはすでに「地下者」がいた．「居着き者」である移住者は山奥や谷底にわずかな土地を切り開いて生活を営んだ．途中，Iさんが好物だという「グデ」の実を拾う．ザクロのような食感で種のまわりについたわずかな果肉を食べる．ほのかに甘く野性味のある果物．かつてはこうした果実も島の人々の重要な食用資源であったのだろう．

　下り坂は急で「転倒注意」の看板がリアルだ．道端のところどころに家屋跡が見える．わずかに残された建材の痕跡の周辺にはいまでもパイプを通して清水が流れていた（写真10.2）．「水あるところに家屋あり」「家屋（集落）あるところに教会あり」．よくもここに庵を建てられたと感心するが，もっともこれは消費社会に毒された現代人の感覚．海で魚を採り，山で生活に必要な資源を確保できれば人は十分に生きていくこ

コラム　潜伏キリシタンの島を歩く　　111

とができる．昭和歌謡界のスターであった五輪真弓（いつわ）さんの親は五輪集落の出身．ただし本人はここの生まれではない，といった話し声が参加者から聞かれた．ようやく浜に降りるとわずかな低地に教会と集落が見えてきた（写真10.3）．

旧五輪教会は五島市の所有．かつての浜脇教会で用いられていた建材を利用している．現在，長崎の教会群の建物として最古のものであるという．ただし，現在では教会ではない．そのため内部の写真撮影も可能だ（写真10.4）．内部を見ると第二バチカン公会議（1962～1965年）以前の教会の様子がよくわかる．聖体拝領台があり，信徒は拝領台の前にひざまずき聖体を拝領する．神父は神（十字架）に向かって正対し，信徒には背を向けてミサを行う．信徒たちは板張りの床に直接座るスタイルである．

五輪集落は現在，漁業を生業とする2家族が残る．この教会の建設は1881年であった．禁教は解かれたとはいえ高札撤去から間もないこの時期，「牢屋の窄」の弾圧からわずか13年後という苦難の時期に，この離島の小さな集落に天主堂が立てられたことに改めて驚きを禁じ得ない．

写真10.2 廃屋跡に残る湧き水（2016年10月，筆者撮影）

われわれが久賀島に滞在したのはわずか2時間弱．ツアー客の場合は，福江島から海上タクシーで旧五輪教会に直行し，滞在は30分ほどだという．この旧五輪教会を含む久賀島の集落は「長崎と天草地方の潜伏キリシタン関連遺産」として，2018年に世界遺産登録の審査が行われる．潜伏キリシタンというローカルな宗教形態（フォークカトリシズムの一形態）がいま，世界遺産という文脈において世界人類の普遍的な価値としてグローバルの舞台に引き上げられようとしている．そこには多くの観光客の来訪も見込まれるだろう．観光客は何を期待してこの地を訪れるのか．またそこで何を体験するのであろうか．

写真10.3 五輪集落全景（2016年10月，筆者撮影）

写真10.4 旧五輪教会・内観（2016年10月，筆者撮影）

11

人の移動と病気のグローバル化

　人類の歴史は病気との闘いといってもよい．人はさまざまな病いに苦しみ，その克服に努力してきた．病気が地理的に興味深いのは，病気が特定の地域に偏って発生し，地域から地域へと伝播すること，また特定の地域において頻繁に発生する病気が時代とともに移り変わることにある．病気は基本的に人の移動と深く関わっており，グローバルなスケールで人の移動が活発になるにつれて，病気が世界に拡散し，時として大流行へと発展した．ここでは，グローバル化とともに変わりゆく病気に目を向けてみよう．

11.1　人の移動と病気の流行

　世界の自然環境はきわめて多様であり，人はそれぞれの環境に適応しながら暮らしてきた．暑熱と寒冷，湿潤と乾燥といった気候・気象環境をはじめとする自然環境の地域的な違いに対応して，より多くの人々の生命を維持できるための生活の工夫を施し，独自の生活様式をあみだしながら地域固有の文化をはぐくんできた．しかしその反面，人は健康を損ねてさまざまな病気を患い，多くの苦難に直面してきた．病気はしばしば猛威を振るい，地域社会を崩壊させることすらあった．

　病気にはさまざまな種類があり，しかも場所によって発生のしかたは大きく異なる．それは病気の多くが，気候・気象などの自然環境や，生活水準や社会組織，家族形態といった社会経済環境，さらには生活様式や価値観などの文化環境が複雑に関係し合いながら身体に関与して発生するからである．地域固有の要因が特定の病気の発生を促し，したがって環境が変わるとそれに応じて発生する病気の種類も変わってくる．病気はまさに，人と環境の相互作用によって生じる現象なのである．

　病気の歴史をたどると，長く人類を苦しめてきたのは，病原体や寄生虫などの生物によって引き起こされる感染症や寄生虫病であった．かつては衛生観念が未発達であったために病原体や寄生虫に接触する機会が多く，これらの病気の原因解明と治療方法の開発も遅れたことから，いずれもしばしば大流行へと発展していた．

　感染症や寄生虫病は，病原体や寄生虫と，それを媒介する動物が生息できる環境の整った場所で発生する．そのため，もともと発生地は特定の地域に限定され，患者数も比較的少なく，一定数を保ってきた．この状態をエンデミック（endemic）と呼び，特定の地域特有の病気とみなされ，風土病としてとらえられたりしてきた．また，住民の多くが病原体に対して抗体を持っているケースもあり，感染症と共生するような地域社会も存在する．それゆえに，人の移動が多くなかった時代や，現在でも人の流入が限られている地域では，感染症の多くはエンデミックな状態であり続けている．

　ところが，そうした地域に外部から人が入り，あるいは病原体に抵抗力を持たない人が増えると，感染症の発生はその規模を急激に拡大し，病気の大流行が生じる．この状態をエピデミック（epidemic）と呼ぶ．たとえば，現在も毎年のように各地で起こるインフルエンザの流行はこうした状況を指す．歴史的にみると，近代以降，熱帯地域の開発が進むにつれて風土病が流行するケースも目立った．もともと局地的に限定されていた病気が流行したマラリアや黄熱の流行は，そのよい例である．また，近代化とともに社会の変化に伴って不衛生な環境が生じた大都市においてチフスやコレラ，結核などが大流行したのも，病原体に抵抗力を持たない人々が密集して暮らすという，感染症の発生に好都合な環境が新たに整ったからである．

　さらに，地域間の人の移動が大規模に行われる

11.1　人の移動と病気の流行　　*113*

ことによって，感染症の発生は世界規模にまで発展することになる．このような世界的大流行の状態をパンデミック（pandemic）と呼ぶ．人類は今日に至るまで，移動距離と移動者の数のいずれにおいてもつねに拡大を続けてきた．その結果，病気の伝播のスピードも患者の数も増加の一途をたどり，しばしば世界的大流行へと発展してきた．13～14世紀にかけてヨーロッパで大流行したペスト，15世紀末以降にヨーロッパで猖獗を極めた梅毒，ヨーロッパからの侵略者が新大陸に持ち込んだ天然痘は，いずれも既存の社会を破壊するほどに猛威をふるった．20世紀には，インフルエンザが大流行する．1918～1919年のスペイン風邪，1957年のアジア風邪，1968年の香港風邪はいずれも多くの犠牲者を出した．さらに，20世紀末にはエイズの世界的流行，21世紀に入ると，熱帯の病気であるデング熱の温帯での流行が話題になっている．

このように人の移動は，しばしば病気の流行をもたらしてきた．そのため，感染症を予防する上で最も基本的なことは，患者の移動を抑えて病原体が移動しないようにすることにある．たとえば日本では，感染症予防法によって予防や患者への対処法が規定されており，とりわけ感染力の強い病気である13の感染症（エボラ出血熱，クリミア・コンゴ出血熱，痘瘡，南米出血熱，ペスト，マールブルグ病，ラッサ熱，急性灰白髄炎，結核，ジフテリア，重症急性呼吸器症候群，中東呼吸器症候群，鳥インフルエンザ）については，出入国管理法が患者である外国人の本邦への上陸を拒否するものとされている．

人の移動が激しくなるにつれて，病気の発生の様子は大きく異なってきた．以下では，近代以降に拡大してきた人の地球規模の移動と感染症の流行との関係について，具体的にみていくことにしよう．

11.2 新大陸発見と関わる病気の脅威

11.2.1 ヨーロッパに近代をもたらしたペスト

中世ヨーロッパで大流行したペストは，ヨーロッパの歴史の転換をもたらしたことで知られている．1348年の大流行を頂点にした半世紀間に，ヨーロッパでは莫大な数の犠牲者が出た．これによって都市・農村を問わず，人口は激減し，従来の封建社会を支えた荘園経済が各地で破綻し，中世の時代が終わったとされている．

ペストは病原体であるペスト菌によって引き起こされる．ペスト菌はネズミの体内に生息しており，これに寄生するノミ（特にケオプスネズミノミ）がネズミの血液を吸うと，ノミの体内で菌は増殖する．このノミが人を刺すと，菌が侵入して感染が生じる．したがって，ペストが広範囲で流行するにはネズミの移動が条件となる．

実際，ペストの流行は物流が広域化したことと結びついていた．もともとペストは中国南部，もしくはロシア南部が原発地とされる．それが14世紀当時，ユーラシア大陸における東西交易の活発化に伴って，物資に紛れてネズミが移動したとされる．1348年の大流行の際の感染経路をみてみると，1347年にはすでにコンスタンティノープル（現在のイスタンブール）を経てイタリア半島からマルセイユまで到達した．1348年1月にローヌ川を北上してアヴィニョン，4月にフィレンツェ，5月にはスペインとドイツに広がり，8月にロンドンに達した．さらに翌1349年にはスウェーデ

写真11.1　ウィーンの中心地に立つペスト記念柱（2004年3月，筆者撮影）
中央にそびえる塔は，1679年に猛威を振るったペストの終息を記念して17世紀末に建てられた．

ンやポーランド，1351年にはロシアに達したという（立川，1971）．

この当時，どれだけの犠牲者が出たのか，当時の人口に関する統計がなく，死亡者を裏づける資料に乏しいため，正確な数字は明らかになっていない．これまでさまざまな推定がなされており，それに従うと，1348年の死亡者と死亡率は以下のとおりである．すなわち，イタリアのフィレンツェの死者6万人，ヴェネツィア10万人，パリでは5万人，ロンドン10万人など．当時のこれらの都市の人口が約10万〜20万人と推定されることから，都市での死亡率は少なくとも50％となる．農村では死亡率を都市の5分の1と見積もり，都市と農村の人口比を3対7とすると，全ヨーロッパで少なくとも2500万人の死者が推定される（立川，1971）．

ペストがヨーロッパの人々にとっていかに脅威だったかは想像に難くない．ペストに感染すると，1〜6日程度の潜伏期を経て発病する．高熱が出てめまい，随意筋麻痺が生じ，精神錯乱を来す．腋の下や鼠径部のリンパ腺に腫脹が起こり，これが化膿して黒紫の斑点が出て，やがて死に至る．このことから，ヨーロッパではペストは黒死病の名で恐れられた．ペストが収まったことを記念して各地に建てられたペスト柱と呼ばれる碑は，当時原因がわからなかったこの病気への恐怖の大きさを今に伝えている（写真11.1）．

ペストはその後，15〜17世紀にヨーロッパでたびたび流行を繰り返したが，やがて沈静化してゆく．ヨーロッパの人々の間に免疫ができたからだとされている．しかし，19世紀末から20世紀初頭にかけてインドをはじめ，エジプトや香港で大流行し，日本でも感染が確認され，人々を驚かせた．大陸規模での人とモノの移動が激しくなったことによって，エンデミックな状況にあるこの大病に不意に見舞われることになるのである（図11.1）．

11.2.2 病原体が持ち込まれた新大陸

1492年にヨーロッパ人が発見して以来，彼らが乗り込んできたことによって新大陸の生物的，社会的特性には甚大な変化が起こった．それは，スペイン人によって広大な新大陸の土地と人々が次々に征服される過程で生じた．ダイヤモンドの名著『銃・病原菌・鉄』（2012）が述べるように，彼らが持つ武器や農業技術，家畜，高度に開発された道具，発達した文字などとともに，彼らが持ち込んだ病原体が先住民の身体をむしばみ，病気の流行が生じたからである．免疫を持つヨーロッパの人々が侵入してきたことによって，免疫を持たない先住民が感染し，無力化されて征服されたのである．

記録に残されている病気の大流行としてまず挙

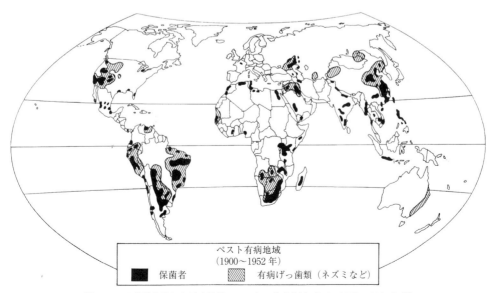

図11.1 20世紀前半における世界のペストの有病地域（Pyle, 1979, p.41 による）

げられるのが天然痘である．1518年にスペイン人がカリブ海のイスパニョーラ島に到着して間もなく，対決した先住民の多くがこの病気に倒れ，スペイン人たちは侵略の歩を進めてゆく．1520年には天然痘の流行によって兵力を失ったアステカの大軍に対して，スペイン人は難なくメキシコを征服．続いて1525〜1526年にインカ領に進出したピサロのスペイン征服軍が直面したのは，天然痘によって王に続いて王位継承者を失い，内戦で混乱した人々であった．スペイン人たちはさしたる戦闘もなく，財宝を強奪して彼らを征服することができたのであった（マクニール，1985）．

　天然痘の大流行が一段落すると，今度は1530〜1531年にはしかが大流行し，メキシコとペルーで多くの犠牲者が出た．さらに1558〜1559年には，すでにヨーロッパで流行していたインフルエンザが持ち込まれ，多くの命を奪うことになった．このほか16〜17世紀にはジフテリアやおたふく風邪が大流行し，天然痘とはしかも繰り返し，場所によっては全滅に近いほどの破壊をもたらした．実際，カリフォルニア半島では17世紀末に人口の90％を失ったという．人口の減少によって社会が崩壊した人々を征服することは，武器や道具を持ったヨーロッパの人々にとってきわめて容易なことであった．

　もっとも，病気の流行は侵略行為によってのみ進行したわけではなかった．スペイン人たちは各地に進出の過程でキリスト教の伝道も熱心に行った．宣教師たちは慈しみをもって先住民に対応しようとし，彼らを救うための布教活動を続けた．しかし，先住民にとって宣教師と接することは，未知の疫病に感染する機会を意味していた．彼らの多くは，教会に通うことによって命を奪われたのである．

　その後，新大陸の先住民に対して，さらに追い打ちをかける病気が流行することになる．アフリカから持ち込まれたマラリアと黄熱である．新大陸と同様，アフリカに進出したヨーロッパの人々と，アフリカから連れてこられたアフリカ人奴隷が病原体の運搬役を果たした．もともと新大陸になかったこれらの病気は，16世紀半ばに記録され

て以来，またたく間に広がった．マラリアは，原虫のほかに媒介する蚊の存在が不可欠である．それまでに新大陸に生息していた蚊がその役割を担うようになり，熱帯低地というアフリカと類似の環境が整った地域でマラリアは大流行し，各地で先住民の社会を壊滅させた．同様に黄熱も，1548年以降に大流行を繰り返して先住民の人口を激減させた．カリブ海の大部分の島嶼では，プランテーション方式のサトウキビの大規模栽培を行う上で膨大な労働力が必要だったことから，大量のアフリカ人奴隷が導入された．このことが，これらの熱帯病の蔓延にいっそう拍車をかける結果となった．

　このように旧世界ですっかり根を下ろして安定し，あまり深刻でない病気が，免疫をまったく持たない新世界の住民においては死亡率の高い疫病となった．1788年にイギリス人がシドニーに入植した直後にオーストラリア先住民の人口減少が起こったことからもわかるように，ヨーロッパの人々の世界進出は世界各地に多くの病気をもたらした．一定の期間を経て大流行が終息したのは，住民の間に疫病に対する免疫がある程度形成されたからであり，その後，新大陸においてスペイン人侵略の惨状は繰り返されていない．旧大陸から持ち込まれた疫病は新大陸においても根を下ろしたのである．

　近代以降，人の移動の広域化が進むにつれて，それまで特定の地域に限られていた病気は世界各地に伝わり，これによって天然痘もマラリアも大陸をまたいで発生するようになった．つまり，エンデミックな病気が世界各地で起こり，広い範囲で同じ病気が発生するという，病気の共通化，均一化が進んだ．こうした病気発生の変化は，病気のグローバル化としてとらえることができる．

11.3　欧米諸国の世界進出と病気の流行

　高温多湿な熱帯地域には多くの生物にとって最適な生息環境が整っている．それゆえに生命力が旺盛であり，病原体やそれを媒介する生物，寄生する動物などが生息し，1つの完結した生態系をかたちづくり，エンデミックな状態になってい

る．そしてこれに人間が関与すると，多くの場合，地域固有の風土病が発症し，エピデミックな状況に変容する．実際，このような地域に入ってきた人々の多くが熱帯特有の風土病に感染し，多くの犠牲者を出す事態に陥った．出身地とはまったく異なる環境で暮らす彼らにとって，風土病は大きな脅威であった．

なかでもマラリアは，最も恐れられた疫病の一つである．マラリアは，アノフェレス属の蚊（ハマダラ蚊）によって媒介されるマラリア原虫が身体に侵入することによって生じる．蚊に刺されて感染すると，突発的な発熱を繰り返し，次第に衰弱して死に至る．

マラリアは，アフリカや東南アジアなどの熱帯地域はもちろん，地中海沿岸地方，中央アジアから中国南部にかけての地域において，かなり古い時代からエンデミックな状態であり続けてきた．これらの地域では，住民もマラリアに適応した身体を持ち合わせていた．

最もよく知られているのが鎌状赤血球症（sickle cell anemia）である．マラリアはマラリア原虫が人の赤血球に生息することによって発病するが，赤血球が鎌状に変異するとマラリア原虫の生息に対して耐性を持つことになり，発病を免れることができる．この鎌状赤血球は遺伝によって一定の人々が持ち続けており，特にアフリカのマラリア流行地に多くみられることから，マラリア発病を避けるための適応形態とされる．ただし，鎌状赤血球は酸素運搬量が少ないために貧血の原因となり，それが原因で遺伝子型によっては成人前に死に至る．貧血を代償にしてまでマラリアを避けるために身体が選んだ極限の適応形態といえよう．

またヨーロッパでも，地中海地方の子どもに特有の地中海貧血（Cooley's Anemia）が，マラリアに対する遺伝的な適応形態として知られており，かつて多くの犠牲者を出していた．20世紀初頭の北イタリアの農村において，貧血による子どもの死亡者数が顕著であったことからも，この適応症が広範囲で起こっていたことが推察できる（加賀美，2004）．なお，イタリアには今もなお，アッシジやモンテプルチアーノなど丘陵地の丘の頂に立

写真11.2 イタリアの山上集落モンテプルチアーノ（2012年8月，筆者撮影）
イタリア中部のトスカナ地方はワインの産地で著名だが，多くの集落が山上に立地している．

地する山上集落が多くみられるが，それは防衛上の利用ばかりでなく低地で蔓延するマラリアを避けるためだったともいわれる（写真11.2）（ジョーダン，1989）．

近代になって17世紀イタリアの医師トルチが，この病気をマラリア（malaria，悪いmala 空気ariaの意味）と記している（橋本，1991）．これは，細菌学が発達する19世紀以前のヨーロッパでは，病気は大気中に潜む病原によって引き起こされるとするミアズマ（瘴気）説が根強かったことによる．

18世紀以降，ヨーロッパ諸国の世界進出が活発になり，特にイギリスやオランダ，フランスなど北西ヨーロッパの人々がアフリカやインド，東南アジアなどの熱帯地域に住むようになった．さっそくこの熱帯病の脅威に直面した彼らはマラリア対策を講じる．その一つがユーカリであった．19世紀にマラリア原虫が発見されるまで，マラリアはミアズマによって起こると考えられていた．ユーカリは根が大量の水を吸収し，葉から揮発性の油と酸を発する．これがミアズマ対策に効果があると考えられたのである．ユーカリはマラリア地域で積極的に植樹されたほか，アメリカやオーストラリアなどヨーロッパからの入植者がマラリア問題に直面した地域でもユーカリが植えられ，特有の景観を生み出した．理想郷を求めてアメリカ大陸を西進した開拓者たちがようやく到

達したカリフォルニアでも，そこに蔓延するマラリアが大きな問題になった．そこで当時，彼らはさかんに各地にユーカリを植林していった．そのため今もユーカリは，カリフォルニア特有の景観として残されている（矢ケ﨑，1999）．

しかし，実際に大きな効果があったのは，キナノキの樹皮から抽出されたキニーネであった．キナノキの樹皮の効用はすでに知られていたが，1820年にパリの薬剤師がキニーネの抽出に成功し，その絶大な効果が知られるようになった．以来，今日に至るまで，キニーネは特効薬として利用されている．なお，キニーネに目をつけたオランダがインドネシアにキナノキを移植し，栽培に成功して莫大な富を得ている．以来，キニーネは世界各地で生産されるようになった．このように病気のグローバル化とともに，薬の生産にもグローバル化が起こったのは興味深い．

こうした特効薬の出現にもかかわらず，ヨーロッパ人にとってマラリアは恐怖の対象であり続けた．オランダに続いてイギリス，フランス，さらにアメリカ合衆国の入植者たちが熱帯地域に進出し，港湾をはじめとする都市をつくり，ゴムや綿花のプランテーション経営に乗り出した．彼らの生活の舞台は低湿地であり，それゆえにマラリアは最大の障害であった．

そこで特にモンスーンアジアに進出した欧米人たちは，雨季の不快な生活環境を避ける意味も込めて，マラリアのない高原に避暑地や保養地をつくりだした．フィリピンではマニラの避暑地であるバギオ，インドでは「夏の首都」と呼ばれた避暑地シムラー，マレーシアのクアラルンプール北方にあるキャメロンハイランド，インドネシアではジャカルタの南東にあるバンドンなどのいわゆるヒルステーションが山間地に開設された．いずれも気温が比較的低く，マラリアの流行地から離れていることから，熱帯地域において安全な場所とみなされ，欧米人にとってのユートピアとして位置づけられた．バンドン以外は標高1000mを超す高地にあり，現在も避暑地として機能している．

19世紀にマラリア原虫が発見され，病気の構造が明らかになったことによって，マラリア流行地ではハマダラ蚊の生息地となる湿地をなくすなど蚊の撲滅事業が進められ，また治療法の確立による適切な医療措置，生活水準の向上による受療者数の増加などもマラリアの撲滅を推し進めた．それでも2015年には約2億1400万もの患者が推定され，死者は43万8000人にものぼると報告されている．その約90%をアフリカが占めるのは，政治的，経済的な混乱がマラリア撲滅の作業を遅らせているからである．

今日，マラリアは依然として熱帯地域の風土病であり続けている．世界保健機構（WHO）が旅行者向けに提示した2011年現在の世界のマラリア流行地は，南アメリカ北部（ブラジル北部，コロンビア，ベネズエラなど），中部アメリカ（メキシコ南部からニカラグア），サハラ以南のアフリカの広大な領域，マダガスカル島，南アジア（インド，パキスタン）から東南アジア諸国および中国南部にかけての地域である（図11.2）．

11.4　グローバリゼーションの落とし子

11.4.1　エイズの世界的流行

1981年にアメリカ合衆国ロサンゼルスの同性愛者にエイズ（後天性免疫不全症候群）の症例が報告されて以来，この病気の世界的な流行はあまりに衝撃的であり，多くの関心を集めてきた．それは，わずか10年ばかりの間に世界の患者数が100万人を超え，世界各地に患者が確認されただけでなく，その致死率が著しく高く，しかもその治療法が確立できない難病だからであり，突如としてわれわれの目前に重くのしかかってきたのである．

エイズは，ヒト免疫不全ウイルス（HIV，以下エイズウイルス）が体内に侵入して免疫細胞を破壊し，免疫不全を引き起こす病気である．感染初期は風邪と類似の症状が続き，長い潜伏期を経て免疫力の低下に伴う感染が起こり，腫瘍などが生じて深刻な生命の危機に直面する．感染した血液や体液を経て伝わることから，性行為や輸血，麻薬使用における注射針の使い回し，さらには授乳などによる母子感染が主な原因とされる．ただし，当初確認されたエイズ患者の多くが男性同性

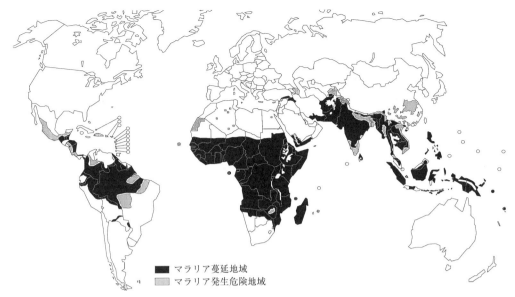

図 11.2 世界のマラリアの発生地域（2010年，世界保健機構（WHO）のマラリア発生地域サイト（http://gamapserver.who.int/mapLibrary/Files/Maps/Global_Malaria_ITHRiskMap.JPG?ua=1）による）

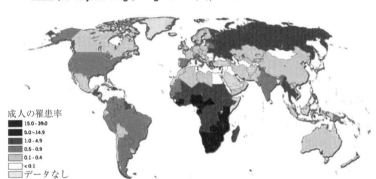

図 11.3 世界の HIV 感染者率の地域差（2003年，世界保健機構（WHO）の HIV/エイズ患者に関するサイト（http://www.who.int/healthinfo/statistics/04.whostat2005map_hivprevalence.jpg）による）

愛者や麻薬常習者であったこと，同性・異性間の性行為が主な感染経路としてマスコミなどで取り上げられたことから，モラルに反した罪深い生活者に対する罰としてこの病気をとらえる傾向が定着した（ギルマン，1996）．

当初，アメリカ合衆国で確認されたエイズ患者の多くが社会経済的な地位が低いアフリカ系住民であったことも，この病気に対する差別的なイメージをつくりだすことにつながった．感染の原因は，患者との性行為だけでなく，輸血や血友病治療のための血液製剤による感染も少なくないし，実際，アフリカ系の人々に患者が多いのは，彼らが遺伝的に持っている鎌状赤血球による貧血を治療するために受けた輸血が感染の原因ともいわれる（ギルマン，1996）．

いずれにせよ，エイズがウイルス性の病気であり，さまざまな感染経路が明らかになっているのにもかかわらず，反社会的・反道徳的イメージが定着したために患者の登録が遅れ，正確なエイズ患者の数が把握できず，その間にエイズが世界的に拡散・蔓延してしまったことは事実である．

エイズ患者は世界各地で報告されている．ただし，患者の分布にはかなりの偏りがみられる（図11.3）．国連合同エイズ計画（UNAID）によると，2011年末時点のエイズウイルス感染者数は世界で約3400万人．その内訳は，サハラ以南のアフ

リカが約2350万人，南・東南アジアが約400万人，北アメリカと南アメリカ，東ヨーロッパ・中央アジアがそれぞれ約140万人と続き，東アジアは約83万人である．しかし，2001年との変化をみると，最も増加しているのは東アジアの113%増であり，第2位の東ヨーロッパ・中央アジアの44.3%増をはるかに上回っている．ちなみに日本では2013年末において，HIV感染者1万5783人，エイズ患者数7188人であり，うち東京都はそれぞれ5891人（37.3%），1857人（25.8%）である．

このようにHIV感染者の分布が世界各地に急激に拡大したのは，それだけ人の移動が大規模に起こっているからである．エイズは，もともとかなり早い時期にアフリカ中央部で蔓延し，エンデミックな状況にあった（セイトル，1998）．それが世界的な病気になったのは，ここからエイズウイルスが世界各地に拡散したからである．アフリカ中央部の人々と接触した人が，さらに他の人々と接触していったのである．アメリカ合衆国で感染者が増えたのは，エイズが比較的早く流行したカリブ海のハイチを好んで訪れた同性愛者が感染し，ウイルスを運び込んだことによるという（Shannon and Pyle, 1989）．つまりエイズの世界的な拡散は，人の移動の足跡そのものを示しており，感染者の分布は，大量の人間がいかに短い時間で世界各地を移動しているかを端的に証明するものである．

エイズ拡散の様子はアメリカ合衆国国内での変化から類推できる．アメリカ合衆国では，1980年代にエイズ患者数が急増するとともに，エイズ発生地も空間的に拡大していった（Gould, 1993）．1982年時点でのエイズ患者は全国で1485人であり，主に東部のニューヨークとボストン，南部のマイアミやニューオリンズ，西海岸のサンフランシスコとロサンゼルス，シアトルなど，沿岸部の大都市でのみ確認されていた．ところが，そのわずか2年後の1984年には，これらの都市を中心にして蔓延地域は拡大しただけでなく，シカゴやデトロイト，アトランタやデンバーなど内陸の諸都市にも患者が現れてきた．その後，さらにエイ

ズ患者は急増し，1986年に約5万人，1998年には約12万人へとふくれあがると，これらの都市を中心にしてさらに広域にわたってエイズ患者が現れることになった．特に東部の沿岸地域では，ボストンからマイアミにかけてほぼ全域で患者がみられたばかりでなく，そこから西に向かって広がる傾向を示した．患者数が約16万人を記録した1990年には，エイズ蔓延地域はミシシッピ川以東のほぼ全域に広がった．また，西部においても沿岸部からメキシコ国境にかけての広い範囲でエイズ患者が確認された．

このようなエイズ発生の時空間的な変化を観察すると，エイズが沿岸部からシカゴやアトランタなど大都市へと飛んで伝播し，それから徐々に規模の小さな都市へと都市規模の階層に従って拡散していることがわかる．これは，人の移動の激しく人口が集積した大都市ほど，エイズのような病気の発生規模が大きくなることによっている．日本でも圧倒的に東京に患者が集中しているのは，グローバルなスケールにおいて，大都市を中心に広がっている様子を示している．

人の健康を侵す感染症は，地球規模の人の移動の激化とともに，ますますその感染力を強め，距離とは無関係に激しい勢いで拡散する．グローバリゼーションの進行は，地球規模での感染症の大流行のリスクを確実に高めている．

11.4.2　情報のグローバル化と健康問題

これまで感染症の拡散について，人やモノの移動のグローバル化と対応させながらみてきた．人の歴史において，感染症こそが場所から場所へと伝わり，多くの犠牲を出してきたからである．しかし，近年進行するグローバリゼーションは，人やモノの移動だけでなく，情報の爆発的な流通にも表れている．その結果，生活様式や価値観にも大きく変化している．

たとえば世界の食生活は，20世紀後半以降，大幅に変わってきた．食文化はそもそも地域によってきわめて個性的であり，それは地域固有の環境によって得られる食材と，そこで暮らす人々が要するエネルギー量などによって規定されてきた．地域固有の食とは，地域の環境への適応形態

写真 11.3 日本の山岳地にみられる伝統的な食（1988 年 10 月，筆者撮影）
長野県飯田市の遠山郷では，ソバやイモ，山菜を中心にした伝統的な食生活が維持されてきた．

の一つとみることができる．ところが，近年では，食に関する情報が急速に広がり，他の地域の食習慣が伝わるようになった．アメリカ合衆国など経済先進国から食の情報が拡散し，また特に開発途上地域では，援助資材として多くの外国製品が導入されたことによって，従来の食が大幅に変わっている．その結果，環境に適応した伝統的な食文化に新しい食が加わり，健康が損なわれる事例が増えている．

日本でも，伝統的な和食に加えて，戦後に援助の名でアメリカ合衆国から大量の食料が導入され，以来，いわゆる食の欧風化が進行し，生活習慣病や肥満が大きな問題になっている．かつてあった伝統的な食（写真 11.3）に代わって，ジャンクフードやファストフード，インスタント食品の普及は，過度の脂肪の摂取や偏った栄養摂取を招き，健康の障害が懸念されている．また沖縄県では，米軍関係者の牛肉を食べる習慣に触れ，これを先進的な暮らしとして受け入れたために，特に男性の間で肉の消費が急増した．その結果，かつて国内で長寿を誇っていた沖縄県の男性の平均寿命が，急速に低下する事態に陥ってしまった．

国際的にみても，開発途上地域に同様の事例をみることができる．たとえば南太平洋の国トンガは，20 世紀後半に大量の外国食品の輸入が進み，肉や砂糖の消費が大幅に伸びた．その結果，現在は肥満者の割合が世界トップクラスにあり，健康への懸念が高まっている（稲岡，2014）．従来，肥満は栄養過多の先進諸国の代表的な問題とされてきたのが，近年では開発途上地域の問題になってきている．これらの地域では，豊かな暮らしを追求することが，身体への負担を高め，健康を損なうことにつながっているのである．世界全体で考えなければならない問題であろう．

このように食のグローバリゼーションは，世界全体が共通の健康問題に直面する事態を招いている．多様な地域の環境に対して長い年月を経て適応してきた人々が，グローバリゼーションの進行とともに外来の生活様式を取り入れ，生活のあり方は平準化の一途をたどっている．しかし，それは必ずしも健康で安心した生活に結びついていない．というのは，従来の食に対して今までにない豊かさを示す食が他の地域から伝わると，それはしばしば魅力的なものとして受け入れられ，過剰な摂取をもたらし，結果として栄養のバランスを大きく損なうことにつながるからである．外来の食を過度に評価することによって，過食や飽食が生じ，新たな健康問題に発展する現実があることを，グローバリゼーションのプロセスの中で忘れてはならない．

〔加賀美雅弘〕

引用文献

稲岡　司（2014）：トンガの肥満．池口明子・佐藤廉也編，身体と生存の文化生態．海青社，pp.141-160．

加賀美雅弘（2004）：病気の地域差を読む―地理学からのアプローチ．古今書院．

ギルマン S. L.，本橋哲也訳（1996）：病気と表象―狂気からエイズに至る病のイメージ．ありな書房．〔Gilman, Sander L. (1988): *Disease and representation : Images of illness from madness to AIDS*, Cornell University Press.〕

ジョーダン T. G.，山本正三・石井英也訳（1989）：ヨーロッパ文化―その形成と空間構造．大明堂．〔Jordan, T. (1988): *The European culture area : A systematic geography*, second edition, HarperCollins.〕

セイトル B.，塚田　隆訳（1998）：エイズ研究の歴史．白水社．〔Seytre, Bernard (1995): *Histoire de la recherche sur le SIDA*, Presses Universitaires de France.〕

ダイアモンド J.，倉骨　彰訳（2012）：銃・病原菌・鉄．草思社．〔Diamond, Jared (1997): *Guns, germs, and steel : The fates of human societies*, W. W. Norton.〕

立川昭二（1971）：病気の社会史―文明に探る病因．日本放送出版協会．

橋本雅一（1991）：世界史の中のマラリア—一微生物学者の視点から，藤原書店.

マクニール W. H.，佐々木昭夫訳（1985）：疫病と世界史，新潮社．[McNeill, William H. (1976)：*Plagues and peoples*, Anchor Press.]

矢ケ﨑典隆（1999）：19 世紀におけるカリフォルニアのイメージと地域性．学芸地理，**54**：2-20.

Gould, P.（1993）：*The slow plague : A geography of the AIDS pandemic*, Blackwell.

Pyle, G.（1979）：*Applied medical geography*, V. H. Winston & Sons.

Shannon, G. W. and Pyle, G. F.（1989）：The origin and diffusion of AIDS : A view from medical geography. *A.A.A.G.*, **79**：1-24.

-------- 【健康もグローバル化？】 --------

　世界保健機構（WHO）によれば，健康とは，完全な肉体的，精神的および社会的福祉の状態であり，単に疾病または病弱の存在しないことではない，とされる．誰もが病気にかからず幸せでありたいと思っているわけだから，この定義は世界どこでも共通するものとしてあえて議論する必要はないだろう．

　しかし，そもそも健康とは誰にとっても同じ状態をいうのだろうか．実感できる健康な暮らしとは，どこでも同じなのだろうか．このことで思い出されるのが，かつて 1980 年代に訪れた長野県上村（現飯田市上村）の遠山郷である．標高 1000 ｍもの山の斜面に十数戸の農家があり，二度芋と呼ばれるジャガイモやタカキビ，ソバなどの雑穀を栽培している．当時，住民は 60 歳以上の高齢者ばかりで，急傾斜地のために播種や除草，収穫のほとんどを手作業で行っていた．腰をかがめて草取りをしたり，手押し車で農作物を運んだりとかなりの重労働である．そのために腰やひざが痛み，足が冷えてむくんでくる．それでもみな，健康で生きがいがあって楽しいという．都会なら薬を求め，医者に診てもらったりするのに，これくらいは病気のうちに入らない，というのである．

　これは，どのような暮らしが健康であるかが場所によって違うことを意味しているのではないか．求められる健康もそれぞれの暮らしの場で違うのではないか．そもそも体調をどうとらえるかは人によって違うし，生活環境や生業，人間関係，さらには気分などさまざまな背景によって異なって感じられる．地域それぞれに固有の暮らしがあり，価値観があるわけだから，人々にとっての健康もその土地ごとに違って当然なのではないだろうか．

　しかしその一方で，人やモノ，情報が世界的に流動する現代社会では，健康も場所ごとに比べられ，より質の高い暮らしが実現されている地域とそうでない地域への関心が高まっている．そのために世界の人々の暮らしを共通の尺度で比較して，身体に良い場所とそうでない場所を躍起になって指摘するような風潮も目立ってきている．

　世界幸福度報告（World Happiness Report）もその一つだろう．これは国連が毎年発表しているもので，国や地域ごとに GDP や健康寿命，人生選択の自由度などに基づいて幸福のレベルが算出されており，世界各国の順位が発表されている．2017 年の幸福度ランキングによると，トップのノルウェーをはじめ，北欧や西欧の国々が上位を占めている（表 11.1）．一方，日本は 51 位．同じアジアのシンガポールや台湾よりも下位にあり，G7（先進 7 か国）の中では最低の水準である．

　しかし，われわれはそれほど幸福からかけ離れた暮らしをしているのだろうか？　むしろ，グローバル化とともに健康や幸福の基準が世界で共通化するなかで，欧米諸国と単純に数字を比較するのではなく，日本人にとっての健康とは何か，あらためて考えてみる必要があるのではないだろうか．平均寿命を競うだけでなく，地域の歴史や文化を踏まえた「あるべき健康」を考えていくことが重要であるように思われる．

表 11.1　世界の幸福度ランキング（2017 年）

順位	国名
1	ノルウェー
2	デンマーク
3	アイスランド
4	スイス
5	フィンランド
6	オランダ
7	カナダ
8	ニュージーランド
9	オーストラリア
10	スウェーデン
11	イスラエル
12	コスタリカ
13	オーストリア
14	アメリカ合衆国
15	アイルランド
26	シンガポール
33	台湾
51	日本

http://worldhappiness.report/wp-content/uploads/sites/2/2017/03/HR17.pdf による．

12

スポーツで結びつく世界の人々と地域

　スポーツは私たちの日常生活において不可欠な存在である．そして，オリンピック，ワールドカップサッカー，ワールドベースボールクラシックなど，国際的なスポーツイベントは現代のグローバリゼーションを象徴するようにみえる．近代スポーツは，その誕生以来，世界の動向を反映して，ローカルからグローバルへと展開した．スポーツは世界中の人々にとって共通言語のような存在であり，ルールを共有することにより，民族や文化の相違を超えた交流が実現される．スポーツは地理学にとって世界を語るための重要な素材であるが，十分な関心が寄せられてきたとは言い難い．本章では，野球を中心として，とくに日系野球の伝播に着目して，グローバリゼーションとその意義について考えてみよう．

12.1　世界のスポーツ地図

12.1.1　スポーツ地理学の可能性

　スポーツに関する地理学研究はごく少数である．スポーツは近代以降のグローバリゼーションを象徴する存在であるのに，地理学ではどうしてスポーツが研究されてこなかったのだろうか．それは，地理学者がミクロスケールの地域現象に注目するあまりに，グローバリゼーションを研究してこなかった証でもある．

　おそらく日本の地理学者でスポーツに最初に関心を寄せたのは，青野（1934）であった．最近では，杉本（1999）や Bale（2003）がスポーツ地理学の可能性を展望している．人間活動としてのスポーツは，時代によって変化するとともに，地域を越えて拡散・普及し，スポーツ地域が形成される．また，スポーツ施設の立地とその移動に伴って，スポーツ景観が生まれる．大規模なスポーツ施設の建設が環境問題を引き起こすこともある．さらに，スポーツは経済活動であり，スポーツで生計を立てている人々がいるし，スポーツグッズをめぐる生産活動も派生する．近年では，スポーツに基づく地域振興にも関心が集まっている．一方，スポーツ公害など，スポーツがもたらす社会的な影響力は大きい．

　グローバリゼーションの視点で見ると，スポーツは人間や文化の移動を反映する営みである．スポーツによって，世界中の異なる文化を持つ人々が，ルールを共有することにより競い合い，交流することができる．スポーツ地理学の可能性は，グローバリゼーションの枠組みで認識することができる．

12.1.2　近代スポーツの誕生と伝播

　近代スポーツはイギリスで誕生し，19世紀後半以降，世界中に伝播した．グットマン（1997）は，近代スポーツの起源と伝播を簡潔に論じている．以下では，グットマンの記述に基づいて，近代スポーツの誕生と伝播を概観してみよう（図12.1）．

　イギリスのスポーツといえば，なんといってもクリケットがあげられる．クリケットはもともとイングランドで始まった古いスポーツで，19世紀までには，男女を問わず，あらゆる社会経済階層の人々によって盛んに行われた．そして，イギリスの支配が及んだ世界の地域にはクリケットが導入された．今日でもクリケットが盛んなのは，旧大英帝国の支配地域である．

　アメリカ合衆国にはイングランド人によってクリケットが導入され，大西洋岸地域，とくにペンシルヴェニア州で盛んに行われた．しかし，南北戦争後，野球が国民的なスポーツとして普及すると，クリケットの存在感は失われた．カナダでも，クリケットはとくに上流階層の人々の間で盛んになった．しかし，アメリカ先住民の遊びに起源をもつラクロスがクリケットよりも盛んになった

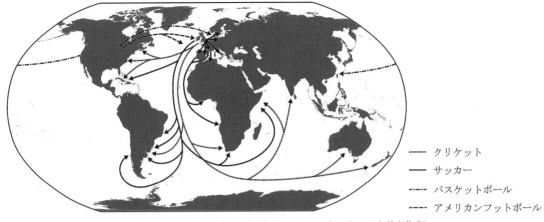

図12.1 近代スポーツの起源と伝播（グットマン（1997）により筆者作成）

し，労働者階層の人々の間では野球が普及した．19世紀末までには，カナダでは野球がもっとも人気のあるスポーツに発展した．

イギリス系の人々が多数を占めたオーストラリアにもクリケットが伝播した．そこではイギリス流の階級区分に代わって，平等主義が生まれた．クリケットはオーストラリアの国民性の形成，そしてナショナリズムの形成に大きな役割を演じた．

クリケットはイギリス領西インド諸島にも伝播した．当初はイギリス人の娯楽であったが，地元の学校教育に取り入れられて普及した．アフリカ系の人々にも浸透したが，下層階級の人々の間では，クリケットに代わって，バスケットボールの人気が高まった．

植民地時代のインドでは，当初，クリケットはイギリス人の排他的な社会でのみ行われた．インド人によるクラブが創設されたのは19世紀半ばのことであり，インド人教育のための学校にもクリケットが取り入れられるようになった．当初，インド人には革製のボールを使うことに抵抗があった．クリケットはしだいに普及し，多様な宗教やカーストの人々の対抗意識をあおるのではなく，国民統合のシンボルとして重要な役割を演じた．

一方，イギリスの覇権が世界に及ぶと，マンチェスターの実業家が世界中で活動するようになり，この地域で人気のあったサッカーが世界各地に導入された．もともとサッカーに類似した球技は世界各地に存在した．イギリスでは，ケンブリッジ大学に集まった異なる学校の出身者が，1848年に統一規則を策定した．それ以来，サッカーは急速に広まって中産階層の娯楽となった．こうして誕生した近代サッカーは，その後，階級を超えて広まり，民衆に好まれるスポーツとなった．今日，サッカーは世界で最も人気のあるグローバルスポーツである．

ヨーロッパ大陸では，サッカーは最初に上流階層に広まり，次に中産階層で盛んになった後，労働者や農民の間に浸透した．ヨーロッパ大陸で最初にサッカーが行われたのはベルギーであった．同様に，サッカーはオランダやドイツに広まり，とくに学校で盛んに行われるようになった．また，ドイツでは労働者階層の人々にサッカーが普及した．フランスでは，当初はフランス在住のイギリス人がサッカーを楽しみ，これが全国的に広まった．ただし，イギリスやドイツに比べて，フランスでは人気は出なかった．イタリアへの伝播では，他のヨーロッパ諸国と比べると，学校が果たした役割は小さかった．サッカーは，イギリス人実業家によって工業地域で盛んになった．1904年には国際サッカー連盟が設立され，創設メンバーはフランス，ベルギー，デンマーク，オランダ，スペイン，スウェーデン，スイスであった．

19世紀のラテンアメリカ経済に支配的な影響を及ぼしたのはイギリス人であり，イギリス人が居住した地域ではサッカーが娯楽となった．イギリス人学校では生徒がサッカーを楽しんだし，イ

ギリス系鉄道会社の社員がサッカーに興じた．ウルグアイでは，クリケットが先に導入されたが，サッカーは鉄道会社の社員の間に広まった．チリでも，イギリス人学校とイギリス系企業で広まり，それが大衆化した．ブラジルでは，サンパウロ生まれのイギリス人が，母国のイギリスで教育を受けた後にサッカーを持ち帰った．サンパウロやリオデジャネイロのイギリス人社会で盛んになったが，間もなく，社会経済階層を超えて国民的スポーツに発展した．

アフリカでは，19世紀にイギリスが植民地を拡大すると，サッカーも浸透した．植民地支配のためにスポーツ倫理は重要な役割を演じた．植民地行政にたずさわったイギリス人はパブリックスクールの卒業生で，スポーツとその精神が重視された．また，フランス人，ベルギー人，ポルトガル人が植民地にサッカーを持ち込んだ．北アフリカのフランス植民地では，比較的早くサッカーが普及した．

以上のように，サッカーはイギリス人の実業家，教員，宣教師，軍人，外交官などによって世界各地に導入された．最初はエリート階層のスポーツであったが，しだいに中産階層に普及し，さらに労働者階層に広まった．

バスケットボールには土着の原型はなかった．19世紀末にアメリカ合衆国マサチューセッツ州のキリスト教労働者学校（後の国際YMCA指導者養成学校）で，カナダ人移民によってバスケットボールが考案された．ニューイングランドでは，冬季に室内で行うことができるスポーツが必要であった．間もなく大学にバスケットボールチームが結成され，大学対抗のリーグ戦が行われるようになり，学生の間に急速に普及した．

バスケットボールの伝播の特徴は，ヨーロッパに普及する前に，アジアで定着したことである．アメリカの大学でバスケットボールを経験した学生が，卒業後に宣教師として中国，インド，日本，フィリピンに渡った．中国では，19世紀末に中国人バスケットボールチームが結成され，YMCAで盛んに行われた．他の近代スポーツが当初は外国人によって行われたのに対して，現地人のチー

ムが組織されて広まったことは，バスケットボールの伝播・普及の特徴であった．

ヨーロッパでは，バスケットボールはドイツに導入され，とくに女子のスポーツとして重要になった．一方，イギリスでは人気がなかった．1930年代中頃までにはバスケットボールはヨーロッパ中で行われていた．第二次世界大戦後，アメリカの影響力が増大し，大衆文化が受容されるにつれて，バスケットボールの人気が高まった．チアリーダーやマスコットといったアメリカ文化が，バスケットボールとともに，そのまま受容された．

アメリカンフットボールは，バスケットボールと同じく，アメリカで誕生したスポーツである．その伝播は，マスメディアの組織的な普及活動と商業主義の結果であり，おもに1980年代にイギリスとヨーロッパ大陸に普及した．アメリカンフットボールのリーグがあるのは，イタリア，ドイツ，フィンランド，フランス，スイス，イギリス，アイルランド，オランダ，スペインである．サッカーやラグビーを好むヨーロッパの人々に，アメリカンフットボールが受け入れられたが，テレビや雑誌などのマスメディア，NFL関連グッズの販売など，組織的な商業活動が果たした役割は大きい．

以上，グットマン（1997）から4つの近代スポーツを選んで要約してみた．スポーツの起源と伝播がきわめて興味深い地理学の課題であることが理解できるであろう．さて，次に，本題の野球についてみていこう．

12.1.3 野球の起源と伝播

19世紀に成立した近代スポーツの一つが，アメリカ合衆国で生まれた野球である．グットマン（1997）や他の文献に依拠して，野球の起源と伝播を概観してみよう（図12.2）．

19世紀中頃までのアメリカ東部では，イギリスから導入されたラウンダーズなどの球技がアメリカ式に調整され，タウンボール，ベースボールなどと呼ばれる球技が行われていた．共通の規則でゲームを行うことを提案したのが，ニューヨークの銀行に勤めていたアレクサンダー・カートライ

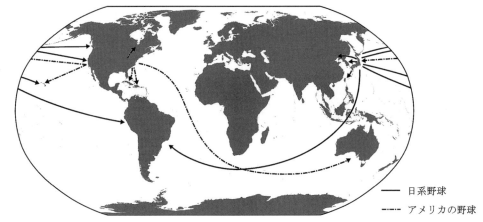

図12.2 野球の起源と伝播（グットマン（1997）ほかにより筆者作成）

ト（1820～1892年）であった．カートライトは1845年にニッカーボッカー・ベースボール・クラブを組織し，同年10月にニュージャージー州ホボケンで最初の試合が行われた．その後，野球チームがいくつも組織され，カートライトの野球規則に従って試合が行われるようになった．

1857年には全米アマチュア野球協会が組織された．南北戦争後には野球がさらに盛んになり，野球チームが急増した．1867年までには，同協会には，太平洋岸のチームも含めて，全米で300余りのチームが加盟した．1869年にはプロチームとしてシンシナティレッドストッキングズが組織された．これがきっかけとなって，1871年には全米プロ野球協会が設立され，リーグ戦が戦われるようになった（渡辺，1993）．

アメリカ人が世界各地で活動するようになると，野球も普及した．ハワイは野球の盛んな地域の一つとなった．実は，カートライトは中国でのビジネスを目的にハワイに立ち寄り，1849年8月下旬にホノルルに上陸した．カートライトが導入した野球は，1880年代には普及して各地に野球チームが増加し，リーグ戦も行われるようになった（後藤，1940）．

ハワイの経済の中心は砂糖で，サトウキビプランテーションでは，日本人移民を含めて，多数の労働者が働いた．このような労働者の管理のために，野球は重要な役割を果たした．国籍別に労働者のキャンプを建設して居住地を隔離することにより，労働者集団は互いに競争状況に追い込まれた．1909年には日本人のサトウキビ農園労働者7000人が人種差別的な待遇の改善と賃上げを求める大規模なストライキを実施した．このストライキは労働者側の敗北で終わったが，プランテーション経営者は労働者のためのレクリエーションを充実することの重要性を認識した．1910年には，ハワイ砂糖プランター協会は，経営者に対して，労働者の娯楽，とくにスポーツや音楽を奨励するように通達した．こうして1910年代には各プランテーションで野球の環境が整備され，民族集団ごとの野球チームによるキャンプリーグが行われた（タカキ，1985）．

カリブ海地域で最初に野球が盛んになったのはキューバである．上流階層のキューバ人青年がアメリカに留学し，1864年の帰国とともにハバナに野球をもたらした．1868年には最初の野球チームのハバナ野球クラブが誕生した．間もなく，数多くの野球チームが組織された．スペインの支配に対する反発は野球を受容する基盤となったし，米西戦争によってアメリカとキューバとの関係が強化された．キューバは人種に対して寛容であり，アメリカのニグロリーグの黒人選手を受け入れた．こうしてキューバ野球のレベルは向上した．今日でも，キューバは野球の強豪として知られ，各地の球場では野球を楽しむ風景がみられる（写真12.1）．

メキシコでは，19世紀末には，上流階層のスポーツとしてのクリケットが人気を失い，野球への転換が進んだ．この頃には，イギリス人による

写真12.1　キューバの野球風景（2002年8月，筆者撮影）

投資額よりもアメリカ人による投資額が上回った．アメリカ系の鉄道会社で働くアメリカ人が楽しんでいた野球が，間もなくメキシコ社会に普及した．一方，ユカタン半島にはキューバ人が野球を伝えた．1904年には2つのリーグが結成された．メキシコ革命を経て野球は一時的に停滞したが，野球は再び民衆のスポーツとして息を吹き返した．

カリブ海地域の野球の中心になったのはドミニカ共和国であった．キューバの独立運動家は，独立戦争（1868～1878年）に失敗してサントドミンゴに亡命し，野球を伝えた．間もなく，野球はドミニカの上流階層の若者の間に広まった．1916年にアメリカの軍事支配が始まると，軍は積極的な普及政策をとらなかったにもかかわらず，人々の間に野球が急速に広まった．ここではクリケットやサッカーが関心を集めることはなかった．第二次世界大戦後，ドミニカ共和国とアメリカのメジャーリーグとの関係が強化された．

オーストラリアでは，野球は19世紀半ばに伝えられた．1850年代に入ってゴールドラッシュが起きると，アメリカ人がオーストラリアに流入し，野球も導入された．最初はアメリカ人チームが野球をしていたが，19世紀末までには野球は人気を得ていた．夏のシーズンに行うクリケットと，冬のシーズンに行う野球の住み分けが進んだ．

以上のように，グットマン（1997）および他の文献を参照して，野球の伝播を概観した．アメリカ人の移動，アメリカ企業の海外進出，砂糖経済などが重要な役割を演じたことが理解できる．

12.2　日本における野球の受容と普及

12.2.1　学生野球の誕生

日本にも明治時代初期にアメリカから野球が導入された．中心的な役割を演じたのは，アメリカ人の学校教師であった．東京大学の前身である第一大学区一番中学校では，ホーレス・ウィルソンが1872年に野球を教えたとされる．また，1873年には，開拓使仮学校のアルバート・ベイツも野球を教え，この学校は2年後に札幌に移転して札幌農学校となった．その他，日本各地の学校に赴任したアメリカ人教師が野球を伝えたが，いずれも南北戦争期に野球を経験した人々であった．

日本の学校に導入された野球は，1870年代後半から1880年代に急速に広まった．東京大学，東京大学予備門，駒場農学校，工部大学，慶應義塾，明治学院，青山英語学校，東京商業学校などに野球チームが誕生した．なお，東京六大学野球連盟は1925年に結成された．

1886年の中学校令により，尋常中学校と高等中学校が設置され，全国の中学校への野球の伝播が開始した．野球は，課外活動の組織（校友会とか学友会と呼ばれた）のなかで根を下ろした．中学校に導入された西洋式スポーツのなかで，野球は最も早く普及し，1890年代後半までには全国の学校で行われていた．課外活動としての野球は，対抗試合を通じて，団結心や愛校心を育成し，学校教育の充実に寄与するものと考えられた（渡辺，1993）．

1880年代後半には，中学校の対抗試合が各地で始まっていた．第一高等中学校から帝国大学に進んで野球をした中馬庚は1900年に『野球』を執筆し，訳語と規則の普及に貢献した．1900年以降，県単位や近県単位の中等野球大会が行われていた．大阪朝日新聞社は1915年に全国中等学校優勝野球大会を計画し，第1回大会が8月に大阪府で開催された．それ以来，高校野球は日本の野球文化の一部として定着した．

日本に導入された野球は，アメリカの野球とは異なる特徴を持つようになった．明治時代に入っ

て日本に導入された近代スポーツは，日本の伝統の中で醸成され，精神修養を重視する野球が形成された．こうした野球は武士道野球とも呼ばれ，第一高等学校野球部で典型的にみられた．全国中等学校優勝野球大会の開催は，第一高等中学校で確立された武士道野球が，全国に広がるきっかけとなった（林，2012）．精神修養としての野球を，ここでは「日系野球」と呼ぶことにする．この日系野球は，娯楽として誕生し発展したアメリカの野球とは異なるものである．

なお，野球は子どもの間にも広まった．明治政府は1872年に学制を発布し，学校教育に依拠して日本の近代化に取り組んだが，小学校用の教科書である『小学読本』（1984年）には野球が紹介されている．1918年にゴム製の軟式ボールが開発されると，子どもの間に野球が急速に普及し，全国野球少年大会も開催された（渡辺，1993）．

12.2.2 社会人野球とプロ野球

社会人野球も明治時代初期に始まった．鉄道技術を習得してアメリカ留学から帰国した平岡 熙(ひろし)が，1877年に新橋鉄道局に勤務し，新橋アスレチック倶楽部を組織して野球を広めた．平岡が結成した新橋アスレチック倶楽部は，学生野球のプレーヤーにとって学習の場であり，あこがれの存在であったという（渡辺，1993）．

社会人野球は，第一次世界大戦を契機に日本の経済が活発化すると，東京や京阪神を中心に，実業団野球大会が行われるようになった．1920年には全国実業団野球大会が開催され，各地の優勝チームが参加した．こうした動きは，1927年に始まった全国都市対抗野球大会（東京で開催）へと展開した．大学野球で活躍した選手が就職して，社会人野球で活躍した．第二次世界大戦前に行われた15回のうち，優勝した都市は，東京市（6回），大連市（3回），京城市（2回），そして神戸市，門司市，八幡市がそれぞれ1回ずつであった（広瀬，1957）．

日本では，学生野球や社会人野球と比べると，日本のプロ野球の開始は遅れた．最初のプロ球団は1920年設立の合資会社日本運動協会で，翌年には天勝野球団も設立されたが，いずれも関東大

写真12.2 野球殿堂博物館（2017年5月，筆者撮影）

震災により消滅した．その後，1934年に大日本東京野球倶楽部が設立され，翌年には大阪野球倶楽部が設立され，1936年には5チームが設立され，同年，7球団によって日本職業野球連盟が組織され，公式戦が始まった．1940年にはプロ野球の9球団によって，満州リーグが開催された．

なお，日本における野球の歴史は，東京ドーム内にある野球殿堂博物館で概観することができる（写真12.2）．

12.3 日系野球の伝播

12.3.1 東アジアの植民地

明治時代の初期にアメリカから導入された野球は，日本の伝統のなかで再構築され，精神修養としての武士道野球が誕生した．この日系野球は，日本領土の拡大と日本人の海外移住に伴って，海外へと伝播した（図12.2参照）．日系野球がそのまま移植されたのが台湾であった．林（2012）に基づいて，その概要を説明してみよう．

台湾では，1895年の日本による領有を契機に，植民地政策の展開に伴って日系野球が導入された．台湾に赴任した日本人は個人的に野球を楽しんだが，1906年に台湾総督府国語学校中学校に最初の野球部が組織された．さらに，台湾総督府国語学校師範部，そして台北中学会（夜学校）に野球部が誕生した．以上の3チームは，台湾における野球の基盤となった．日本の学生野球で活躍した人々が台湾に赴任すると，野球の指導と普及に貢献した．1915年には北部野球協会が発足し，15チームが（その後，5チームが新たに）加入した．

1919 年には台湾教育令が発布され，台湾人の教育のための実業学校が設立されると，学校で野球が盛んになり，台湾人に野球が普及した．さらに，公学校が増えると，公学校でも野球チームが増加した．そして各地で少年野球大会が開催されるようになった．こうした日本の教育制度に基づいた学校教育を通して，日本の精神修養としての野球が台湾の若い世代に普及した．

台湾の先住民（日本統治時代に「高砂族」と呼ばれた）を教化するためにも野球が用いられた．1922 年に花蓮体育協会が組織されると，野球が奨励された．なかでもアミ族の少年で構成された野球チームは花蓮野球大会で活躍した．チームの全員は公立花蓮農業補習学校に入学させられ，能高団と呼ばれる野球チームが組織された．このチームは 1925 年には内地にも遠征して日本の中学とも戦った．1929 年の第 1 回全島少年野球大会では，漢民族から構成された高雄第一公学校が優勝したし，1931 年の第 3 回全島少年野球大会では，先住民から構成された台東馬武窟公学校部が優勝した．

大阪で毎年開催された全国中等学校優勝野球大会には，1923 年から台湾の中等学校が台湾地区代表として出場した．代表を選ぶために，第 1 回全島中等学校野球大会が 4 校により開催され，優勝チームの台北一中が台湾代表となった．1930 年までは日本人が代表校のチームを構成したが，1931 年には日本人，漢民族，先住民の選手から構成される嘉義農林学校野球部が台湾地区の代表として参加した．そして，決勝で中京商業に惜敗したものの，準優勝に輝いた．

嘉義農林学校野球部の創設は 1928 年であり，部長と監督は日本人で，初代の部員は日本人，漢民族，先住民から構成された．松山商業の監督を務めた近藤兵太郎が 1928 年の年末に嘉農の監督に就任し，チームの強化を図り，精神修養としての野球を徹底した．全国中等学校優勝野球大会で活躍した嘉義農林については，台湾映画『KANO 1931 海の向こうの甲子園』（2014 年，馬志翔監督）に描かれて話題になった．

台湾と同様，東アジアにおける日本の支配に伴って，朝鮮半島や満州にも日系野球が伝播した．韓国には，アメリカ人宣教師によって 1905 年に野球が紹介されていたが，1910 年に日本の植民地支配が始まると，日系野球が導入された．とくに中等学校で日系野球が盛んになり，全国中等学校優勝野球大会には，1921 年の第 7 回大会から朝鮮大会の代表が出場した．釜山商業に始まり，京城中学，平壌中学，仁川商業などは複数回にわたって甲子園大会に出場した．日本とアメリカの野球文化の影響を受けた韓国は，今日でも東アジアで野球が盛んな国の一つである．韓国映画『爆裂野球団（YMCA 野球団）』（2002 年，キム・ヒョンソク監督）は，韓国の野球をコミカルに描いている．

満州でも，日本の支配が拡大すると，日系野球が盛んになった．全国中等学校優勝野球大会には，満州大会の代表が 1921 年の第 7 回大会から参加した．強豪チームの大連商業は 12 回も出場した甲子園の常連であった．また，満州では社会人野球チームによって日系野球が活発化した．都市対抗野球の初期の時代には，1927 年の第 1 回大会の優勝は大連（中国）の満州倶楽部，第 2 回（1928 年）の優勝は大連（中国）の大連実業団，第 3 回（1929 年）の優勝は大連（中国）の満州倶楽部であった．日本の大学野球で活躍した選手が満州の会社に就職し，野球の向上に寄与した．なお，第 14 回（1940 年）には，優勝が京城（朝鮮）の全京城，準優勝が大連（中国）の大連実業団であった．プロ野球が 1940 年に満州リーグを開催したことは前述のとおりである．

12.3.2 ハワイ

野球の規則を作ったカートライトがハワイに野球を導入し，サトウキビプランテーションで野球が盛んになったことは先に述べた．実は，ハワイ在住の日本人はプランテーション以外でも盛んに野球を行った．後藤（1940）が日系野球に関する詳細な記録を残している．

ハワイにおける日系野球の誕生には，キリスト教牧師の奥村多喜衛の役割が大きかった．奥村は 1894 年にハワイに到着し，1896 年にホノルルに日本語教育のための小学校を設立した．同志社で

神学を学んだ奥村は，日本で野球を経験しており，教育活動の一環として野球を導入した．1899年にはホノルルのパラマ地区で少年野球チームの「日進」を設立し，このチームがハワイ初の日本人野球チームとなった．

奥村牧師は日進の監督を務め，白人チームと試合を行うようになった．1905年と1906年には，日進はハワイの青少年野球リーグで優勝し，全盛期を迎えた．二世人口の増加に伴って，各地に少年野球チームが増加した．1905年には，ホノルルのカリヒー・パラマ地区在住の日本人の青年によって，「朝日」が誕生した．朝日は1911年にはオアフ島全域のジュニアリーグに参加しており，これは中国系，ポルトガル系，白人系などのチームから構成された．

1906年には，アアラ公園を本拠として，日本人チームをはじめとする多民族の5チームが参加して，リバーサイドリーグが戦われた．一方，日本人は日本人チームで構成される邦人リーグを組織して定期的な試合を行った．1908年にはオアフ島に日系アメリカ人野球リーグが誕生し，農園や都市で組織された日系チームが参加した．朝日，扶桑，常盤，華頂，仏青の5チームは日曜日に試合を行い，多くの観客が試合を観戦したという．1910年から1930年代にかけて，各地に日系野球リーグが生まれた．

12.3.3　北アメリカの西海岸

19世紀末から日本人移民が多く居住した北アメリカの太平洋岸地域には，日本からスポーツが導入された．『在米日本人史』（在米日本人会，1940）をみると，移民社会におけるスポーツの動向を理解することができる．柔道や剣道は日本の講道館や大日本武徳会による組織的な普及活動が行われたのに対して，野球は移民によって自主的に行われた点がおもしろい．

第二次世界大戦前に北アメリカで野球が盛んだったのは，日本人の人口が集中した太平洋岸の地域であった．日本人移民の入港地サンフランシスコでは，1903年にフジ・アスレティッククラブが組織され，これはアメリカ本土に結成された最初の日系野球チームであった．

ロサンゼルスでは，1905年設立の南加日本人野球倶楽部が最初で，その後，日本人が居住する地域には野球チームが設立された．1908年にロサンゼルスに隼人野球団が，1909年にはハリウッドに桜野球団が結成された．1911年には南加野球倶楽部を中心に西海岸の日系オールスターチームが組織され，ユタなどの内陸諸州へ遠征した．1921年には南加日本人野球協会が成立した．

大きな日系社会が形成されたシアトルにも日系野球チームが組織された．1910年頃には一世の野球チームの「日本」と「ミカド」があり，白人チームなどと試合を行った．同じ頃，日系二世の子どもの野球チーム，チェリー少年野球団が組織された．1912年には「旭」が結成され，シアトルスター新聞社が組織したスターリーグに加盟してリーグ戦を戦った．

カナダのバンクーバーでも，日本人移民の間で日系野球が盛んになった．1908年に最初の日系野球チームがバンクーバーのパウエル街で誕生した．20名ほどの青年が参加した「ニッポン」であった．1914年にはパウエル球場をホームグラウンドとして，少年野球倶楽部の「朝日」がカナダ生まれの二世を中心として誕生した．朝日は強豪チームで，その活躍は，『バンクーバーの朝日』（2014年，石井裕也監督）として映画化された．

12.3.4　ブラジル

ブラジルにおける日本人の野球を知るための手がかりとなるのは，『ブラジル野球史 上巻』（伯国体育連盟，1985）である．この書名が日本人野球史ではないことに注目する必要がある．ブラジルにおける野球の歴史は日系野球の歴史であった．

ブラジルで最初に野球をしたのは，サンパウロ在住のアメリカ人であった．米国総領事館や，ライト電気配給会社，伯国電話会社などの企業で働くアメリカ人が野球を楽しんだ．しかし，イギリスの経済的な影響を強く受けたブラジルでは，イギリス人が持ち込んだサッカーが国民的なスポーツとして発展したことは前述のとおりである．

日本人は，サンパウロ市内のコンデ・デ・サルデーザス街に近いスダン煙草工場敷地内の赤土のグランドで，1916年9月に青年会を発足して野球

を始めた．この青年会が最初の日系野球チームであり，参加した日本人のなかには，日本で野球に親しんだ人が少なくなかった．日本人のなかには旧制中学の卒業生や，同程度の学校の卒業生がかなりいた．日本で覚えた野球をブラジルでもやりたくて，チームに加わった日本人は多かったという．

1917年には慶應で野球選手だった笠原憲次が渡伯して，日系野球が開花した．笠原は，はじめはアメリカ人のチームで野球をしたというが，日本人だけの野球チームを組織したいと考えて，1920年5月にミカド運動倶楽部を設立した．その後，各地の日本人入植地に日系野球チームが組織され，伯国大会が開催されるようになった．1920年代から1930年代にかけて，日系社会に数多くの野球チームが結成されて，盛んに試合が行われた．なお，サンパウロでは野球を通してアメリカ人と日本人の交流が行われたという．日本人チームはライト電力配給会社のアメリカ人チームから招待されて，練習試合を行った．試合後はランチをごちそうになったという．アメリカ人にとって，日本人は数少ない野球の相手であった．

ラテンアメリカの他の地域でも，日本人の移住先では野球が行われた．『ブラジル野球史 上巻』のような書籍は刊行されなかったが，断片的な記述や写真から，ラテンアメリカの日系社会に日系野球が浸透したことが容易に推察される．

12.4 日系野球文化地域の崩壊とその後

12.4.1 日系野球文化地域

東アジアにおける日本の勢力の拡大と，日本人の海外移住の結果，日系野球が広域に伝播したことを概観した．アメリカから明治時代の初期に導入された野球は，日本の伝統のなかで武士道野球として発展し，国民的スポーツに発展した．太平洋戦争が始まる前には，日本の本来の領土を越えて，日系野球文化地域が形成された．日系野球文化地域を模式的に示したのが図12.3である．

日系野球文化地域の核心部を構成したのは日本である．アメリカから導入された娯楽としての野球は，学校教育の課外活動として取り入れられ，

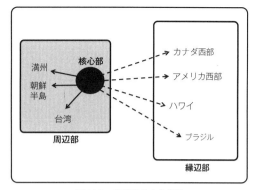

図12.3 日系野球文化地域

精神修養としての武士道野球，すなわち日系野球が誕生した．中等学校や大学での学生野球，社会人野球，そしてプロ野球が国民的スポーツとしての野球の発展に重要な役割を演じた．

19世紀末から日本が東アジアに進出し，支配地域を拡大すると，日系野球は植民地に定着した．とくに台湾では，日本人が野球をしたばかりでなく，学校教育に取り入れられた結果，台湾人の間に野球が浸透した．朝鮮半島では，アメリカ人宣教師によって導入された野球は人気のスポーツとなるとともに，日系野球も導入された．満州にも日系野球が導入され，日本人の間に盛んに行われた．台湾，朝鮮半島，満州など，東アジアは日系野球文化地域の周辺部を構成した．この周辺部は，1945年まで，日本の統治を基盤に，核心地域である日本と強い結びつきを維持した．

一方，日本人が移民として居住したハワイ，アメリカとカナダ，そしてブラジルなどのラテンアメリカ諸国でも，日本人移民は野球を導入した．故郷から遠く離れた一世にとって，野球は現地生まれの二世を日本人として精神教育するための手段となった．これらの地域は日系野球文化地域の縁辺部を構成した．ここには日本の支配は及ばなかったが，日本人は日系移民社会を形成し，日本の生活文化を維持しながら，野球を通じて日本との精神的な絆を維持した．

核心部，周辺部，縁辺部から構成される日系野球文化地域は，1945年の日本の敗戦によって崩壊した．もちろん，核心地域では野球は衰えることはなく，戦後，高校野球，大学野球，社会人野球，

プロ野球がますます発展した．しかし，東アジアの植民地から日本人が引き上げたことにより，日系野球文化地域を構成した周辺部は消滅した．ただし，台湾と韓国では野球が人気のスポーツとして維持され，プロ野球リーグも存在する．それは日系野球の残照として理解することもできるだろう．

縁辺部では日系社会が存続するとともに，日系野球も存続した．第二次世界大戦中，アメリカ西海岸では日本人と日系人が強制収容されたが，各地の強制収容所では野球は重要なスポーツであった．アメリカ映画『アメリカンパスタイム　俺たちの星条旗』（2007年，デズモンド・ナカノ監督）は，強制収容所時代の日系野球を描いている．強制収容所に存在した野球場の跡は，マンザナール強制収容所のように，今でも残されている．戦後，アメリカの日系社会では野球が継続した．同じように，ブラジルでも日系人は野球を続けた．ワールドベースボールクラシックのブラジル代表メンバーを見ると，日系の名前をいくつも確認することができる．

12.4.2　野球をめぐるグローバリゼーションとローカリゼーション

以上のように，第二次世界大戦を契機として日系野球文化地域は崩壊し，日本では野球はローカルなスポーツに戻った．しかし，戦後，日本のプロ野球に参加する外国人が増加した．また，アメリカのメジャーリーグ（MLB）で働く外国人選手は，日本人を含めて増加した．野球をめぐる人的な交流はますます盛んになっている．2006年には，野球の世界一を決めるワールドベースボールクラシック（WBC）が始まった．2回の優勝を誇る日本は，世界の野球において強豪である．野球のグローバリゼーションは新たな局面を迎えたように見える．

しかし，サッカーと比較すると，野球のグローバリゼーションは限定されている．2017年のWBCの参加国・地域は16であり，これを主宰する国際的な組織は存在しない．開催方法や規則は，開催のたびに修正される．一方，サッカーの場合，国際サッカー連盟の下で，予選大会を経て，32チームが本大会に出場する．サッカーは野球よりもはるかに広く世界中で行われており，国境を越えた選手の移動も著しい．

本章では，近代スポーツに焦点を当てたが，最近では，新しいスポーツが誕生し，急速に普及している．例えば，サーフィン，ウインドサーフィン，スケートボード，スノーボードなどである．グローバルスポーツの展開について地理学が取り組むことによって，新たな世界が見えてくるだろう．スポーツのグローバリゼーションを支えるのは，選手やサポートスタッフだけではなく，スポーツ施設や道具，情報通信技術，移動手段，商業主義などである．

一方，グローバリゼーションと並行して，ローカリゼーションの動きにも注目すべきである．野球というチームスポーツの場合，同じ規則で野球が行われても，地域の文化が反映される．野球のルールはグローバル化したが，それぞれの国や地域にはそれぞれのスタイルがある．人間はそれぞれの地域と文化のなかで生活しているからである．日本の場合には，娯楽としての野球は武士道野球に姿を変えて発展した．WBCの日本代表は「サムライジャパン」である．このように，グローバリゼーションを理解するためには，ローカリゼーションを意識することが必要になる．

〔矢ケ﨑典隆〕

引用文献

青野壽郎（1934）：野球盛大地域―スポーツと地理学．地理学，**2**（9）：112-116．

グットマン　アレン，谷川　稔・石井昌幸・池田恵子・石井芳枝訳（1997）：スポーツと帝国―近代スポーツと文化帝国主義，昭和堂．

後藤鎮平（1940）：布哇邦人野球史，布哇邦人野球連盟．

在米日本人会事蹟保存部編（1940）：在米日本人史，在米日本人会．

杉本尚次（1999）：ベースボール・スタジアムと都市環境―スポーツ地理学．人文論究，**49**（1）：1-19．

タカキ　ロナルド（1985）：パウ・ハナ―ハワイ移民の社会史，刀水書房．

広瀬謙三（1957）：日本の野球発達史，東邦図書出版．

伯国体育連盟（1985）：ブラジル野球史　上巻，伯国体育連盟．

林　龍勝（2012）：日本統治下台湾における武士道野球の

受容と展開．早稲田大学審査学位論文（博士，スポーツ科学）．

渡辺　融（1993）：日本における野球の受容・定着過程．中村敏雄編，スポーツの伝播・普及，創文企画，pp.11-36.

Bale, J.（2003）：*Sports geography*, second edition, Routledge.

【マンザナール強制収容所の日本人と野球】

　アメリカ合衆国カリフォルニア州には，日系人がよく訪れる場所がある．それはマンザナール国立史跡で，同州の中東部，シエラネヴァダ山脈の東側に南北に延びる，乾燥したオーウェンズバレーに位置する．

　1941年12月に日本の真珠湾攻撃によって日米戦争が始まると，アメリカ政府は太平洋岸を軍事地域として設定し，この地域に居住する11万人あまりにおよぶ日本人と日系アメリカ人を，内陸に急造した10か所の強制収容所に収容した．マンザナール強制収容所はその一つであり，1942年から1945年まで，多くの日本人と日系人が監視の下で不自由な生活を余儀なくされた．第二次世界大戦中の強制収容について語るときには，マンザナールは象徴的な存在であり，現在は国立公園局によって管理運営され，教育の場ともなっている．

　マンザナール強制収容所の地図を見て印象的なのは，住宅，学校，病院，仏教寺院，屋外劇場，音楽堂，剣道場，柔道場などの施設に加えて，大きな面積を占める野球場 Baseball Fields の存在である．強制収容所の建物はすべて取り壊されたが，跡地を歩いてみると，Baseball Fields のサインを見つけることができる．ここで，西海岸から強制収容された日本人が野球を楽しんだわけである．

写真 12.3　カリフォルニア州マンザナール強制収容所の野球場跡（2008年8月，筆者撮影）

さらなる学習のための参考文献

第1章　越境する人々と文化の伝播

石川義孝編（2011）：地図で見る日本の外国人，ナカニシヤ出版.

ガバッチア D. R.，伊藤　茂訳（2003）：アメリカ食文化，青土社.

丸山浩明編（2010）：ブラジル日本移民百年の軌跡，明石書店.

矢ケ﨑典隆編（2011）：世界地誌シリーズ4 アメリカ，朝倉書店.

矢ケ﨑典隆編（2018）：移民社会アメリカの記憶と継承—移民博物館で読み解く世界の博物館アメリカ，学文社.

山下清海編（2016）：世界と日本の移民エスニック集団とホスト社会—日本社会の多文化化に向けたエスニック・コンフリクト研究，明石書店.

第2章　世界の華人とチャイナタウン

カルデナル J. P.，窪田恭子訳（2014）：進撃の華人—中国「静かな世界侵略」の脅威，講談社.

パン L. 編，游　仲勲監訳（2012）：世界華人エンサイクロペディア，明石書店.

フレンチ H. W.，栗原　泉訳（2016）：中国第二の大陸 アフリカ— 一〇〇万の移民が築く新たな帝国，白水社.

山下清海（1987）：東南アジアのチャイナタウン，古今書院.

山下清海（2000）：チャイナタウン—世界に広がる華人ネットワーク，丸善.

山下清海（2002）：東南アジア華人社会と中国僑郷—華人・チャイナタウンの人文地理学的考察，古今書院.

山下清海（2010）：池袋チャイナタウン—都内最大の新華僑街の実像に迫る，洋泉社.

山下清海（2016）：新・中華街—世界各地で〈華人社会〉は変貌する，講談社.

山下清海編（2005）：華人社会がわかる本—中国から世界へ広がるネットワークの歴史，社会，文化，明石書店.

山下清海編（2014）：改革開放後の中国僑郷—在日老華僑・新華僑の出身地の変容，明石書店.

第3章　アジア化する世界

キング R.，竹沢尚一郎・稲葉奈々子・高畑　幸訳（2011）：移住・移民の世界地図，丸善出版.

竹沢尚一郎編著（2011）：移民のヨーロッパ—国際比較の視点から，明石書店.

内藤正典（2004）：ヨーロッパとイスラーム—共生は可能か，岩波書店.

細田尚美編著（2014）：湾岸アラブ諸国の移民労働者—「多外国人国家」の出現と生活実態，明石書店.

宮島　喬編（2009）：移民の社会的統合と排除—問われるフランス的平等，東京大学出版会.

山下清海（2016）：新・中華街—世界各地で〈華人社会〉は変貌する，講談社.

米山　裕・河原典史編（2007）：日系人の経験と国際移動—在外日本人・移民の近現代史，人文書院.

米山　裕・河原典史編著（2016）：日本人の国際移動と太平洋世界—日系移民の近現代史，文理閣.

第4章　グローバル化時代の交通と物流

青木栄一（2008）：交通地理学の方法と展開，古今書院.

荒井良雄・箸本健二（2004）：日本の流通と都市空間，古今書院

川端基夫（2013）：改訂版 立地ウォーズ—企業・地域の成長戦略と「場所のチカラ」，新評論.

北村隆一編（2001）：ポスト・モータリゼーション—21世紀の都市と交通戦略，学芸出版社.

杉浦一機（2012）：激安エアラインの時代—何故安いのか，本当に安全なのか，平凡社.

土屋　純・兼子　純（2013）：小商圏時代の流通システム，古今書院.

野尻　亘（2007）：新版 日本の物流—流通近代化と空間構造，古今書院.

林　上（2007）：都市交通地域論，原書房.

第 5 章　情報通信技術と情報化社会

荒井良雄・箸本健二編（2007）：流通空間の再構築，古今書院.

荒井良雄・箸本健二・和田　崇編（2015）：インターネットと地域，ナカニシヤ出版.

カステル M., 矢澤修次郎ほか訳（2009）：インターネットの銀河系―ネット時代のビジネスと社会，東信堂.

國領二郎・飯盛義徳編（2007）：「元気村」はこう創る―実践・地域情報化戦略，日本経済新聞出版社.

箸本健二（2001）：日本の流通システムと情報化―流通空間の構造変容，古今書院.

原　真志・山本健太・和田　崇編（2015）：コンテンツと地域―映画・テレビ・アニメ，ナカニシヤ出版.

フィッシャー C.S., 吉見俊哉ほか訳（2000）：電話するアメリカ―テレフォンネットワークの社会史，NTT 出版.

フロリダ R., 井口典夫訳（2014）：新クリエイティブ資本論―才能が経済と都市の主役となる，ダイヤモンド社.

NPO 法人グリーンバレー・信時正人（2016）：神山プロジェクトという可能性―地方創生，循環の未来について，
　廣済堂出版.

第 6 章　越境する資本と企業

青山裕子ほか著，小田宏信ほか訳（2014）：経済地理学キーコンセプト，古今書院.

ウォーラーステイン I., 川北　稔訳（1997）：新版 史的システムとしての資本主義，岩波書店.

鈴木洋太郎ほか（2005）：多国籍企業の立地論，原書房.

鈴木洋太郎編（2015）：日本企業のアジア・バリューチェーン戦略，新評論.

世界銀行著，田村勝省訳（2009）：変わりつつある世界経済地理，一灯舎.

竹内淳彦・小田宏信編（2014）：日本経済地理読本 第 9 版，東洋経済新報社.

ディッケン P., 宮町良広監訳（2001）：グローバル・シフト―変容する世界経済地図（上・下），古今書院.

ディッケン P.・ロイド P., 伊藤喜栄監訳（2001）：立地と空間―経済地理学基礎理論 改訂版（上・下），古今
　書院.

水野真彦（2011）：イノベーションの経済空間，京都大学出版会.

第 7 章　グローバル化とアグリビジネス

荒木一視編（2013）：食料の地理学の小さな教科書，ナカニシヤ出版.

大塚　茂・松原豊彦編（2004）：現代の食とアグリビジネス，有斐閣.

河合明宣・堀内久太郎編（2014）：アグリビジネスと日本の農業，放送大学教育振興会.

北原克宣・安藤光義編（2016）：多国籍アグリビジネスと農業・食料支配，明石書店.

高柳長直（2006）：フードシステムの空間構造論―グローバル化の中の農産物産地振興，筑波書房.

高柳長直・中川秀一・宮地忠幸・川久保篤志編（2010）：グローバル化に対抗する農林水産業，農林統計出版.

長坂政信（1993）：アグリビジネスの地域展開―ブロイラー産業の地域比較，古今書院.

フリードマン H., 渡辺雅男・記田路子編訳（2006）：フードレジーム―食料の政治経済学，こぶし書房.

ボナンノ A. ほか編，上野重吉・杉山道雄訳（1999）：農業と食料のグローバル化―コロンブスからコナグラへ，
　筑波書房.

第 8 章　食文化の多様性と標準化

荒木一視（2013）：食料の地理の小さな教科書，ナカニシヤ出版.

石毛直道（1973）：世界の食事文化，ドメス出版.

北山晴一（2008）：世界の食文化〈16〉フランス，農山漁村文化協会.

金　度渕（2012）：現代イギリス小売り流通の研究―消費者の世帯構造変化と大規模小売業者の市場行動，同文
　舘出版.

小林章夫（1992）：パブ・大英帝国の社交場，講談社現代新書.

広瀬幸雄・圓尾修三（2007）：コーヒー学入門，人間の科学新社．

森枝卓士（1997）：図解 東南アジアの食，河出書房新社．

モンタナーリ M.，山辺規子・城戸照子訳（1999）：ヨーロッパの食文化，平凡社．

Dawson, J. (1982): *Commercial distribution in Europe*, Croom Helm.

Wrigley, N. and Lowe, M. (2002): *Reading retail: A geographical perspective on retailing and consumption space*, Arnold.

第9章　グローバル化時代のツーリズム

大久保あかね（2009）：観光史 日本（1）飛鳥時代–昭和時代戦前．溝尾良隆編：観光学の基礎，原書房，pp.141-165.

呉羽正昭（2014）：グローバル観光時代における日本のスキーリゾート．松村和則・石岡丈昇・村田周祐編，「開発とスポーツ」の社会学：開発主義を超えて，南窓社，pp.85-101.

呉羽正昭（2016）：オーストリア—アルプスのリゾートとウィーン．淡野明彦編：観光先進地ヨーロッパ—観光計画・観光政策の実証分析，古今書院，pp.117-135.

呉羽正昭（2017）：スキーリゾートの発展プロセス—日本とオーストリアの比較研究，二宮書店．

砂本文彦（2008）：近代日本の国際リゾート—1930年代の国際観光ホテルを中心に，青弓社．

溝尾良隆（2009）：観光史 日本（2）昭和時代戦後以降（1945〜2008年）．溝尾良隆編：観光学の基礎，原書房，pp.167-198.

森本　泉（2004）：観光・トゥーリズム．杉浦芳夫編：空間の経済地理，朝倉書店，pp.152-177.

安島博幸（2009）：観光史 外国編．溝尾良隆編：観光学の基礎，原書房，pp.81-139.

安村克己（2001）：観光の歴史．岡本伸之編：観光学入門—ポスト・マス・ツーリズムの観光学，有斐閣，pp.31-55.

山村順次（1998）：新版 日本の温泉地—その発達・現状とあり方，日本温泉協会．

第10章　グローバル化と宗教・信仰

私市正年，赤堀雅幸，寺田勇文編（2010）：グローバル化のなかの宗教—衰退・再生・変貌，上智大学出版．

ジョーダン T.ほか，山本正三ほか訳（2005）：ヨーロッパ—文化地域の形成と構造，二宮書店．

住原則也編（2007）：グローバル化のなかの宗教，世界思想社．

高橋伸夫・田林　明・小野寺淳・中川　正（1995）：文化地理学入門，東洋書林．

中川　正・森　正人・神田孝治（2006）：文化地理学ガイダンス，ナカニシヤ出版．

早瀬保子・小島　宏編（2013）：世界の宗教と人口，原書房．

松井圭介（2017）：観光戦略としての宗教—長崎の教会群と場所の商品化（POD版），筑波大学出版会．

山中　弘編（2012）：宗教とツーリズム　聖なるものの変容と持続，世界思想社．

ロバートソン R.，阿部美哉訳（1997）：グローバリゼーション，東京大学出版会．

Matsui, K. (2014): *Geography of religion in Japan: Religious space, landscape and behavior*, Springer.

第11章　人の移動と病気のグローバル化

加賀美雅弘（2004）：病気の地域差を読む—地理学からのアプローチ，古今書院．

ギルマン S.L.，本橋哲也訳（1996）：病気と表象—狂気からエイズに至る病のイメージ，ありな書房．

コーエン M.N.，中元藤茂・戸澤由美子訳（1989）：健康と文明の人類史—狩猟，農耕，都市文明と感染症，人文書院．

セイトル B.，塚田　隆訳（1998）：エイズ研究の歴史，白水社．

ダイアモンド J.，倉骨　彰訳（2012）：銃・病原菌・鉄，草思社．

立川昭二（1971）：病気の社会史—文明に探る病因，日本放送出版協会．

橋本雅一（1991）：世界史の中のマラリア——微生物学者の視点から，藤原書店.

マクニール W. H.，佐々木昭夫訳（1985）：疫病と世界史，新潮社.

リュフィエ J.・スールニア J.-C.，仲澤紀雄訳（1988）：ペストからエイズまで—人間史における疫病，国文社.

第12章　スポーツで結びつく世界の人々と地域

グットマン A.，谷川　稔・石井昌幸・池田恵子・石井芳枝訳（1997）：スポーツと帝国—近代スポーツと文化帝国主義，昭和堂.

後藤紀夫（2010）：伝説の野球ティーム—バンクーバー朝日物語，岩波書店.

杉本尚次（1992）：スタジアムは燃えている—日米野球文化論，日本放送出版協会.

永田陽一（1994）：ベースボールの社会史—ジミー堀尾と日米野球，東方出版.

米山　裕・河原典史編（2007）：日系人の経験と国際移動—在外日本人・移民の近現代史，人文書院.

索　　引

欧　文

ASEAN 自由貿易地域（AFTA）　56

CAFO　75

EU　26, 56, 95

GATT　54
GCC　60
GPS　51
GVC　60

HIV　118
HIV 感染者　120

ICT　42

JICA 横浜海外移住資料館　9
JIT　38

LCC　31, 41

M&A　74

NAFTA　56, 69

OA 化　42
OLI アプローチ　59

POS　45, 52

SNS　43, 51

TPP　67

ア　行

アウトバウンド・ツーリズム　94
アグリビジネス　69
アジア　22
アジア系移民　24
アジア系企業　24
アジアマーケット　29
アップグレード　63
アパートメント　100
アフタヌーン・ティ　82
アフリカ　20, 116
アマゾン・ドットコム　46
アメリカ合衆国　23, 72, 123
アメリカ農業　6, 68
アメリカ村カナダ移民資料館（カナダ資

料館）　9
アメリカンフットボール　125

イギリス　123
イギリス料理　81
池袋チャイナタウン　21
イスラーム　102
イスラームマーケット　28
移転伝播　104
移民　1, 5, 104
移民エスニック集団　7
移民博物館　7
移民法改正　23
移民ミュージアム（神戸市）　10
インスタント食品　121
インターネット　42
インド　124
インバウンド・ツーリズム　93, 97
インフルエンザ　113

ヴァーチャル空間　43
ヴァーチャルモール　47
ウィーン　96
ウォーラーステイン，I.　54
ウルグアイラウンド　66, 67

営業拠点　42
エイズ（後天性免疫不全症候群）　118
駅　37
駅ナカ　37
エシカルな消費　64
エシカルな調達　64
エスニックタウン　8, 24
エスニックマーケット　27
エピデミック　113
エリス島移民博物館　8
遠隔授業　50
エンデミック　113

欧州連合（EU）　25, 56, 95
黄熱　113
オーストラリア　127
オーストラリア人移民　100
おもてなし　98
オルタナティブ・ツーリズム　92
オールドチャイナタウン　15
温泉地　91
オンライン　43

カ　行

海外移住　1, 3
海外旅行自由化　98

海岸リゾート　91
階層性拡大伝播　104
買い手牽引型　61
嘉義農林学校　129
華僑　14
学生野球　127
格安航空会社（LCC）　31, 41
カクレキリシタン　111
過重労働　64
華人　13, 15
カステル，M.　51
寡占化　72
家族経営農家　70
家畜排泄物　76
カートライト，A.　125
カフェ　83
鎌状赤血球症　117
神山町（徳島県）　48
借り傘戦略　29
カリフォルニア　4, 12
環境　39, 75
環境規制　75
観光　90
関税および貿易に関する一般協定
　　　（GATT）　54
関税同盟　56
感染経路　114
感染症　113
広東人　14
カンボジア　89
官約移民　1, 9

ギガビットネットワーク　50
企業家精神　64
寄生虫　113
寄生虫病　113
北山村（和歌山県）　47
キナノキ　118
キニーネ　118
旧金山　14
旧宗主国　85
キューバ　126
僑郷　15
キリスト教　102, 104, 116
近代世界システム論　54

クアラルンプール　18
空港　36, 98
草の根情報　44
クリケット　123
グリーンロジスティクス　39
グローカリゼーション　107
グローバリゼーション　1, 10, 54, 65,

101, 132
グローバル価値連鎖（GVC）　60
グローバル・サプライチェーン　60
グローバル商品連鎖（GCC）　60

経済　43, 54, 67
経済開放区　55
経済活動　93
経済技術開発区　55
経済地誌　64
経済的フロンティア　65
経済特区　55
携帯端末　43
結核　113
結節点　32
ゲートウェイ　98
健康　122
健康問題　120
現地化　60
現地生産　59

工業化　67
航空会社　31, 41
航空交通　36
高速交通網　34
高速道路　34
交通　32, 90
交通圏　32
交通モード　32
交通路　32
幸福度ランキング　122
神戸華僑歴史博物館　10
神戸国立移民収容所　2
国際競争　37, 75
国際空港　37
国際サッカー連盟（FIFA）　124
国際石油資本　57
国際通貨基金　22
国際ツーリズム　93
国際特許出願件数　22
国際分業　54, 67
穀物貿易　67
コチア産業組合中央会　4
コーヒー　79, 83
コーヒー農園　2
コメ　79, 84
コールセンター　47
ゴールデンルート　99
ゴールドラッシュ　14
コレラ　113
コロマ　14
根菜　79
コンテンツ・ツーリズム　92
コンビニエンスストア　38, 44, 52

サ　行

細菌学　117
在日韓人歴史資料館　10

佐賀市　49
サッカー　124
雑穀　79
サテライトオフィス　48
サトウキビプランテーション　1, 126
サプライチェーン・マネジメント　39,
　60
サミュエル商会　57
山岳リゾート　91
産業革命　54, 67, 91
産業組合法　3
山上集落　117
山村　47
サンパウロ　4, 130
サンフランシスコ　14, 130

シアトル　130
ジェトロ（日本貿易振興機構）　24
シカゴ　8
持続可能性　65
持続可能な開発目標（SDGs）　65
自動車　33, 40
自動車普及率　33
自動車保有台数　33
児童労働　64
社会主義市場経済　55
社会人野球　128
ジャガイモ　81
ジャガイモ飢饉　5
ジャスト・イン・タイム（JIT）　38
じゃばら　47
ジャンクフード　83, 121
宗教　101
宗教原理主義　109
13区のチャイナタウン　17
従属理論　64
集中化　68, 72
集約化　68
主食　78
巡礼　90, 107
消費財流通　45
商物分離　43
情報化　42
情報化社会　11
情報財　43
情報通信技術（ICT）　42
食中毒　89
食肉業界　72
食文化　6, 78, 120
植民地　80, 103
植民地都市　13
食料貿易　67
新華僑　15, 19
シンガポール　18
新幹線　34
信仰　90, 101
新国際分業　55, 60
新自由主義　56
新橋アスレチック倶楽部　128

スキーリゾート　91, 99
ストロー効果　36
スーパーマーケット　79
スポーク路線　37
スポーツ　123
スポーツ地理学　123
スマートフォン　42, 51

生活習慣病　121
生産者牽引型　61
生産主義農業　68
製造業　58
聖地化　108
聖地巡礼　107
世界遺産　92, 112
世界宗教　101
世界都市　66
接触性拡大伝播　103
宣教師　105, 116
全国実業団野球大会　128
全国中等学校優勝野球大会　127
全国都市対抗野球大会　128
先住民　107, 115, 129
潜伏キリシタン　111
全米日系人博物館　9, 25
専門化　68, 70

ソフトウェア産業　47
ソ連崩壊　55

タ　行

対外直接投資　58
第三の波　42
台山　14
台湾　128
ダウンタウン　24
宅配便　38
多国籍企業　56
脱工業化社会　42
多頻度少量配送　38, 43

地域間分業　64
地域団体商標　77
地域ブランド　77
チェーンストア　38, 45, 79
知識関連産業　42
地中海貧血　117
地デジ　47
チャイナタウン　13, 27
中華街　21
中国人排斥法　2
中枢管理機能　65
調理済み食品　82
地理的表示制度　77
青田（チンティエン）　17

通信回線　42
通信手段　90

ツーリズム　90, 107

適応形態　117
適応戦略　4
デジタルデバイド　50
鉄道駅　37
デュッセルドルフ　25
テレワーキング　47
デング熱　114
電子商取引　43
天然痘　114, 116

東京六大学野球連盟　127
トウモロコシ　69, 79
都市問題　40
土着化　107
トラック輸送　38
取引費用　58
トルコ系住民　25
トロント　16

ナ　行

ナイキ社　61
長崎県　111
ナッシュマルクト　29
納豆　87

肉食文化　6
二重都市　51
二世ウィーク　25
ニセコ地域（北海道）　100
日米紳士協約　2
日系移民　24
日系野球　128
日系野球文化地域　131
日本車　33
日本酒　12
日本職業野球連盟　128
日本人学校　26
日本デー　26
日本ハワイ移民資料館　9
ニューチャイナタウン　15, 16
ニューヨーク　8, 16

熱帯病　117
ネットショッピング　44

農家　70
農業　68
農業関連産業　69
農業協同組合　3
農村　92

ハ　行

梅毒　114
排日移民法　24

排日運動　2
バカンス　96
パクチー　85
バスケットボール　124
ハブ・アンド・スポークス方式　36
ハブ空港　37
ハマダラ蚊　117
ハラール　28
ハラルフード　101
パリのチャイナタウン　17
バリューチェーン　60
バルセロナ　18
ハロウィーン　7
ハワイ　1, 12, 126
バンクーバー　16, 130
バンコク　18
パンデミック　114
反トラスト法　72

ビエンチャン　18
東インド会社　56
ビジット・ジャパン事業　98
ビジネススクール　49
ビジネス・ツーリズム　93
ヒジャーブ　28
避暑地　118
ヒト免疫不全ウイルス（HIV）　118
肥満　121
病気　113
病原体　113
風土病　113
ビール　6, 12
ヒン　86

ファストフード　79, 121
フィッシュ＆チップス　82
風土病　113
フォー　85
フォークカトリシズム　107
フォーディズム　55
フォード・モーター社　57
武士道野球　128
仏教　102
プッシュ・プル要因　1
物流　32, 38
物流拠点　42
フードシステム　68
フードデザート　82
ブラジル　2, 12, 125
フランス　17
フランス料理　83
ブルネン小路　28
ブルネンマルクト　28
フル・ブレックファースト　81
ブレトンウッズ協定　54
ブレトンウッズ体制　55
プロダクトサイクル　59
ブロック化　56
ブロードバンド　47

ペスト　114
ペスト柱　115
ベースボール　125
ベトナムコーヒー　85
ベトナム料理　85
ベルヴィル　17
ベンチャー企業　49

貿易　54, 67
鳳雛塾　49
訪日外客数　98
北米自由貿易協定（NAFTA）　56, 69
ポピュラーカルチャー　10
鴻海（ホンハイ）グループ　63

マ　行

マキラドーラゾーン　55
マス・ツーリズム　91
マーストリヒト条約　56
まちづくり　40
マドリード　18
マラリア　113, 117
丸太小屋　6
マレ地区　18
マンガ　10, 23
マンザナール強制収容所　133
満州開拓　2

ミアズマ（瘴気）説　117
味覚教育　84
ミャンマー料理　86
ミラノ　18
ミルウォーキー　12
民衆カトリシズム　107
民族宗教　101
民族主義　109
民泊　99

ムギ　79

免疫　115

モータリゼーション　33, 40
モヒンガー　86
モントレーパーク　16

ヤ　行

野球　125, 127
野球殿堂博物館　128
屋台　87

ユーカリ　117
輸出指向工業化　55
輸入代替工業化　55
ユビキタス　51

ラ 行

楽天市場　47
ラクロス　123

リカード，D.　54
リスク　64
理想郷　117
リゾート　91

リゾートオフィス　49
リトルトーキョー　24
リーバ・ブラザーズ社　57

ロイヤル・ダッチ・シェル　57
老華僑　15
労働協定　25
ローカリゼーション　107, 132
ロサンゼルス　8, 16, 24, 118, 130
ロジスティクス　39

ローマ　18
ローランドハイツ　16
ロングテール市場　44

ワ 行

ワールドベースボールクラシック
　　（WBC）　132

編集者略歴

矢ケ﨑典隆
1952年　石川県に生まれる
1982年　カリフォルニア大学バークリー校大学院修了
現　在　日本大学文理学部教授
　　　　Ph. D.（地理学）

山下清海
1951年　福岡県に生まれる
1982年　筑波大学大学院地球科学研究科博士課程単位取得退学
現　在　立正大学地球環境科学部教授
　　　　理学博士

加賀美雅弘
1957年　大阪府に生まれる
1985年　筑波大学大学院地球科学研究科博士課程単位取得退学
現　在　東京学芸大学教育学部教授
　　　　理学博士

シリーズ地誌トピックス1
グローバリゼーション
縮小する世界　　　　　　　　　　　　　　定価はカバーに表示

| 2018年 3 月 5 日　初版第 1 刷 |
| 2021年 8 月 25 日　　　第 4 刷 |

編集者　矢ケ﨑典隆
　　　　山下清海
　　　　加賀美雅弘
発行者　朝倉誠造
発行所　株式会社 朝倉書店
　　　　東京都新宿区新小川町 6-29
　　　　郵便番号　162-8707
　　　　電話　03（3260）0141
　　　　FAX　03（3260）0180
　　　　http://www.asakura.co.jp

〈検印省略〉

ⓒ 2018〈無断複写・転載を禁ず〉　　　　　Printed in Korea

ISBN 978-4-254-16881-5　C3325

JCOPY〈出版者著作権管理機構 委託出版物〉

本書の無断複写は著作権法上での例外を除き禁じられています．複写される場合は，そのつど事前に，出版者著作権管理機構（電話 03-5244-5088，FAX 03-5244-5089，e-mail: info@jcopy.or.jp）の許諾を得てください．

日大 矢ケ﨑典隆・首都大 菊地俊夫・立教大 丸山浩明編
地誌トピックス2

ローカリゼーション
—地域へのこだわり—

16882-2 C3325　　　　　B 5 判 160頁 本体3200円

各地域が独自の地理的・文化的・経済的背景を，また同時に，地域特有の課題を持つ。第2巻はローカリゼーションをテーマに課題を読み解く。都市農業，ルーマニアの山村の持続的発展，アフリカの自給生活を営む人々等を題材に知見を養う。

日大 矢ケ﨑典隆・日大 森島 済・名大 横山 智編
地誌トピックス3

サ ス テ イ ナ ビ リ テ ィ
—地球と人類の課題—

16883-9 C3325　　　　　B 5 判 152頁 本体3200円

地理学基礎シリーズ，世界地誌シリーズに続く，初級から中級向けの地理学シリーズ第3巻はサスティナビリティをテーマに課題を読み解く。地球温暖化，環境，水資源，食料，民族と文化，格差と貧困，人口などの問題に対する知見を養う。

前学芸大 上野和彦・学芸大 椿真智子・学芸大 中村康子編
地理学基礎シリーズ1

地 理 学 概 論 （第2版）

16819-8 C3325　　　　　B 5 判 180頁 本体3300円

中学・高校の社会科教師を目指す学生のスタンダードとなる地理学の教科書を改訂。現代の社会情勢，人類が直面するグローバルな課題，地球や社会に生起する諸問題を踏まえて，地理学的な視点や方法を理解できるよう，具体的に解説した。

首都大 高橋日出男・前学芸大 小泉武栄編著
地理学基礎シリーズ2

自 然 地 理 学 概 論

16817-4 C3325　　　　　B 5 判 180頁 本体3300円

中学・高校の社会科教師を目指す学生にとってスタンダードとなる自然地理学の教科書。自然地理学が対象とする地表面とその近傍における諸事象をとりあげ，具体的にわかりやすく，自然地理学を基礎から解説している。

日大 矢ケ﨑典隆・学芸大 加賀美雅弘・
前学芸大 古田悦造編著
地理学基礎シリーズ3

地 誌 学 概 論

16818-1 C3325　　　　　B 5 判 168頁 本体3300円

中学・高校の社会科教師を目指す学生にとってスタンダードとなる地誌学の教科書。地誌学の基礎を，地域調査に基づく地誌，歴史地誌，グローバル地誌，比較交流地誌，テーマ重視地誌，網羅累積地誌，広域地誌の7つの主題で具体的に解説。

首都大 菊地俊夫編
世界地誌シリーズ1

日　　　　本

16855-6 C3325　　　　　B 5 判 184頁 本体3400円

教員を目指す学生のための日本の地誌学のテキスト。自然・歴史・産業・環境・生活・文化・他地域との関連を例に，各地域の特色を解説する。〔内容〕総論／九州／中国・四国／近畿／中部／関東／東北／北海道／世界の中の日本

日大 矢ケ﨑典隆編
世界地誌シリーズ4

ア メ リ カ

16858-7 C3325　　　　　B 5 判 176頁 本体3400円

教員を目指す学生のためのアメリカ地誌学のテキスト。生産様式，生活様式，地域が抱える諸問題に着目し，地理的特徴を解説する。〔内容〕総論／自然／交通・経済／工業／農業／多民族社会／生活文化／貧困層／人口構成／世界との関係

学芸大 加賀美雅弘編
世界地誌シリーズ9

ロ　　シ　　ア

16929-4 C3325　　　　　B 5 判 184頁 本体3400円

ロシア地誌学のテキスト。自然・産業・文化などから全体像をとらえ，日本や東アジア，世界との関係性を解説する。〔内容〕総論／国土と自然／開発と資源／農業／工業／社会経済／都市／伝統文化／民族と地域文化／日本・世界との関係

首都大 菊地俊夫・帝京大 有馬貴之編著
よくわかる観光学2

自 然 ツ ー リ ズ ム 学

16648-4 C3326　　　　　A 5 判 184頁 本体2800円

多彩な要素からなる自然ツーリズムを様々な視点から解説する教科書。〔内容〕基礎編：地理学，生態学，環境学，情報学／実践編：エコツーリズム，ルーラルツーリズム，自然遺産，都市の緑地空間／応用編：環境保全，自然災害，地域計画

首都大 菊地俊夫・立教大 松村公明編著
よくわかる観光学3

文 化 ツ ー リ ズ ム 学

16649-1 C3326　　　　　A 5 判 196頁 本体2800円

地域における文化資源の保全と適正利用の観点から，文化ツーリズムを体系的に解説。〔内容〕文化ツーリズムとは／文化ツーリズム学と諸領域(地理学・社会学・建築・都市計画学)／様々な観光(ヘリテージツーリズム，聖地巡礼等)／他

立正大 伊藤徹哉・立正大 鈴木重雄・
立正大学地理学教室編

地理を学ぼう 地理エクスカーション

16354-4 C3025　　　　　B 5 判 120頁 本体2200円

地理学の実地調査「地理エクスカーション」を具体例とともに学ぶ入門書。フィールドワークの面白さを伝える。〔内容〕地理エクスカーションの意義・すすめ方／都市の地形と自然環境／火山／観光地での防災／地域の活性化／他

筑波大 村山祐司・東大 柴崎亮介編
〈シリーズGIS〉3

生 活・文 化 の た め の GIS

16833-4 C3325　　　　　A 5 判 216頁 本体3800円

娯楽から教育まで身近で様々に利用されるGISの現状を解説。〔内容〕概論／エンターテインメント／ナビゲーション／スポーツ／市民参加・コミュニケーション／犯罪・安全・安心／保健医療分野／考古・文化財／歴史・地理／古地図／教育

上記価格（税別）は 2021年 7月現在